연봉 올리는
말투

연봉 올리는 말투

초판 1쇄 인쇄 2023년 1월 18일
초판 1쇄 발행 2023년 1월 27일

지은이 | 김민경
펴낸이 | 김의수
펴낸곳 | 레몬북스(제396-2011-000158호)
주 소 | 경기도 고양시 덕양구 삼원로73 한일윈스타 1406호
전 화 | 070-8886-8767
팩 스 | (031) 990-6890
이메일 | kus7777@hanmail.net

ISBN 979-11-91107-35-7 (03320)

몸값을 올리고 싶다면
말투부터 고쳐라

연봉 올리는 말투

· 김민경 지음 ·

레몬북스
lemon books

만날수록 좋은 사람, 호감 가는 사람이 되는 비결 2가지

40년 이상 마케팅 전문가이자 모티베이터로 살아오면서 많은 인연을 만나왔다. 정치인, 학자, 기업인 등 수많은 사람을 만나면서 그들만의 다른 매력을 경험했다. 누군가는 만날수록 기분이 좋고 함께 있는 시간이 즐겁고 행복하지만, 누군가는 그렇지 않았다. 같은 만남이지만 사람에 따라서 다른 감정이 느껴지는 이유는 그들이 가지고 있는 매력 때문이다. 즉 유쾌하고 긍정적인 사고방식을 갖춘 사람은 함께 있는 사람에게 즐거움을 선사한다. 지나치게 진지한 표정의 부정적인 사람은 함께 있는 사람에게도 불편함을 전한다. 만날수록 좋은 사람과 그렇지 않은 사람의 차이는 두 가지다. 첫째는 얼마나 유쾌한가, 둘째는 얼마나 긍정적인 사고를 하는 사람인가 하는 것이다.

첫째, 유쾌한 사람은 다른 말로 유머 감각이 풍부한 사람이라고도 표현한다. 우리는 '유머'가 개그맨 혹은 특별히 웃기는 재주가 있는 사람에게만 필요한 능력이라고 생각한다. 사실은 그렇지 않다. 인간관계를 잘하고, 성공과 행복을 원하는 사람이라면 반드시 갖추어야 할 덕목이 바로 유머 감각이다. 내가 30대 중반에 애경에서 외국계 기업인 다이알로 옮겨갈 때, 질문지에 이런 문항이 있었다. "당신의 유머 감각은 몇 점입니까?" 당시에는 생소한 질문이었지만, 곧 이해할 수 있었다. 외국계 기업에서 필요로 하는 리더의 자질은 유머 감각이었다.

리더의 유머 감각은 팀원들에게 웃음과 편안함을 제공하고 그들이 자신의 표현을 마음껏 할 수 있게 만든다. 유머로 만들어진 라포(신뢰 관계)는 팀의 결속을 강화하고 상상을 초월한 성과를 만들 수 있다. 세계적인 정치가이자 지도자였던 윈스턴 처칠은 뛰어난 유머로써 위기를 넘긴 순간이 한두 번이 아니다. 유머는 저절로 되지 않는다. 연구와 훈련을 통해서 자신만의 유머를 자연스럽게 대화체로 보여줄 수 있어야 한다. 잘 훈련된 유머 감각은 우리를 조직에서 가장 매력적이고 호감 가는 사람으로 만들어

줄 것이다.

둘째, 조직 혹은 단체에서 가장 능력 있는 사람은 바로 긍정적인 사고를 하는 사람이다. 진정한 능력은 산전수전을 겪는 과정에서 고난과 역경을 대하는 삶의 태도로 결정된다. '힘듦 속에서 얼마나 긍정적으로 상황을 받아들이고 문제를 해결하는가?' 문제를 긍정적으로 바라보는 삶의 태도는 우리에게 창의적인 아이디어를 선물한다. 또한, 창의적인 아이디어를 행동으로 이끌어 나가는 동력, 즉 '일의 추진력'을 심어준다. 이토록 중요한 긍정적인 사고는 긍정적인 한마디에서 시작된다. 안 되는 108개의 이유 대신, 될 수밖에 없는 한 가지 정확한 이유를 말하는 사람이 되어야 한다.

만날수록 기분 좋은 사람 그리고 호감 가는 사람이 되기 위한 조건 2가지를 언급했다. 유머 감각을 키워서 유쾌한 사람이 될 것, 긍정적인 사고로 적극적인 추진력을 갖춘 사람이 될 것. 이들이 성공할 수밖에 없는 이유는 이런 좋은 면모를 대화를 통해 잘 표현하기 때문이다. 대화는 사람과 사람이 마음을 나누어야 할 순간에 가장 필요한 도구다. 어떤 도구라도 잘 사용하기 위해서는 활용법을 익혀야 하듯이, 인간관계에 이로움을 주는 대화를 하기 위해서는 대화법을 익혀야 한다. 대화는 저절로 경험만으로 되지 않는다. 관계를 꽃피우기 위한 대화, 서로 성장하기 위한 대화는 책을 통해서 교육을 통해서 배울 수 있다. 이것이 지금의 문화다.

이 책『연봉 올리는 말투』는 사람의 관계를 좋게 만드는 대화의 본질과 조직에서 당당하게 자신의 매력을 어필하는 대화체를 구체적인 예시를 통해서 보여준다. 서로의 꿈을 이루기 위해서, 성장을 위해서 기업에 모인 사람에게 꼭 필요한 '대화 책'이라 생각한다. 기업(企業)이라는 단어는 첫 시작이 사람 인(人)이다. 기업에서 가장 중요한 것은 다름 아닌 사람이기 때문이다. 사람들이 모여서 아이디어를 나누고 세상을 풍요롭게 만드는 방법을 공유하면서 많은 소통이 이루어진다. 보고 들은 경험만으로 소통을 해왔다면 이제는 책을 통해서 도움이 되는 소통의 지식을 만나볼 수 있다. 많은 독자들이 이 책을 통해서 행복한 소통을 하기를 진심으로 바란다.

모티베이터 조서환
아시아태평양마케팅포럼 회장, 조서환마케팅그룹 대표,
베스트셀러『모티베이터』저자

좋은 인간관계를 맺기 위해 가장 필요한 능력

사람은 누구나 문제를 안고 살아간다. 수많은 문제를 가지고 있는 것처럼 보이지만 인간이 가진 모든 문제는 '돈, 인간관계, 건강' 3가지로 귀결된다. 이 중에서 가장 중요한 것은 인간관계다. 19세기 독일의 심리학자 알프레트 아들러는 "인간이 가진 모든 고민은 대인관계에서 시작된다"라고 했다. 대인관계 문제가 해결되면 돈과 건강의 문제는 쉽게 해결될 수 있다. 우리는 관계의 중요성을 잘 알기에 좋은 관계를 맺는 노력을 한다. 노력을 기울임에도 불구하고 관계 속에서 발생하는 문제들 때문에 오히려 지치고 힘든 사람들이 부지기수다. 좋은 관계를 만들기 위해서 꼭 필요한 지식을 갖춘다면 인간관계 문제는 쉽게 해결할 수 있을 것이다.

좋은 인간관계를 맺기 위해서 가장 필요한 것은 타인의 마음을 헤아리는 능력이다. 이것을 '공감 능력'이라고 말한다. 20세기 스위스의 심리학자 장 피아제는 이렇게 말했다. "어린아이들은 사회적 관계를 형성하기 위해서 다른 사람들의 마음을 읽는 공감 능력을 발전시킨다." 어린 시절 공감 능력을 학습하지 못했다면 성인이 되어서도 타인의 마음을 헤아리기 힘들다. 이들은 자신의 감정이 어떤지도 모른 채 살아가기 때문에 사회에서 발생하는 많은 문제로 힘들어한다. 하지만 이런 공감 능력은 올바른 지식과 훈련으로 충분히 익힐 수 있다. 사람의 마음을 이해하는 본질적인 지식과 관계 형성을 위한 실질적인 훈련을 말한다. 그 대표적인 것이 대화법이다.

이 책은 인간관계가 좋아질 수 있는 대화란 무엇이고, 어떻게 하는 것인지 구체적인 대화체로써 보여주고 있다. 예를 들어서 진실성, 존중, 사랑, 신뢰 등은 인간관계에서 본질을 이루는 요소들이다. 이런 추상적인 개념을 대화에서 어떻게 표현해야 하는지 가슴에 와닿는 사례를 통해 쉽게 설명하고 있다. 타인의 감정을 배려하지 않고 '툭' 내뱉는 대화법이 이미 많은 사람에게 습관이 되어버렸다. 하지만 이들의 깊은 속내는 소통하고 싶고 바른 관계를 맺기를 원한다. 좋은 관계를 통해서 인생의 행복을 찾고 싶지만, 어떻게 시작해야 할지 모르는 사람들에게 필요한 지침서가 되어줄 책이라 확신한다.

요즘 현대인은 함께 있는데 외롭다는 표현을 많이 한다. 소통이 힘들고 마음을 진심으로 나눈다는 것이 점점 어색해지기 때문일 것이다. 사람의 마음 지식, 그 마음을 여는 대화법은 멀어져가는 관계를 다시 가깝게 모여들게 만드는 인생 필살기가 되어준다. 작은 말 습관 하나만 바꿔도 많은 사람이 지금보다 더욱 행복한 관계를 만들 수 있다. 이 책을 읽고 부디 많은 사람이 마음을 움직이는 따뜻한 대화로 소중한 관계를 지켜나가기를 바란다.

박세니
박세니 마인드코칭 대표, 대한민국 최고소득 심리전문가,
베스트셀러 『멘탈을 바꿔야 인생이 바뀐다』 저자

Prologue

"세상에서 가장 아름다운 감정은 사랑과 슬픔입니다.
우리가 아이였을 때는 사랑을 먹고 자라고, 어른이 되어서는 함께 나눈 슬픔이 위로가 되어
살아갈 희망을 주기 때문입니다. 사랑과 슬픔을 표현하는 가장 좋은 방법은 대화입니다.
당신이 얼마나 사랑스럽고, 당신을 얼마나 위로하고 싶은지 말할 수 있으니까요.
인연의 끈으로 연결된 소중한 당신의 마음이 무심코 던진 말 한마디에
상처받지 않기를 간절히 바랍니다."

2009년 천만 관객을 돌파했던 전설의 영화가 있었다. 제임스 카메론 감독의 「아바타」라는 영화다. 영화에 등장하는 신비롭고 아름다운 모습의 종족이 있었다. 그들은 바로 '나비족'이라는 부족이다. 그들의 소통언어 중 가장 기억에 남는 말이 있는데, 바로 "I see you"라는 말이다. "I see you"는 나비족에게 특별한 의미를 가진 말이었다. "당신의 영혼을 봅니다"라는 의미지만, 여러 상황에서 이들은 이 말을 했다.

서로에게 인사할 때 눈을 바라보며 "I see you"라고 말한다. "반가워요"라는 마음의 메시지다. 동물을 사냥하고 나서 죽은 동물의 영혼을 거두며 "I see you"라고 말했다. 이때는 "너의 영혼이 평안하길"이라는 위로의 메시지였다. 사랑하는 사람의 목숨을 구한 뒤에 그를 향해서 "I see you"라고 말했다. 이때는 "당신을 사랑해요. 살아줘서 고마워요"라

는 사랑의 메시지였다. 나비족이 의미 있는 순간마다 했던 강하지만 따뜻한 한마디, "I see you" 이 말의 진정한 의미는 "당신을 존중합니다"라는 말이다. 눈앞에 있는 소중한 영혼이 상처받지 않게 지켜주고 싶은 그들의 따뜻한 마음이 "I see you"를 만들었다.

우리는 수많은 관계를 맺으면서 살아간다. 관계의 중심에는 늘 대화가 자리한다. 뜻을 나누고 소통하는 대화다. 진심은 좋은 대화를 나누고 좋은 관계를 맺는 것인데, 현실에서는 그런 진심이 왜곡되어서 가끔 오해와 갈등이 관계를 다치게 한다. 생각지 못한 실수로 누군가의 마음을 아프게 하는 일이 어디서든 일어난다. 눈앞에 있는 사람의 겉모습은 볼 수 있지만, 그 사람의 영혼이 어떤 모양인지는 미처 보지 못하기 때문이다. 무심코 내뱉은 한마디에 보이지 않는 영혼이 받게 될 상처를 보지도 느끼지도 못한다. 말의 실수가 생기는 이유는 이 때문이다.

어리석은 사람은 인연을 만나도 몰라보고,
보통사람은 인연인 줄 알면서도 놓치고,
현명한 사람은 스쳐도 인연을 살려낸다

-피천득의 「인연」 중에서

우리 옆에 혹은 앞에 있는 사람은 인연이라는 이름으로 이끌려 그 자리에 머물러 있다. 소중한 그들의 마음에 상처보다는 보살핌을, 무심함보다는 따뜻한 관심을 전하는 것은 오늘 건넨 말 한마디가 될 수 있다. 직장에서 함께하는 사람들, 가정에서 함께하는 사람들, 모임에서 함께하는 사람들 이들은 모두 인연의 이끌림으로 우리 옆을 지키려고 왔다.

소중한 사람의 마음을 지키는 한마디는 이 말이다. "I see you" "당신을 존중합니다" 갑작스러운 관계의 끝이 언제가 될지 모른다. 사랑은 미루는 것이 아니듯 존중의 말 또한 미루는 것이 아니다.

20세기 호스피스 운동의 선구자이자 정신과 의사였던 엘리자베스 퀴블러 로스의 『인생 수업』은 죽음을 앞둔 사람과의 인터뷰를 통해서 삶이 어떤 것이고, 어떻게 살아야 하는지에 대해 깨달음을 주는 책이다. 한 여성의 이야기가 생각난다. 남편과 맛있는 식사를 마치고, 잠깐의 TV 시청을 했던 평범한 저녁이었다. 피곤한 남편이 먼저 잠자리에 들고 아내는 좀 더 TV를 시청했다. 늦은 밤 침실로 들어서니 남편은 아이처럼 곤히 잠들어 있었다. 다음 날 아침 잠에서 깨어났을 때 아내는 직감적으로 알았다고 했다. 옆에 잠든 남편이 더 이상 어제의 남편이 아니라는 사실을. 이제 겨우 40대였던 남편은 갑작스러운 심장마비로 영원한 잠에 빠져든 것이다.

여성은 이렇게 말했다. "남편이 떠나고 삶을 돌아봤어요. 평소에 했던 모든 경험이 다르게 느껴지더군요. 마지막 키스였고 마지막 대화였으며 마지막 저녁 식사였어요. 그리고 마지막으로 함께 커피를 마시고 TV를 보며 웃었고, 마지막으로 눈 맞춤과 포옹을 한 것이었습니다. 이런 일은 누구에게 일어날 수 있는 일이잖아요. 다만 우리는 이런 일을 겪기 전까지는 언제가 마지막 경험이 될지 모른다는 겁니다." 마지막 순간은 누구에게나 온다. 갑작스럽게 관계가 끝나거나 삶 자체가 끝나 버리기도 한다. 그런 순간에 후회가 남지 않는다면 우리의 삶은 꽤 행복하지 않을까? 행복은 물론 불행 역시 옆 사람에게 전염된다. 우리의 감정은 말과 행동을 통해서 소중한 주변인에게 같은 감정을 느끼게 하기 때문이다.

    톨스토이가 말했다. "인생에서 가장 중요한 때는 지금이다. 인생에서 가장 중요한 사람은 지금 옆에 있는 사람이다. 인생에서 가장 중요한 일은 지금 하는 일이다." 바로 지금, 우리에게 온 소중한 인연을 알아보고, 그들에게 힘이 되는 말을 하는 것. 이 3가지는 우리의 삶을 행복으로 채워준다. 따뜻한 응원의 한마디는 평범한 오늘 하루를 작은 감동으로 채워준다. 혹여나 상처가 될 법한 말 한마디를 아껴두면, 힘들 뻔한 오늘 하루를 버티게 한다. 따뜻한 응원도, 상처가 될 말을 아끼는 것도 우리가 할 수 있는 아주 작은 일상의 노력이다. 티끌 모아 태산을 이루듯 상대를 배려하는 작은 정성이 모이면 우리의 관계는 사랑과 온기로 넘쳐날 수 있다. 대화의 작은 정성은 관계의 큰 기적을 만든다.

CONTENTS

존중이라는 감정이 의미하는 것은 무엇인가? 존중의 대화는 어떻게 하는 것일까? 이 2가지 문제만 제대로 해결되면, 소중한 인간관계를 지키면서 귀한 사람으로 존중받을 수 있다.

PART 01

직장인의 이미지를
올리는 대화

01
존중, 존중하면
모두가 행복해진다

"당신을 존중합니다. 그래서 당신의 마음을 보고 또 보려 합니다.
진정한 존중은 당신의 모든 것을 보는 것에서 시작되기 때문입니다."

많은 직장인들의 아침을 행복하게 해주는 것 중 하나가 믹스 커피다. "제가 좀 탑니다"라는 광고가 있었다. 직원들이 회의실에 모여서 업무에 열중하고 있는데 마침 커피가 떨어졌다. 막내 직원이 커피를 타오겠다며 회의실 문을 나서는데 문 앞에 과장님이 미소를 짓고 서 있다. 커피가 들어 있는 노란색 머그잔을 쟁반 가득 들고 과장님이 한마디 한다. "제가 좀 탑니다."

광고의 대표 모델이 커피를 마시면서 또 한마디 한다.

"과장님, 정말 잘 타십니다."

이 광고가 더욱 마음에 와닿았던 것은 상사가 부하 직원들을 위해 커피를 대접한다는 콘셉트 때문이다.

아랫사람이 윗사람에게 커피를 대접하는 일반적인 상식을 뒤집었다. 과장님이 직원들을 위해 커피를 타주는 광고는 부하 직원을 향한 과장님의 사랑과 존중이 잘 표현되었다. 누군가 커피를 대접해 줄 때 우리는 대접받는다고 느낀다. 대접한다는 것은 상대방을 귀한 사람으로 여기는 것이고, 상대방에게 존중의 감정을 느끼게 만든다.

나폴레옹은 말했다.

"인간이 궁극적으로 바라는 것이 있다면 그것은 존중과 사랑이다."

우리는 직장과 가정, 친구 등 대부분의 인간관계에서 존중받기를 원한다. 존중받는 것도 물론 좋지만, 존중의 감정을 표현하는 것 역시 우리를 행복하게 만들어준다. 존중이 우리의 관계를 돈독하게 만들기 때문이다.

존중이라는 감정이 의미하는 것은 무엇일까? 존중의 대화는 어떻게 하는 것일까? 이 2가지 문제만 제대로 해결되면, 소중한 인간관계를 지키면서 귀한 사람으로 존중받을 수 있다.

먼저, 존중이라는 말을 풀어서 해석하면 어떤 '존재'를 '귀중'하게 여긴다는 의미다. 우리가 상대방을 귀중한 사람으로 대하면 상대방은 존중의 느낌을 받는다. 꼭 큰 것을 대접해야 할 필요는 없다. 사소한 것 하나를 알아주거나 아주 작은 대접으로도 충분히 존중의 감정을 느낀다. 작고 사소한 것들은 진심으로 관심을 가지지 않으면 쉽게 간과되는 것들이기 때문이다.

관계를 지키는 존중의 대화를 위한 2가지 비결이 있다.

첫째, 작지만 소중한 것을 살피고 배려하는 것이다.

출근 후 일상에서 작은 관심을 표현하는 한마디로 상대를 존중할 수 있다. 일찍 출근한 부하 직원이 매일 아침 사무실을 깨끗하게 정돈했을 때 따뜻한 존중의 한마디를 건넨다.

"김 주임, 사무실이 깨끗하니 내 마음도 깨끗해지는 것 같아. 덕분에 항상 좋은 기분으로 하루를 시작하네. 고마워."

직원이 상사의 책상을 깨끗하게 정돈했을 때 이렇게 말할 수 있다.

"요즘 아침마다 행복하네요. 우렁각시가 매일 책상을 청소해 주는 것 같아요."

이렇게 되면 부하 직원이 간혹 실수를 해도 쉽게 질책할 수 없다. 상사를 위해서 애쓰는 작은 모습들을 그동안 눈여겨봤기 때문이다.

점심시간에 메뉴를 정할 때 부하 직원이나 후배의 의견을 물어보는 것 역시 존중의 표현이다. 간혹 먹지 못하거나 싫어하는 음식이 있어도 아랫사람은 표현하기 쉽지 않다. 그러니 딱 한마디만 해보자.

"매번 선배들이 원하는 식당만 갔는데, 오늘은 후배들이 메뉴를 정해 보시죠. 원하는 대로 마음껏 정해도 좋습니다."

선배의 이 한마디는 오늘의 점심시간을 최고의 외식처럼 느끼게 만든다. 상사에게 된통 야단맞고 울적한 동료에게 슬쩍 초콜릿이나 커피 한잔 건네는 것도 존중의 표현이다. 이 작은 행동이 전하는 메시지 때문이다.

'속상하지? 이것 먹고 힘내. 난 널 응원해!'

존중의 대화를 나누는 감동적인 장면을 드라마에서 본 적이 있다. 「멜로가 체질」이라는 드라마다. 극 중 한 장면에서 주인공들이 보여준 존중의 대화는 아직도 생생하게 기억에 남아 있다.

신인 작가인 진주는 첫 드라마 제작을 제안받았다. 운 좋게도 잘나가는 감독인 범수가 그녀의 파트너다. 진주와 범수는 '흥미 유발 엔터'라는 제작사와 계약을 앞두고 있었다. 그때 대형 제작사에서 진주의 작품을 드라마로 제작하고 싶다는 제안이 들어왔다. 진주와 범수는 큰 고민에 휩싸였다. '흥미 유발 엔터'에서 계약을 진행하는 사람이 진주의 절친 한주였기 때문이다. 진주와 범수는 대형 제작사의 제안에 많이 흔들렸지만, 절친 한주를 실망시킬 수도 없었다.

'흥미 유발 엔터'의 대표 소진은 한주, 진주, 범수를 초대해 식사자리를 마련했다. 아마도 소진은 진주와 범수에게 최후의 설득을 하고 싶었을 것이다. 분위기 좋은 일식집에서 이들 네 사람의 긴장된 식사시간이 시작되었다. 소진은 아주 정중하게 예의를 갖추어서 말을 꺼냈다.

"작가님의 작품은 새롭고 독특합니다. 너무 좋은 작품이라 욕심이 났어요. 저희 같은 젊은 회사는 작가님의 개성을 더욱 빛낼 수 있지만, 생각을 많이 하게 만드는 회사죠. 대형 제작사보다 경험이 부족하니까요. 다만 열심히 하겠으니 믿어달라는 말밖에 할 수가 없어요. 우리 직원이 작가님 친구인 덕분에 얻을 수 있는 배려는 여기까지라 생각하겠습니다. 작가님이 고민하시는 '친구니까'라는 생각은 빼고 편하게 선택하시기 바랍니다."

소진은 식사를 내오는 직원에게 '선생님'이라고 칭했다. 술을 따를 때도 자신의 직원을 먼저 챙기는 인간적인 대표의 모습을 보여주었다. 소진의 말과 행동에는 사람에 대한 존중과 예의가 배어 있었다. 진주와 범수는 이런 소진에게서 '사람에 대한 존중'을 진심으로 느꼈다. 우리는 사람을 존중하고 배려하는 사람에게 매력을 느끼고 그런 사람과 함께 일하기를 원한다. 마찬가지로 식사자리에서 소진이 했던 말과 에티켓은 진주와 범수의 마음을 돌리기에 충분했고, 결국 그들은 '흥미 유발 엔터'와 계약했다.

드라마에서 제작사 대표인 소진은 작가인 진주와 감독인 범수를 더욱 극진하게 대우해서 계약을 성사시키고 싶었을 것이다. 하지만 그녀는 자신을 위해 열심히 일하는 직원 한주를 더욱 아끼고 극진하게 대우했다. 한주에게 친구이자 작가인 진주를 설득하라고 강요하지도 않았다. 식당의 종업원에게도 예의를 갖추어서 존중했다. 소진은 작지만 가장 소중한 것이 무엇인지를 본능적으로 아는 사람이었고 그 대상을 진심으로 귀중하게 대한 것이다. 그런 소진에게서 느껴지는 존중감은 주변 사람들에게 감동을 선사한다.

둘째, 상대를 보고 또 바라보는 것이다.

'존중하다'는 영어로 'respect'다. 즉, 're'(다시, 계속)와 'spect'(보다)가 합쳐진 말이다. 존중하기 위해서는 상대를 다시 보고, 계속 보아야 한다는 말이다. 우리는 귀하게 여기는 존재를 유심히 살펴본다. 눈으로 살피고, 상대의 말에 귀 기울이면서 귀로도 상대방을 유심히 살핀다. 예를 들어, 우리는 소중하고 귀한 아기를 모든 촉감을 곤두세워서 살펴본다. 세상에서 가장 귀한 보석이 우리에게 있다면 그것을 지키기 위해서 계속 살핀다. 소중한 사람의 마음을 깊숙이 들여다보기 위해서 더 많은 감각을 총동원한다. 존중은 보는 것이다.

사람을 깊이 존중하고 그들의 마음에 귀를 기울여서 많은 이들을 어루만져 주었던 유명한 심리학자가 있다. 미국의 유명한 인본주의 심리학자인 칼 랜섬 로저스(Carl Ransom Rogers) 교수다. 로저스 교수는 저서 『사람 중심 상담』에서 여러 상담사례와 함께, 상담을 위해 반드시 지녀야 할 필수적인 지식을 전하고 있는데, 그중 존중의 대화를 통해서 상대방의 마음을 진심으로 들여다보았던 사례가 있다.

인생의 목표가 전혀 없던 한 소년과의 대화다. 목표가 무엇인지, 꿈은 무엇인지 교수가 물어봤을 때 소년은 성의 없이 대답했다.

"제겐 꿈이 없어요. 그래서 하고 싶은 것도 없어요. 음, 그래도 계속 살고 싶기는 해요."

"살고 싶기는 해요"라는 소년의 가벼운 한마디에 로저스 교수는 특별한 무엇인가를 느꼈다. 누구나 살고 싶다고 가볍게 말하지만 '살고 싶기는 하다'는 소년의 말은 다르게 들렸다. 왜 이 소년은 느닷없이 살고 싶기는 하다고 말한 것일까? 곰곰이 생각하면서 교수는 소년의 말에 귀를 기울였다.

교수가 진심으로 소년의 마음을 들여다보려고 노력하자 소년은 자신의 마음을 털어놓았다. 얼마 전에 정말로 자살하려고 했다는 것이다. 그날 교수와 대화를 하면서 자신의 내면의 모습을 존중받는 경험을 한 소년은 그 이후로 세상과의 관계의 끈을 놓지 않았다.

우리가 흔히 하는 실수는 가까이 있는 작지만 소중한 것을 알아보지 못하고 멀리 있는 크고 거대한 것만 바라보는 것이다. 그러는 사이에 우리의 관심에서 벗어난 소중한 것들은 결국 떠나거나 사라진다.

항상 가족을 위해서 정성껏 식사를 차려주시는 어머니께 "정말 맛있어요. 항상 감사해요"라고 말해보자. 출근길에 아파트 입구를 청소하시는 직원분께 "안녕하세요. 오늘도 아파트 입구를 깨끗하게 청소해 주셔서 감사해요"라고 말해보자. 우리가 건넨 존중의 한마디는 아주 작지만 상대방에게는 하루를 행복하게 지낼 수 있는 큰 선물이 될 수 있다.

존중의 대화는 사람의 마음을 끌어당긴다. 반대로 사람을 함부로 대하거나 무시하면 마음이 멀어진다. 무심결에 했던 예의 없는 말투는 그 사람의 인격이 될 수 있다. 식당 종업원을 향한 반말, 명령에 가까운 말, 감정적인 말에는 존중심이 없다.

"이봐, 주문 좀 받지. 테이블이 더러운데 닦아주고."

식사가 늦게 나온다고 소리치는 사람도 있다.

"음식 주문한 지가 언젠데 아직도 안 나와? 왜 이렇게 늦어?"

흥미 유발 엔터의 대표, 소진이 만약 종업원들에게 이런 식으로 말했다면 진주와 범수가 그녀와 계약을 했을까? 그렇지 않다.

우리는 평생을 타인과 관계를 맺으면서 살아간다. 이런 관계 덕분에 우리는 행복을 느낄 수도 있고, 원치 않는 불행을 맞이하기도 한다. 행복과 불행, 선택은 우리의 몫이다. 소중한 사람들을 존중하고 그들의 내면을 진심으로 들여다보려고 노력하면 우리의 관계는 따뜻한 태양처럼 빛난다.

상대의 표정을 보고 눈동자에서 흘러나오는 감정을 살피자. 상대의 목소리와 몸동작에서 보이는 것들을 유심히 살펴보자. 무엇보다 우리의 내면에 숨어 있는 자신을 진심으로 존중하자. 자신을 먼저 존중하고 내면을 따뜻하게 데워놓으면 타인을 향한 존중의 에너지가 더 잘 뿜어져 나온다. 그러면 세상을 향해 자신 있게 외칠 수 있다.

"나는 우리 모두를 존중합니다."

존중의 말을 위한 2가지

1. 작지만 소중한 것을 살피고 배려하는 것이 존중의 대화다.
일상에서 상대가 보여주는 작은 배려를 알아보고 고마움을 표현하는 것
이 상대를 진심으로 존중하는 것이다.

2. 상대를 보고 또 바라보는 것이 존중의 대화다.
존중은 대상을 다시 보고 계속 보는 것이다. 유심히 살피는 과정에서 상대
의 진짜 마음을 알아볼 수 있다.

존중의 말 VS 존중하지 않는 말

존중의 말	존중하지 않는 말
• 사무실이 깨끗하니 내 마음도 깨끗해지는 것 같아. 덕분에 항상 좋은 기분으로 하루를 시작하네. 고마워.	• 보고서 작성이나 제대로 해. (직원이 깨끗이 사무실 정리를 해도 관심 없음)
• 요즘 아침마다 행복하네요. 우렁각시가 매일 책상 청소를 해주는 것 같아요.	• 오늘 점심은 해장국으로 하지. 어제 술을 마셨더니 해장이 필요해. (해장국을 못 먹는 직원을 배려하지 않음)
• 오늘은 후배들이 메뉴를 정해보시죠. 원하는 대로 마음껏 정해도 좋습니다.	• 회사생활이 다 그렇지. 남의 돈 벌기가 쉽나. (상사에게 혼난 직원에게)
• 속상하지? 이것 먹고 힘내. 난 널 응원해! (상사에게 혼난 동료에게)	• 이봐, 주문 좀 받지. 테이블이 더러운데 닦아주고. (점심시간 식당에서)
• 오늘 된장찌개가 정말 맛있었어요. 항상 감사해요.	• 음식 주문한 지가 언젠데 아직도 안 나와? 왜 이렇게 늦어? (점심시간 식당에서)
• 안녕하세요. 오늘도 아파트 입구를 깨끗하게 청소해 주셔서 감사합니다.	• 커피 한잔 부탁해. 가져왔으면 거기다 둬. (커피 심부름을 한 직원에게)

02
진실, 진실하게 대화하면
신뢰가 쌓인다

"진실한 관계로 신뢰를 쌓고 싶다면 진실의 진짜 의미를 알아야 합니다.
진실은 바로 수용입니다. 진실은 상대의 입장과 생각을 받아들이는
수용의 마음에서 나오니까요. 우리가 아는 진실은 각자의 마음속에
각자 다른 모습으로 존재하고 있습니다."

워런 버핏(Warren Buffett)은 아들에게 이런 말을 했다.

"신뢰를 쌓는 데는 20년이라는 시간이 걸린다. 하지만 그 신뢰를 잃
는 데는 고작 5분이면 족하다. 신뢰를 만드는 것은 너의 진실성이다. 그
러니 최대한 진실한 사람이 되어라."

진실한 인간관계로 20년 동안 노력해야 겨우 신뢰를 얻을 수 있다는
말이다. 진실은 정답이 아닌 해답을 찾는 과정에서 얻을 수 있다.

정답은 이미 정해놓은 답이지만 해답은 개인의 주관적 판단과 믿음, 입장과 상황에 따라서 달라질 수 있는 최선의 답이다. 최선의 답을 찾기 위한 노력, 내가 아닌 타인의 생각과 입장을 이해하고 수용하려는 노력의 과정은 우리에게 신뢰라는 큰 선물을 준다.

고대 사람들은 지구가 네모나다고 믿었다. 그때는 그것이 진실이었다. 그들의 눈에 보인 수평선 끝은 네모처럼 직선이었기 때문이다. 태양이 지구 주위를 돈다는 것이 진실이었던 적도 있다. 고대인의 눈에는 태양이 매일 아침 동쪽에서 떠서 서쪽으로 지고 있었기 때문이다.

하지만 지금의 진실은 다르다. 지구의 모양은 둥글고 지구가 태양 주변을 돈다는 것이 오늘날의 진실이다. 우리가 직접 보고 경험하고 확인해서 알게 된 진실도 이렇게 변한다. 사람마다 생각과 관점, 입장이 다르기 때문이다. 나에게는 최고의 영화가 친구에게는 최악의 영화가 될 수 있고 나에게는 좋은 사람이 동료에게는 나쁜 사람이 될 수도 있다.

거짓 없이 있는 그대로의 모습을 보여주는 것이 진실이라고 믿는 사람도 있다. 거짓 없는 그대로의 모습이 아름답기만 할까? 사명감 때문에 알고 있던 진실을 말했을 때 상대방이 오히려 상처를 받거나 다치는 경우가 있다.

"이렇게 힘들 줄 알았다면 차라리 모르는 것이 나을 뻔했어."

진실을 알게 된 상황이 우리를 더욱 힘들게 한다.

"나한테 말하지 말지. 그냥 덮어두었으면 좋잖아."

때론 솔직하게 진실을 말한다는 핑계로 자신의 나쁜 감정을 말하기도 한다.

"솔직히 말해서, 그땐 너 때문에 정말 기분 나빴어. 감정을 굳이 숨기고 싶지 않아서 말하는 거야."

진실을 말했지만 듣는 이는 상처를 받는다. 우리에게는 진실이지만 상대에게는 뾰족한 가시가 될 수도 있다.

17세기 스페인의 수도사이자 철학자였던 발타사르 그라시안은 저서 『지혜와 용기』에서 진실을 대하는 태도에 대해 이렇게 말했다.

"거짓말은 좋지 않다. 사실을 거침없이 전하는 것도 좋지 않다. 진실은 자신의 배 속을 보여주는 것이다. 거기에는 내가 보이기 싫은 것도, 상대가 보기 싫은 것도 있다. 진실을 다룰 때는 각별한 주의가 필요하다. 진실 때문에 불편한 상황이 생긴다면 차라리 입을 다물어라."

진실은 사람을 신뢰하게 만드는 중요한 요소지만 때로는 사람을 다치게도 만든다. 진실하면서도 관계를 안전하게 지킬 수 있는 4가지 방법이 있다.

첫째, 상대방의 진실을 먼저 파악하는 것이다.

상대방의 진실을 알기 위해서는 그들의 생각과 입장을 물어보아야 한다. 사람마다 생각과 입장, 세상을 바라보는 관점이 다르다. 각자의 마음속에는 우리와 다른 진실이 자리하고 있다. 현재 해결해야 할 문제, 극복해야 할 위기가 있다면 문제와 위기를 바라보는 타인의 생각과 입장, 관점도 알아야 한다. 수많은 생각과 입장을 아우르고 포용했을 때 최고의 해결책을 찾을 수 있기 때문이다. 그 해결책이 우리에게 가장 안전하고 현명한 진실이다. 이와 관련된 재미난 이야기가 떠오른다. 초등학교 시절 국어 교과서에 실렸던 어린 공주의 이야기다.

어린 공주는 밤하늘에 밝게 빛나는 달을 갖고 싶었다. 달을 갖기 전까지는 음식을 먹지 않겠다고 선언했다. 난감해진 임금님은 문제를 해결하기 위해 가장 똑똑한 천문학자들을 불러 모았다. 학자들은 어린 공주에게 달에 관해 설명했다. 달의 크기가 얼마고, 지구에서 얼마나 멀리 있는지, 달에 관해서 그들이 알고 있는 진실을 말했지만 그런 진실로는 공주를 설득할 수 없었다. 공주는 하루하루 말라갔다. 이때 이 문제를 해결하겠다며 한 광대가 나타났다. 광대는 공주에게 정중하게 물었다.

광대 : 공주님, 제가 잘 몰라서 그러는데요. 달은 어떻게 생겼어요?

공주 : 에잇, 바보. 그것도 몰라? 달은 동그랗게 생겼잖아.

광대 : 공주님, 달은 얼마나 커요?

공주 : 달은 아주 작아. 내 손톱만 해. 손톱으로 달이 가려지거든.

광대 : 그렇군요. 그럼 달은 무슨 색깔이지요?

공주 : 달은 황금처럼 빛나.

광대 : 공주님은 정말 설명을 잘하시네요. 제가 달을 가져다 드릴게요.

광대는 대장장이에게 가서 금빛으로 빛나는 작은 구슬을 만들어달라고 했다. 황금빛 작은 구슬을 공주에게 가져다주자 공주는 기뻐서 펄쩍펄쩍 뛰었다. 공주의 마음속에 있던 달의 진실은 작고 동그란 황금빛 구슬이었다. 똑똑한 천문학자들은 자신들이 믿고 있던 달의 진실로 공주를 설득하려고 했다. 천문학자들의 진실은 옳은 말이다. 하지만 문제를 해결하지는 못했다. 상대방의 진실은 모른 채 자신들의 관점만을 강조했기 때문이다. 반면 광대는 어린 공주의 입장이 되어서 진실을 바라보았다. 공주의 생각과 관점을 알게 되자 문제 해결은 쉬워졌다. 가장 지혜로운 진실은 상대방의 진실을 물어보는 것에서 시작된다.

둘째, 진실을 판단하기 전에 역지사지(易地思之)하는 것이다.

역지사지란 다른 사람의 처지를 생각하는 것이다. 누구에게나 '그렇게 할 수밖에 없었던 입장'이 있다. 그 입장은 그들만의 속사정이고, 역지사지는 그런 그들의 숨은 속사정을 헤아리는 것이다.

"그렇게 할 수밖에 없었던 이유가 뭐야? 네 입장을 말해줘."

그럴 수밖에 없었던 이유를 듣고 나면 오해가 한 겹 벗겨진다. 아픈 진실이 이해되고 공감되며 용서가 되는 기적이 만들어진다. 상대의 아픈 속사정을 이해해 주면서 새로운 삶을 주기도 한다. 따뜻한 감동으로 눈시울 붉히게 했던 사건이 2020년 10월에 광주에서 일어났다.

30대 중반의 남자가 마트에서 컵라면과 빵 등을 훔치다가 붙잡혀 경찰서에 연행되었다. 남자의 입장을 알게 된 경찰은 나쁜 의도의 절도가 아니라고 판단했다. 남자의 행위는 범죄였지만 '그럴 수밖에 없었던 입장'이 있었다. 남자는 일용직으로 일하다가 사고로 척추를 다쳐 철심을 박았다. 심한 척추 장애가 생겨 일할 수 없었던 남자는 가진 돈이 없었다. 10일 동안 굶다가 범죄를 저질렀다. 경찰관과 마트 사장은 남자의 상황을 이해하고 처벌 대신 병원 치료를 도와주었고, 새로운 삶을 시작할 수 있도록 배움의 기회도 주었다. 남자의 사연을 알게 된 포스코 휴먼스라는 회사는 남자에게 일자리를 주었다. 몇 개월 후 어버이날에 남자는 멋진 직장인의 모습으로 담당 경찰관을 찾았다. 감사의 인사를 전하기 위해서였다.

사실을 사실로만 인정하고 냉정하게 말하기보다 '그럴 수밖에 없었던 입장'을 생각하면 사람을 이해하게 된다. 우리가 진실을 어떻게 바라보고 대하는가에 따라서 관계는 행복과 불행을 오갈 수 있다. 사람의 진실을 지혜롭게 판단했던 경찰과 마트 사장님이 베푼 선행은 또 다른 선행을 불러왔다. 따뜻한 진실의 온기가 다른 누군가에게 전해졌기 때문이다. 모든 나쁜 상황이나 범죄에 대해 '그럴 수밖에 없었던 입장'을 이해하라는 것이 아니다. 우리에게는 진짜 진실과 의도된 가짜 진실을 구분하는 지혜가 필요하다.

셋째, 아프지만 어쩔 수 없는 진실에는 더 나은 결과를 위해서 최선을 다한다.

어쩔 수 없이 상처를 줄 수밖에 없는 진실은 정의의 가치가 진실보다 중요한 경우다. 흔하지 않지만 직장에서 이런 상황이 발생할 수 있다. 진실을 말하지 않으면 다른 사람이 억울한 누명을 쓰거나 내부의 비리를 알게 된 경우다.

진실을 말하지 않아서 피해가 발생하는 경우라면 진실을 드러내야 한다. 이때 필요한 것은 진실을 알아보는 지혜와 진실을 말하는 용기다. 최악의 상황을 더 나은 상황으로 끌어올리기 위한 노력도 필요하다. 상처받은 사람을 진심으로 위로하고 엉망이 된 업무 상황을 최선을 다해서 원래대로 돌리는 것이다.

2014년 직장인의 삶을 다룬 「미생」이라는 드라마가 인기리에 방영되었다. 드라마의 한 장면에서 누군가를 다치게 할 '진실' 때문에 주인공들은 갈등하면서 문제를 해결해 나갔다.

영업 3팀의 박 과장은 자신이 담당한 업무를 추진하면서 비리를 저질렀다. 같은 팀 신입사원, 김 대리, 오 차장은 그 사실을 밝혔고 박 과장은 회사를 떠나게 되었다. 업무 진행에 문제가 있음을 알아보고 내부고발을 할 수밖에 없었던 그들에게는 팀원의 상처와 미안함보다 정의가 더 중요한 가치였다. 영업 3팀 팀원들은 비리로 엉망이 되어버린 박 과장의 업무를 책임감 있게 마무리했다.

신입 : 차장님, 박 과장님이 하시던 중고차 수출 건, 우리 팀이 다시 하는 게 어떨까요?

차장 : 그 업무를 임원들에게 다시 승인받기는 힘들어. 다른 팀도 욕할 걸. 왜 그렇게 생각해?

신입 : 우리 팀 일이 덜 끝난 것 같아서요. 모욕을 받은 기분이에요. 동료를 버렸다는. 내부고발만으로 충분한지 모르겠어요. 회사의 매뉴얼과 시스템을 정확히 활용해서 사업을 원래대로 추진하는 것, 최고의 이익을 남기고 모든 것을 원래대로 돌려놓는 것이 우리가 해야 할 최선이라고 생각합니다. 비리만 벗겨내면 좋은 사업이잖아요.

차장 : 좋아. 해보자.

진실을 밝힌 것이 끝이 아니었다. 원래대로 돌려놓는 노력, 상황을 더나은 상태로 끌어올리는 마지막 노력을 잊지 않는다면 진실을 제대로 활용하는 멋진 사람이 될 수 있다.

넷째, 진실이 누군가에게 흠이 되거나, 비밀이라면 묻어두자. 진실은 모두가 안전해야 말할 수 있는 것이다.

사람들과 대화하면서 우연히 알게 되는 진실들이 있다. 고민 상담을 한답시고 털어놓은 개인적인 비밀, 대화하다가 우연히 알게 된 비밀, 누군가의 흠이 그것이다. 비밀의 모습은 두 가지다. 치명적인 비밀은 말한 사람에게는 약점이고, 들은 사람이 언제 터뜨릴지 모를 폭탄이다.

"이거 비밀인데, 너만 알고 있어. 아무한테도 말하면 안 돼." "저에게는 말 못 할 고민이 있어요. 사실은요…." 이런 말로 시작되는 비밀은 누군가에게 깊은 상처를 낼지도 모른다. 다른 이의 흠과 비밀을 진실로 포장해서 당당하게 떠드는 일은 없어야 한다.

2003년 「올드보이」라는 영화가 상영되었다. 당시 대한민국 최고의 영화로 인정받았던 작품이다. 평범한 직장인 오대수는 어느 날 갑자기 납치되어, 이유도 모른 채 15년간 감금 생활을 했다. 영화 후반부에서 오대수가 이유 없이 감금된 것이 아니라는 것이 밝혀진다. 오대수가 우연히 알게 된 이우진의 비밀을 누군가에게 말했고, 그 때문에 이우진이 가장 사랑하던 사람이 목숨을 잃었다. 오대수가 직접 본 일이었으니 진실인 것은 맞다. 하지만 그 진실은 이우진이 감추고 싶었던 비밀이다. 비밀은 진실이 아니라 누군가의 약점이고 흠이다.

우리가 알고 있는 진실을 절대적인 진리로 믿고 대화 속에서 거침없이 말한다면 누군가는 상처를 받는다. 정의를 구현하고자 휘둘렀던 칼에 죄 없는 사람이 상처를 입는 것과 같다. 진실을 대할 때는 예리한 칼을 다루듯 각별한 주의와 훈련, 기술의 습득 같은 것이 필요하다.

칼을 휘둘러야 할 상황인지 바르게 판단해야 하고 다치는 사람은 없는지 주변을 살펴야 한다. 모두에게 이로운 진실인지 아니면 개인적인 편견인지 알아보는 지혜도 필요하다. 수많은 편견 속에서 진실을 알아보는 지혜는 진실을 판단하기 위한 갖가지 노력을 하고 난 뒤에야 얻을 수 있다.

　진실은 서로를 위하기도 하지만 서로를 다치게도 한다. 진실에 관한 입장과 관점, 신념과 경험 등이 다르기에 다른 해석과 판단을 할 수 있다. 진실은 사람을 신뢰하게 만드는 중요한 요소다. 하지만 진실이 잘못 다루어지면 사람을 다치게도 만든다. 수많은 진실 속에서 우리가 선택해야 할 진실은 3가지다. 가장 안전한 진실, 가장 최선의 진실, 아프지만 더 나은 결과를 만들 수 있는 진실이다. 아픈 진실을 더 나은 결과로 만들기 위한 노력과 책임감도 잊어서는 안 된다. 그 속에서 신뢰가 쌓이기 때문이다.

　진실은 알려야 하는 경우와 묻어야 하는 경우가 있다. 모두에게 이익이 되거나 정의를 실현하기 위해서는 알려야 한다. 하지만 누군가의 개인적인 비밀이나 흠이 되는 진실은 묻어야 한다. 아프지만 알려야 하는 진실이 있다면 장미의 가시를 감싸듯 다치지 않게 포장하는 것이 좋다. 진실을 지혜롭게 다루는 능력은 세상의 많은 진실 속에서 사람과의 관계를 안전하게 만든다. 진실이 우리의 관계에 신뢰를 주는 이유는 진실을 대하는 많은 노력과 책임을 다한 고결한 정신이 있었기 때문이다. 빛나는 신뢰는 각자의 마음속 진실이 소중한 대우를 받았을 때 탄생한다.

연봉을 올리는 TIP

인간관계에 신뢰를 만드는 진실의 방법

1. 상대방의 마음속 진실이 무엇인지 물어보자.
사람들의 마음속 진실을 많이 알수록 문제를 해결하고 위기를 극복
하는 지혜가 쌓인다.

2. 역지사지로 진정한 진실을 파악하자.
'그럴 수밖에 없었던 입장'을 알면 서로에게 도움이 되는 진실을 알 수 있다.

3. 어쩔 수 없이 상처를 줄 수밖에 없는 진실을 선택했다면 더 나은 결과
를 위해서 최선을 다하자.
책임 있는 마무리는 신뢰를 만든다.

4. 진실이 누군가의 흠이거나 비밀이라면 묻어두자.
진실은 모두가 안전해야 말할 수 있는 것이다.

03
칭찬, 칭찬의 3가지 법칙을
실천하면 관계가 좋아진다

당신 앞에 있는 그 사람에게 관심을 가져보세요. 그에 대해 궁금한 것을 물어보고,
미소 지으며 반응하세요. 진심으로 보인 당신의 관심은
그 사람의 존재를 귀하게 여기는 최고의 칭찬입니다.
관심은 칭찬의 다른 이름입니다.

칭찬을 받은 순간 우리는 어떤 감정을 느낄까? 가장 먼저 기분이 좋
아진다. 가끔 머쓱하고 조금은 쑥스럽고 때때로 당황스럽고, 아주 가끔
은 아부나 거짓말처럼 느껴지기도 한다. 같은 칭찬이 다르게 느껴지는
이유는 칭찬하는 사람의 마음에 '어떤 진심'이 존재했는지에 따라 의도
가 다르게 전달되기 때문이다. 대화의 내용만큼이나 중요한 것이 대화
를 나누는 사람의 눈빛과 표정, 사람을 대하는 태도다. 이런 비언어적

인 표현으로 우리는 생각보다 많은 메시지를 전달하고 있다.

우리는 칭찬을 통해서 우리의 따뜻한 진심을 전하고 싶어 한다. 진심으로 한 칭찬이 '아부'쯤으로 치부되는 것을 원치 않는다. 선한 의도의 칭찬이 상대에게 '큰 축복'이 되기를 원한다. 좋은 의도였음에도 불구하고 우리의 칭찬이 상대에게 '큰 불행'이 되거나 '독'이 되기를 원치 않는다. 그러기 위해서는 칭찬의 본질이 무엇인지 알아야 하고, 칭찬을 올바르게 사용하는 방법까지 알면 더욱 좋을 것이다.

칭찬은 우리에게 '가장 좋은 음식'이라는 말이 있다. 사람은 신체의 건강 못지않게 마음의 건강도 중요하다. '일체유심조(一切唯心造)'라는 말처럼 마음이 건강해야 몸의 건강도 지킬 수 있기 때문이다. 몸의 건강을 위해서 좋은 음식을 먹어야 하듯 마음의 건강을 위해서는 마음에 좋은 음식을 먹어야 한다. 그것이 바로 칭찬이다. 단, 주의해야 할 것이 있다. 신체의 80%를 차지하는 물도 마시는 시간, 마시는 방법에 따라 이롭기도 하고, 해롭기도 하다. 이처럼 아무리 좋은 것이라도 '무조건 많이'보다 '어떻게'가 더 중요할 때가 있다. 칭찬 또한 그렇다.

좋은 칭찬을 많이 받은 사람은 자신에 대해서 긍정적으로 생각한다. 세상을 바라보는 시각도 아주 긍정적이어서 힘든 상황 속에서도 문제를 해결해 내는 힘이 있다. 좋지 않은 상황을 긍정적으로 해석할 줄 알고, 문제를 해결하는 자신의 내적 힘을 믿는다. 칭찬은 짙은 어둠 속에서 출구를 찾아주는 한 줄기 빛이 되고, 수많은 실패로 새로 도전하는 것조차 두려워졌을 때 다시 한번 일어설 용기를 준다. 우리의 삶 속에서 생명과도 같은 칭찬의 모습은 어떤 것일까? 우리의 관계를 더욱 풍요롭게 해줄 진짜 칭찬의 모습은 어떻게 존재할까?

첫째, 칭찬은 우리의 존재 자체에 대한 소중함을 표현하는 것이다.

이 세상에 존재하는 창조물 중에서 쓸데없이 생겨난 것은 아무것도 없다. 심지어 여름이면 극성을 부리는 모기조차도 지구상의 생태계에서는 분명한 존재 이유가 있다. 모기의 유충인 장구벌레는 개구리와 물고기, 새들에게는 세상에서 가장 맛있는 식사가 된다. 또한, 모기가 꽃가루의 수분 역할을 해주기 때문에 아직도 수천 종의 식물이 지구에서 생존할 수 있다. 세상의 모든 존재는 그 자체만으로 충분히 빛나는 귀한 가치를 가지고 있다. 이를 표현하는 우화를 소개하고 싶다.

깊은 산골에 한 농부가 살고 있었다. 너무 깊은 산골이라 농부는 매일 항아리를 등에 지고 가서 물을 길어와야 했다. 농부에게는 두 개의 물항아리가 있었다. 하나는 아주 멀쩡해서 물을 잘 담고 있었고 언제나 자신감에 차서 우쭐했다. 다른 하나는 갈라진 틈이 있어서 물이 계속 새어 나왔다. 그래서 갈라진 항아리는 늘 농부에게 미안했다.

어느 날 갈라진 항아리가 농부에게 말했다.

"제 갈라진 틈으로 물이 계속 새어나가서 정말 미안합니다. 저는 쓸모없는 항아리예요. 멀쩡하지 못해서 별 도움이 못 되니까요."

이 말에 농부는 웃으며 대꾸했다.

"항아리야, 왼쪽 길가를 봐. 참 예쁜 꽃들이 줄지어서 피어 있지? 꽃들이 이렇게 아름답게 피어 있는 이유는 네 왼쪽 틈으로 물이 조금씩 흘러나왔기 때문이란다. 너는 꽃들과 나에게 꼭 필요한 존재야."

농부의 말에 항아리는 기뻐서 환한 미소를 지었다.

여름이면 우리를 성가시게 하는 모기와 갈라진 틈이 있는 항아리조차 그들만의 존재 이유가 반드시 있다. 하물며 우리 인간은 오죽할까? 당신과 나는 이 세상에 온 이유가 반드시 있다. 그러니 내 앞에 있는 그 사람에게 한마디 건네 보자.

"당신이 옆에 있어줘서 너무 다행이에요."

"당신이 우리 팀이어서 너무 좋아요."

"당신이 이 세상에 와줘서 고맙습니다."

오늘 우리가 건넨 이 한마디는 상대방에게 최고의 날을 만들어줄 것이다. 존재 자체를 축복하는 것만큼 큰 칭찬은 세상에 없으니까.

둘째, 성공의 과정을 칭찬하는 것은 상대방의 자존감을 키워준다.

'자존감'을 키워주는 가장 좋은 방법은 '아주 작은 성공'을 맛보게 하는 것이다. 사람은 아주 작은 일이라도 무엇인가를 스스로 해냈을 때 만족감과 성취감을 느끼게 된다. 이런 만족감과 성취감은 우리가 새로운 도전을 하게 만드는 원동력이 될 수 있다. 작은 성공의 경험들은 우리의 자존감을 점점 높여준다. 자존감을 높여주기 위해서 상대방이 아주 작은 한 가지를 해냈을 때 놓치지 말고 칭찬하자. 큰 성공의 어머니는 작은 성공이지 실패가 아니다.

1968년 미국의 유명한 사회학자 로버트 킹 머튼(Robert King Merton)은 마태 효과(Matthew effect)를 주장했다. 마태 효과란 성경의 마태복음에 기록된 '빈익빈 부익부 현상'을 표현한 것이다. 가난한 사람은 점점 가난해지고 부유한 사람은 점점 부유해진다는 의미다. 이를 달리 표현하면 실패한 사람은 계속 실패하고 작은 것이라도 성공한 사람은 계속 성공을 하게 된다는 말이 된다. 그러니 작은 성공에 대한 칭찬은 상대의 자존감을 높여서 더 큰 성공으로 갈 수밖에 없다.

예를 들어 매일 9시 정각에 출근하던 부하 직원이 오늘따라 20분 더 일찍 출근했다면 이렇게 말해보자.

"김 대리, 최근 들어 출근 시간이 점점 빨라지니 더욱 반가운데."

9시 정각에 출근한다고 투덜대기보다 이렇게 칭찬하면 20분 일찍 출근하는 날이 더욱 많아질 것이다. 20분 일찍 출근이라는 작은 변화는 어느새 김 대리에게 더 큰 변화를 줄 수 있다. 보고서 작성 때마다 작은 실수를 하던 직원이 오늘따라 실수가 없다면 당연한 듯 넘기지 말자.

"김 대리, 보고서 작성이 깔끔해. 내용도 한눈에 정확하게 보이고. 잘했어. 업무가 조금씩 발전하는 모습이 보기 좋아."

상사가 직원의 작은 발전을 알아주는 것만큼 직원을 기쁘게 하는 것은 없다. 평소에 공부하지 않던 아이가 오늘따라 책상에 앉아 있다면 절대로 놓쳐서는 안 되는 순간이다.

"집중해서 열심히 하는 모습을 보니 대견하네."

반드시 공부가 아니어도 괜찮다. 그림이든 개인적인 취미활동이든 집중하고 있는 모습을 칭찬해 주는 것만으로도 점점 변해갈 것이다. 아이의 인식 속에 '나는 뭐든 집중적으로 하는 사람이야'라는 생각이 점점 강하게 새겨질 테니까.

작은 칭찬을 할 때 명심해야 할 사항이 있다. 상대방이 이룬 '성과'를 칭찬하는 것은 그들에게 오히려 독이 될 수 있다는 사실이다. 그러니 '성과' 대신 '노력의 과정'을 칭찬하자. 예를 들어 아이의 수학 성적이 60점에서 70점으로 올랐을 때 우리는 대개 이렇게 칭찬한다.

"우아! 수학 성적이 10점이나 올랐구나. 대단하다."

그리고 김 대리가 오늘 작성한 파워포인트 자료가 많이 발전했을 때 이렇게 칭찬한다.

"김 대리, 오늘 파워포인트 자료 잘 만들었어. 수고했어."

10점이라는 성적, 파워포인트 자료는 모두 그들이 해낸 성과들이다. 이렇게 성과를 칭찬하면 다음에는 더 잘해야 한다는 부담감 때문에 오히려 새로운 도전을 마음 놓고 할 수 없게 된다. 상대가 새로운 도전을 마음껏 할 수 있게 하려면 성과가 아닌 노력의 과정을 칭찬해야 한다. 과정의 칭찬은 도전할 수 있는 용기와 포기하지 않는 끈기를 작은 마음에 심어준다. 과정의 칭찬은 사람의 마음을 움직이게 하는 '동기부여의 씨앗'이다. 아이의 성적이 올랐다면 이렇게 칭찬해야 한다.

"이번에 정말 노력 많이 했구나. 노력하는 모습이 자랑스러워."

파워포인트 자료가 괜찮았다면 이렇게 칭찬해야 한다.

"김 대리, 자료 만드느라 수고 많았어. 항상 노력해 줘서 고마워."

이렇게 행동의 과정, 노력의 과정을 칭찬받은 사람들은 그런 노력을 반복적으로 하고 싶어질 것이다.

셋째, 칭찬은 상대방에게 '진정한 관심'을 보이는 것이다.

진심으로 관심을 보이는 것은 상대방에 대해서 알고 싶어 하고 호기심을 표현하는 것이다. 누군가 우리에게 진심으로 관심을 보이면 우리는 스스로 대단함을 느끼게 된다. 상대를 향한 '진정한 관심'은 관계를 견고히 할 뿐 아니라 뜻밖의 행운을 달고 오기도 한다. 데일 카네기의 『인간관계론』에 이러한 사실을 보여주는 이야기가 있다.

코닥 사진기를 발명한 조지 이스트먼과 뉴욕 의자 회사의 사장 제임스 애덤슨이 처음 만나서 대화를 나누는 장면이다. 조지 이스트먼은 자신의 모친을 기념하기 위해서 '킬번 홀'을 지을 예정이었고, 제임스 애덤슨은 자신의 회사에서 생산한 의자를 극장에 납품하고 싶었다. 조지 이스트먼과 이야기할 수 있는 시간은 단 5분이었다. 잠깐의 기다림이 끝나고, 애덤슨 사장은 조지 이스트먼의 사무실로 안내를 받았다.

정중하게 인사를 하고 애덤슨 사장은 진심으로 말을 건넸다.

"잠시 기다리는 동안 사무실을 둘러보았습니다. 그런데 지금껏 이렇게 아름다운 사무실은 본 적이 없습니다."

이 말을 들은 조지 이스트먼은 자신의 이야기를 하기 시작했다.

"그러고 보니 이 사무실을 지을 때가 생각나는군요. 정말 멋진 사무실인데 그동안 잊고 있었네요."

이렇게 두 사람은 사무실 이야기로 시작해서 조지 이스트먼의 개인사까지 깊은 대화를 나누었다. 예정된 시간 5분을 지나 몇 시간이 흘러갔다.

의미 있는 대화의 시간이 끝나고 애덤슨 사장은 엄청난 금액의 의자를 극장에 납품했다. 하지만 그보다 더 큰 선물은 두 사람이 평생을 함께한 가장 가까운 친구가 되었다는 사실이다. 애덤슨 사장은 이스트먼에게 진정한 관심을 가지고 그를 칭찬했고, 그 진심이 통했기에 두 사람은 친구가 된 것이다. 인생에서 사람을 얻는 것보다 더 큰 축복이 있을까? 남들과 다른 특별한 칭찬은 그가 진심으로 좋아하고 인정받고 싶은 것을 칭찬하는 것이다. 그 사람이 인정받고 싶어 하는 것이 무엇인지 알아보는 눈은 그를 향한 진정한 관심에서 나온다는 것을 기억하자.

우리가 하는 말은 우리의 감정을 만들어내고 우리의 행동은 감정의 영향을 받는다. 오늘 내가 건넨 따뜻한 칭찬의 한마디는 상대방의 마음에 작은 변화 하나를 만들어낼 수 있다. 마음속 작은 변화는 그 사람의 행동을 변화시킨다. 사람의 존재를 존중하고 사람의 자존감을 높여주고 사람에게 진심으로 관심을 가져보자. 진심에서 우러나온 칭찬은 소중한 관계를 단단하게 묶어주는 인연의 끈이 되어줄 것이다.

"이 책을 보는 당신은 사람을 진심으로 좋아하시는군요. 주변의 소중한 분들과 좋은 관계를 만들기 위해서 이토록 노력하고 계시니까요. 더 좋은 인간관계를 만드는 일에 함께해 주셔서 감사합니다. 당신의 존재만으로 많은 힘이 납니다."

칭찬을 위한 비법

1. 좋은 칭찬
- 존재의 소중함을 칭찬한다.
  우리의 존재를 축복하는 것만큼 큰 칭찬은 세상에 없다.
- 작은 성공의 과정, 노력의 과정을 칭찬한다.
  과정을 칭찬하면 만족감과 성취감을 느낀다. 만족감과 성취감은 우리가 새로운 도전을 하게 하는 원동력이 될 수 있다.
- 상대에게 진심으로 관심을 가진다.
  '진정한 관심'은 관계를 견고히 할 뿐만 아니라 뜻밖의 큰 행운을 달고 온다.

2. 나쁜 칭찬
- 칭찬으로 포장된 평가는 하지 않는다.
  평가는 칭찬이 아니다. 평가를 받은 상대방은 평가에 자신을 맞추기 위해 애쓰게 되고, 올바른 노력의 과정에서 얻는 성취를 놓칠 수 있다.
- 성과를 칭찬하지 않는다.
  새로운 도전을 두렵게 만든다.
- 외모를 칭찬하지 않는다.
  할 말이 없어서 그냥 하는 빈말처럼 들릴 수 있다.

좋은 칭찬의 말 VS 잘못된 칭찬의 말

좋은 칭찬의 말	잘못된 칭찬의 말
• 넌 정말 나에게 힘을 주는 존재야. 고마워. (존재 칭찬)	• 당신은 참 착한 사람이군요. (평가)
• 당신은 우리 팀에 꼭 필요한 사람이에요. (존재 칭찬)	• 당신은 뭐든지 척척 해결할 수 있군요. 못 하는 것이 없는 완벽한 사람 같아요. (평가)
• 당신은 제게 중요한 사람입니다. 옆에 있어줘서 고마워요. (존재 칭찬)	• 이번에는 실수를 안 했네. 잘했어. 앞으로도 실수 없이 해야 해. (평가)
• 네가 이렇게 집중하는 모습을 보고 있으니 대견하구나. (과정, 노력 칭찬)	• 와! 이번에 평균점수가 20점이나 올랐어? 대단하네. 잘했어. (성과 칭찬)
• 결과보다는 네가 이렇게 노력하는 모습이 더 멋져 보여. (과정, 노력 칭찬)	• 정말 아름다우십니다. 당신처럼 예쁜 사람은 본 적이 없어요. (외모 칭찬)
• 이번 회의자료를 만들 때 많은 고민을 한 흔적이 보이네요. 수고했어요. (과정, 노력 칭찬)	• 와! 정말 키가 크세요. 참 좋으시겠어요. (외모 칭찬)
• 과장님, 분홍색 타이가 잘 어울리네요. 얼굴이 더 화사해 보여요. (진정한 관심)	• 목소리가 맑고 아름다우세요. 눈빛도 정말 매력적이십니다. (외모 칭찬)
• 김 대리, 염색했구나. 새로운 분위기가 참 잘 어울려. (진정한 관심)	• 정 대리, 이번 계약 건 대단해. 큰 금액인데 어떻게 한 거야? 대단한걸. (성과 칭찬)
• 탕비실이 깨끗하게 정돈되어 있네요. 김 대리가 했어요? 고마워요. 덕분에 상쾌해졌어요. (진정한 관심)	• 지민 씨, 이번 실적, 팀에서 최고던데요. 정말 대단해요. 매번 1등 하고. (성과 칭찬)

04
신뢰, 모든 대화의 기본은 신뢰다

"믿어달라고 상대를 설득하지 마세요. 믿을 수밖에 없는 말을 하세요.
믿을 수밖에 없는 말이란 당신의 생각과 말과 행동이 진실한 것을 뜻합니다.
신뢰는 힘듦 속에서도 서로를 믿는 마음이며, 불편함 속에서도
좋은 것을 느끼는 마음입니다."

좋은 관계를 만들기 위해서 우리는 많은 노력을 한다. 상대방을 인정하고 칭찬한다. 그들의 성공에 감탄하고 그들의 슬픔을 위로한다. 그들이 좌절할 때는 삶의 희망을 품도록 격려하고 그들이 분노할 때는 수용의 말을 한다. 하지만 이 모든 관계는 상대방에 대한 믿음이 사라지는 순간 깨져버린다. 어떤 힘든 상황 속에서도 관계를 견고하게 지켜내는 강한 힘은 서로를 향한 신뢰감에서 나온다.

신뢰감은 서로를 향한 진실한 믿음이다. 진실한 믿음으로 서로의 신뢰를 지킨 감동 스토리가 있다. 아주 잠깐 동심으로 돌아가서 이 아름다운 이야기에 흠뻑 빠져보자. 기원전 4세기, 그리스에 살았던 두 젊은 친구의 이야기다.

피시아스는 왕에게 바른말을 한 죄로 교수형을 당하게 되었다. 피시아스는 죽기 전에 집에 가서 가족들에게 마지막 작별인사를 하고 오겠다고 간청했다. 왕은 허락하지 않았다. 이때 피시아스의 친구 다몬이, 자기가 대신 감옥에 들어가 있다가 만약 피시아스가 돌아오지 않으면 자기가 교수형을 받겠다고 약속했다. 왕은 피시아스에게 기회를 주었다. 형 집행 당일이 되었고 피시아스는 돌아오지 않았다. 사람들은 피시아스가 친구를 배신했다고 비난했다. 다몬은 그들에게 말했다.

"내 친구 피시아스를 욕하지 마세요. 당신들은 그가 어떤 사람인지 모르지 않습니까."

다몬의 목에 밧줄이 걸리는 순간, 말을 타고 급히 달려오는 피시아스의 모습이 보였다.

피시아스 : 다몬, 늦어서 미안해. 죽어서도 자넬 잊지 않을 거야.

다몬 : 피시아스, 자넨 그저 조금 먼저 갈 뿐이야. 다음 생에도 자네와 친구가 되고 싶어.

두 사람을 지켜보던 왕이 큰소리로 외쳤다.

왕 : 피시아스의 죄를 사면하노라. 그를 석방하라.

극한 상황에서도 서로를 믿었던 두 사람의 신뢰는 친구의 목숨을 구하고 왕의 차가운 마음마저 녹여놓았다.

또 하나의 감동 스토리가 있다. 정유희 작가의 저서 『듣고 싶은 한마디, 따뜻한 말』에서 소개한 이야기다.

미국의 어느 경찰관이 식당에서 복권을 샀다. 식당의 종업원에게 번호를 불러달라고 했고 복권이 당첨되면 절반씩 나누어 가지기로 약속했다. 여기까지는 흔히 일어날 수 있는 일이다. 중요한 것은 다음이다. 놀랍게도 그 경찰은 정말로 1등에 당첨되어 70억의 당첨금을 받게 되었다. 생각지도 못한 엄청난 행운이 그에게 찾아온 것이다. 과연 경찰은 약속을 지켰을까? 만약 같은 상황이라면 우리는 약속을 지킬 수 있었을까? 경찰은 약속을 지켰고 종업원과 절반씩 나누어 가졌다.

이 이야기는 미국의 시사 주간지 「타임」에 소개되었고 많은 사람들에게 훈훈한 감동을 선사했다. 서로를 향한 믿음과 신뢰를 주제로 한 이야기는 언제나 우리에게 깊은 감동을 선사한다. 이유는 힘든 상황일수록 누군가를 간절히 믿고 싶은 욕구 때문이다. 혼자가 아니라는 느낌, 신뢰할 수 있는 존재가 곁에 있다는 믿음은 우리에게 안정감을 준다.

'신뢰(trust)'의 어원은 독일어 'trost'에서 유래했다. 그 뜻은 '편안함'이다. 함께하는 사람이 우리의 마음을 편안하게 해준다면 우리는 그를 신뢰할 수 있다. 심지어 고통의 순간이 찾아와도 이겨낼 수 있는 믿음과 힘이 생긴다. 고통의 순간에 좌절하는 것은 고통 때문에 힘들어서라기보다는 그 순간 혼자라는 외로움 때문이다. 자신을 믿고 지지하는 따뜻한 관계의 울타리가 있다는 믿음은 고통을 이겨내게 한다.

"고통스럽겠지만 참고 견뎌보자. 난 네가 이겨낼 수 있을 거라고 믿어."

이 한마디가 사람을 견디게 한다.

신뢰감이란 살아가는 동안 우리를 안전하게 지켜주는 '안전 에너지'라 할 수 있다. 늦은 밤 혼자 걷기 무서울 때 손잡고 함께 길을 걸어줄 사람이 있다면 우리는 안심할 수 있다. 시험에 실패하고 자신감이 바닥일 때 듣게 된 한마디가 다시 시작할 수 있는 에너지를 심어준다.

"지금 이 순간은 네가 원하는 길로 가는 과정이야. 그동안 앞만 보고 달렸다면, 이제 옆에 핀 예쁜 꽃도 보면서 가는 길을 즐겨보자. 넌 할 수 있어."

신뢰감을 주는 사람은 대화할 때 특별한 언어를 사용한다. 그것은 바로 긍정의 언어다. 긍정의 언어는 타인에게 편안함을 주고 관계를 견고하게 해준다.

신뢰의 대화를 위한 첫 번째 원칙은 긍정의 언어로 대화하는 것이다.

긍정의 말을 하거나 들을 때 사람의 신체에는 특별한 호르몬이 분비된다. 사랑의 호르몬이라고 알려진 '옥시토신'이 그것이다. 신체적으로 안정감과 편안함을 느낄 때 우리의 뇌파는 '알파파'의 상태가 되고, 이 '알파파'는 '옥시토신'이라는 호르몬을 분비시킨다고 한다.

행복 호르몬을 분비시키는 긍정의 한마디는 이렇다.

"끈기 있게 노력해서 이렇게 잘 해냈구나. 네 노력과 열정은 세상에서 가장 귀한 보석이야."

이미 많은 연구를 통해서 알려진 것처럼 옥시토신은 우리의 정서를 좀 더 나은 방향으로 변화시킨다. 관계에서의 신뢰감을 증가시키고 기쁨과 안정감을 준다. 또한, 스트레스 상황에서 겪는 부정적인 감정인 적대감이나 분노를 낮추고 상황을 긍정적으로 바라볼 수 있게 한다. 옥시토신을 만드는 긍정의 대화는 부정적인 상황일지라도 긍정적으로 해석해서 말하는 것이다. 가장 믿음직스러운 사람은 부정적인 상황까지도 긍정적으로 해석할 수 있는 사람이다.

예를 들어 한 사람의 실수로 팀 전체의 노력이 물거품이 된 경우를 보자. 내일 회의에서 사용할 프레젠테이션 자료가 부하 직원의 실수로 사용할 수 없게 된 경우다. 화가 난 팀장은 이렇게 소리칠 수 있다.

"자료가 없는데 내일 회의는 어떻게 할 거야? 언제 다시 준비해? 김 대리가 저지른 일이니 알아서 완벽하게 처리해 놔. 아님, 사표 쓰든지."

이 말에 김 대리는 끊임없이 자신을 자책하고 괴로워할 것이고, 다음 날 출근하는 것조차 힘든 일이 되어버린다.

반면 같은 상황에서도 긍정 대화를 하는 팀장은 이렇게 말한다.

"이미 벌어진 일은 어쩔 수 없으니 해결책을 찾아보자. 어떻게 하면 자료를 빨리 다시 준비할 수 있을까? 차근차근 준비하면 충분히 가능한 일이야. 김 대리 너무 자책할 것 없어. 이런 실수는 누구라도 할 수 있는 거야."

문제가 아닌 해결책에 집중하고, 실수한 팀원을 위로까지 한다. 밤새 자책하고 괴로워할 김 대리를 편안하게 안심시켜 주는 것이다. 다음 날도 김 대리는 가벼운 마음으로 즐겁게 하루를 시작한다.

신뢰의 대화를 위한 두 번째 원칙은 긍정의 언어로 감정을 통제하는 것이다.

우리 감정의 주인공은 바로 우리 자신이다. 그러니 우리는 원한다면 얼마든지 자신의 감정을 통제할 수 있다. 사용하는 언어를 바꿈으로써 감정이 변하는 마법을 경험하는 것이다.

"너무 짜증스러워"라고 말하면 우리의 감정은 이내 짜증스러운 감정이 된다. 반면, "뭐 괜찮아. 조금 성가시지만, 내가 충분히 할 수 있는 정도야." 이렇게 말하면 우리의 감정은 해낼 수 있다는 긍정의 마음이 된다.

식사 초대를 받은 두 사람은 맛있는 음식을 먹으면서 각자 다르게 말한다.

긍정의 언어를 사용하는 손님 A는 이렇게 말한다.

손님 A : 와! 너무 맛있어요. 특히 이 잡채는 이제껏 먹어본 잡채 중 최고네요. 이렇게 맛있는 음식을 먹다니, 오늘은 정말 최고의 날이에요.

집주인 : 맛있게 드시니 저도 기분이 좋네요. 잡채가 많으니, 가실 때 조금 싸드릴게요.

손님 A : 정말요? 감사합니다. 맛있게 잘 먹을게요. 오늘 이렇게 멋진 음식을 차려주셔서 감사해요.

손님 A는 자신의 감정이 지금 이 순간 최고임을 말해준다. 덕분에, 음식을 대접한 집주인 역시 최고의 감정을 느낄 수 있다. 음식을 대접한 사람으로서 최고의 순간은 바로 이런 순간이다.

긍정의 언어를 사용하지 않는 사람은 행복한 순간조차 그저 그런 순간으로 만들어버린다. 성의 없이 내뱉는 자신의 언어 때문이다.

같은 상황이지만 손님 B는 이렇게 말한다.

손님 B : 음, 괜찮네. 요리 솜씨가 나쁘지 않네요.

집주인 : 아, 네. (멋쩍음)

손님 B : 이 많은 음식 준비하느라 고생 많으셨겠어요.

분명히 맛이 있다는 표현인데 듣는 사람은 그런 느낌이 들지 않는다. 말하는 사람 또한 자신이 말한 만큼의 감동만을 느낀다. 사람은 자신이 한 말의 프레임에 감정이 갇혀버리기 때문이다. 또한, 흔한 실수로 열심히 노력한 사람에게 고생했다는 표현을 한다. 고생은 어렵고 고된 일을 겪는 것을 말한다. 이제는 고생이라는 표현을 좀 더 신중하게 사용할 필요가 있다.

흔히 있을 수 있는 불편한 상황에서 긍정적으로 생각하는 사람과 그렇지 않은 사람은 다르다. 이들이 사용하는 언어도 다르지만, 같은 상황이 이들의 기억 속에 저장되는 방식도 다르다. 한 사람에게는 괜찮았던 경험이, 다른 사람에게는 두 번 다시 겪고 싶지 않은 끔찍한 고통이 되기도 한다.

오늘 경험한 불편한 상황이란 이렇다. 아침에는 고장 난 시계 때문에 지각했다. 과장님께 조금 늦는다고 전화는 했지만, 과장님 목소리가 떨떠름하다. 점심때는 셔츠에 커피를 쏟았다. 오늘따라 유난히 바쁘다. 저녁 퇴근길에 맥주 한 잔이 생각나서 친구에게 전화해 불러냈다.

불편한 상황을 긍정적으로 생각하는 여자 A는 이런 대화를 한다.

여자 A : 오늘은 유난히 바쁘고 정신없는 날이었어. 덕분에 하루가 금방 가네.

친구 : 왜? 무슨 일 있었어?

여자 A : 아침에 시계가 고장 나서 알람이 안 울린 거 있지. 덕분에 아침 잠은 푹 잘 잤지만.

친구 : 지각 안 했어? 셔츠 얼룩은 뭐야?

여자 A : 지각했지. 근데 운 좋게도 혼나진 않았어. 이 얼룩은 커피야. 별거 아냐. 오늘 정신없던 덕분에 너랑 마시는 맥주가 더 달다. 피로를 확 풀어주네. 내일은 좋은 일만 있겠지?

불편한 상황을 부정적으로 생각하는 여자 B는 이런 대화를 한다.

여자 B : 오늘 정말 재수 없는 날이야. 맥주나 마시고 재수 없는 일들 떨쳐야지.

친구 : 왜? 무슨 일 있었어?

여자 B : 정말 짜증 나. 최악이야. 시계가 고장 나서 알람이 안 울린 거 있지. 요즘 가뜩이나 일도 많고 바쁜데, 시계마저 말썽이라니까.

친구 : 지각 안 했어? 셔츠 얼룩은 뭐야?

여자 B : 지각했지. 다행히 혼은 안 났지만 과장님 표정이 장난 아니더라고. 이거? 동료가 툭 치는 바람에 재수 없게 커피를 쏟아서 그래. 아, 짜증 나. 오늘따라 맥주는 왜 이리 쓰냐?

여자 A는 불편했을 상황을 흔히 있을 수 있는 작은 일처럼 말했다. 종일 정신이 좀 없었지만, 그 덕분에 친구와 마시는 맥주가 더욱 달게 느껴진다고 말한다. 이런 대화를 나누는 친구 역시 여자 A와 함께 있는 시간이 행복하다. 반면, 여자 B는 친구와 만나자마자 짜증난다고 말한다. 하루 종일 얼마나 재수 없는 일이 있었는지 장황하게 늘어놓는다. 친구는 맥주를 마시는 내내 여자 B의 "짜증 나"라는 말을 수십 번 듣는다. 오늘 정말 재수 없는 사람은 여자 B가 아니라 오히려 친구가 아닐까?

무심코 하는 말 때문에 우리의 감정은 시시각각 변할 수 있다. 좋은 것을 안 좋게 말하면 감정은 부정으로 물든다. 안 좋은 것을 좋게 말하면 우리의 감정은 금세 환한 긍정의 빛을 띤다. 소중한 대화에서 좋은 감정은 더 좋게, 나쁜 감정은 덜 나쁘게 느낄 수 있는 언어를 사용하자. 말을 바꾸면 우리의 감정이 변하고 우리의 행동이 변하고 우리의 삶이 달라질 수 있다. 긍정적으로 변해가는 우리의 삶은 우리의 관계를 지키는 강한 힘이 되어줄 수 있다.

신뢰의 대화를 위한 세 번째 원칙은 '덕분에'라는 표현을 사용하는 것이다.

우리에게 발생한 좋은 결과나 상황은 우리가 한 노력의 결실이 맞는다. 하지만 도와주는 사람들이 있었고 기회를 준 누군가가 있었다. 우연히 받게 된 행운도 한몫한다. 오롯이 혼자만의 힘으로 모든 것을 이루어 낼 수는 없다. 그러니 우리에게 발생한 좋은 일에 이렇게 말해보자.

"덕분에 오늘 하루가 즐거웠어."

"당신 덕분에 제가 잘 해낼 수 있었어요."

"팀원 여러분 덕분에 우리 팀이 최우수 팀이 되었습니다."

'덕분에'라는 말은 영어로 'Thanks to~'로 표현한다. 자신의 기쁨을 '당신 덕분에'라고 표현한다면 그 말 속에 '감사함'이라는 의미가 담겨 있는 것이다. "당신 덕분입니다"라는 한마디에, "고마워요"라는 말이 들리는 이유는 이것 때문이다. 감사의 마음을 받는 상대방은 어떤 기분이 들까? 자신을 고마워하는 그를 위해 더욱 많은 도움을 주고 싶을 것이다. 이렇게 한없이 도움을 주고 싶은 관계가 바로 신뢰의 관계로 이어진다.

미국의 저명한 사상가이자 시인 랠프 월도 에머슨(Ralph Waldo Emerson)은 이렇게 말했다.

"누군가를 신뢰하면 그들도 당신을 진심으로 대할 것이다. 누군가를 훌륭한 사람으로 대하면 그들도 당신에게 훌륭한 모습을 보여줄 것이다."

믿어달라고 상대를 설득하기보다는 믿을 수 있는 행동을 하는 것이 좋다. 신뢰해 달라고 강요하기보다는 우리의 신뢰를 먼저 보여주는 것이 서로를 위한 일이다. 신뢰는 우리가 사용하는 긍정의 언어 속에 녹아 있고 상대방을 향한 감사의 마음속에 깃들어 있다. 사람을 향한 존중, 감사, 그리고 그것을 표현하는 긍정의 언어는 우리에게 신뢰라는 감동의 선물을 줄 것이다.

신뢰를 쌓기 위한 대화의 법칙 3가지

1. 긍정의 언어로 대화한다.
긍정의 말은 사랑의 호르몬인 '옥시토신'을 분비시켜서 우리를 안정감 있고 편안한 마음으로 만들어준다.

2. 긍정의 언어로 감정을 통제한다.
"짜증 나"라는 말은 우리의 감정을 짜증스럽게 만든다. 반면, "조금 성가시지만, 내가 충분히 할 수 있는 정도야." 이렇게 말하면 우리의 감정은 할 수 있다는 긍정의 마음이 된다.

3. '덕분에'라는 표현을 사용한다.
'덕분에'라는 말 속에는 '감사'의 의미가 담겨 있다. "당신 덕분입니다"라는 말은 "고마워요"라는 말의 다른 표현이다.

신뢰를 쌓는 말 VS 신뢰를 깨는 말

신뢰를 쌓는 말	신뢰를 깨는 말
• 네 노력과 열정은 세상에서 가장 귀한 보석이야.	• 노력만 하면 뭐 해? 결과가 좋아야지. 무조건 좋은 결과를 내.
• 참고 견뎌보자. 난 네가 이겨낼 수 있을 거라고 믿어.	• 힘들어서 어떡하니? 안됐어. 고통스럽겠지만 견뎌야지 별수 있어?
• 그동안 앞만 보고 달렸다면, 이제 옆에 핀 예쁜 꽃도 보면서 가는 길을 즐겨보자.	• 지금 쉬어갈 여유가 어디 있니? 앞만 보고 달려도 모자랄 판국에. 정신 바짝 차려.
• 넌 할 수 있어.	
• 이미 벌어진 일은 어쩔 수 없으니 해결책부터 찾아보자.	• 그건 너한테 무리야.
• 차근차근 준비하면 충분히 가능한 일이야.	• 내일 회의는 어떻게 할 거야? 언제 다시 준비해?
• 조금 성가시지만, 괜찮아.	• 김 대리가 저지른 일이니 책임져.
• 네 덕분에 오늘 하루가 즐거웠어.	• 너무 짜증 나.
• 당신 덕분에 제가 잘 해낼 수 있었어요.	• 너 때문에 오늘 하루 다 망쳤어.
• 팀원 여러분 덕분에 우리 팀이 최우수 팀이 되었습니다.	• 당신 때문에 기분이 좋지 않네요.
	• 지민 씨 때문에 이게 뭐예요. 정말 팀에 도움이 안 되네요.

05
자신감, '기대한다'는 말은 자신감을 준다

"당신의 모습을 기대하고 있습니다.
곧 많은 이들 앞에서 좋은 영향력을 주고 있을
당신의 모습이 생생하게 그려지는군요.
그날이 어서 오기를 기다리겠습니다."

모든 사람에게는 그들만의 잠재력이 있다는 것을 우리는 잘 알고 있다. 누군가는 자신의 잠재력을 활용해서 멋진 삶을 살고 누군가는 잠재력을 찾지 못한 채 원치 않는 삶을 산다. 자신에게 있는 보물 같은 잠재력을 활용하는 사람과 그렇지 못한 사람의 결정적인 차이는 바로 그들을 둘러싼 대화들이다. 숨어 있는 잠재력을 활용해서 행복하게 사는 사람들은 대화 속에서 그들을 향한 긍정의 말들을 많이 들으며 살아온 사람들이다. 그중에서도 특히 많이 들었던 말은 '기대감'을 표현하는 이런 말이다.

"당신이 멋진 모습을 보여줄 것이라고 기대하고 있습니다. 당신은 그럴 수 있는 사람이니까요."

우리는 깨어 있는 대부분의 시간을 대화하면서 보낸다. 그 많은 순간을 '기대감'으로 장식한다면 누구나 행복한 삶을 살 수 있을 것이다. 우리가 행복하게 살기 위해서 해야 할 일은 서로에게 '기대감'을 마음껏 표현하는 일이다.

"기대할게. 널 믿어."

이 한마디는 상대방에게 내면의 장점을 발견하게 하고 스스로 노력하게 만든다. '기대감'이라는 것은 분명히 사람을 변화시키는 마력을 지니고 있다.

'당신이 ~하기를 기대해'라는 말은 영어로 'look forward to ~ Ⓥing'로 표현한다. 뜻을 풀이하면 'look forward'는 '앞날이 보인다'는 뜻이고, 'Ⓥing'는 당신이 어떤 것을 하고 있는 모습이다. 미래의 순간에 당신이 멋지게 무엇인가를 하는 모습이 생생하게 보인다는 말이다. 이 말을 듣고 어떻게 노력하지 않을 수 있을까? 우리는 서로에게 이 말을 더욱 많이 했어야 한다. 그랬다면 대한민국의 행복순위가 OECD 34개 국가 중 32위를 차지하지는 않았을 것이고, UN 세계 행복지수 57위를 차지하지는 불상사 역시 없었을 것이다.

기대감이 상대를 어느 정도로 변화시킬 수 있는지를 명확하게 보여주는 실험이 있다. 일명 '피그말리온 효과(Pygmalion effect)'를 증명하는 실험이다. 1968년 샌프란시스코의 한 초등학교에서 학생들을 대상으로 '미래발전 가능성을 예측하는 테스트'를 진행했다. 테스트의 주최자는 하버드 대학교 사회심리학과 로버트 로젠탈(Robert Rosenthal) 교수와 20년 이상 초등학교 교장을 역임한 레노어 제이콥슨(Lenore Jacobson)이다.

테스트 결과에 따라서 잠재력이 뛰어난 일부 학생들의 명단을 만들어 교사들에게 주고, 교사들이 이 학생들의 우수성을 믿게 했다. 8개월이 지난 후 로젠탈 교수팀은 선발된 학생들이 모두 대단한 발전을 한것을 발견했다. 심지어 어떤 학생들은 기말시험 점수가 테스트 전보다몇 배나 향상된 모습을 보여줬다. 하지만 이 테스트에는 한 가지 비밀이 숨겨져 있었다. 우수학생으로 선발된 학생들이 사실은 테스트 결과와 상관없이 무작위로 선출되었다는 것이다. 평범한 학생들을 1년도안 되는 짧은 시간 안에 뛰어난 학생으로 만든 것은 교사들의 긍정적인기대와 격려 덕분이었다. 그 정도로 교사들의 기대와 격려의 말은 학생들의 마음에 충분한 동기부여가 되었다.

교사 A : 제임스, 이번 수학 성적이 기대에 못 미치더라도 실망할 것 없어. 넌 학습 능력이 뛰어난 학생이야. 그동안은 공부를 많이 안 해서 조금 서툴 수 있어. 익숙해지면 너의 뛰어난 수학적 재능을 너도 느끼게될 거야. 기대되지 않아? 선생님은 진심으로 널 믿어.

교사 B : 로사, 이번 영어 성적은 마음에 둘 것 없어. 처음부터 잘하는사람은 없잖니? 넌 이해력이 우수한 학생이야. 천천히 다시 시작해 보자. 선생님은 네가 해낼 것이라는 걸 알아. 넌 학습 능력이 탁월한 학생이니까. 그러니 걱정 말고 열심히 하자. 기대할게.

로젠탈 교수는 교사들이 학생들을 향해서 보여주었던 이러한 심리 현상을 피그말리온 효과라고 불렀다. 심리학에서는 이를 '로젠탈 효과' 혹은 '기대 효과'라고 한다. 피그말리온 효과란 상대방을 향한 긍정적인 기대와 관심이 그 사람에게 좋은 영향을 준다는 의미로, 교육학에서 이미 많이 활용하고 있다. 내면의 잠재력을 인정하고 기대감을 표현하면 우리의 관계는 더욱 좋아질 수 있다. 그 속에서 서로를 향한 무한한 신뢰가 싹트기 때문이다.

그럼에도 우리가 서로를 향해서 기대감을 표현하지 못하는 이유는 단 한 가지다. 우리는 일상의 대화에서 '기대감'보다는 "안 돼"라는 말을 더욱 많이 들어왔기 때문이다. 태어난 순간부터 부모는 아기를 보호하기 위해서 수없이 "안 돼"라고 외친다. 위험에 빠질까 염려해서다. 독일의 심리치료사에 따르면 3~6세 사이의 아이들은 "안 돼"라는 말을 하루 평균 33회 듣는다고 한다. 어려서부터 들어온 "안 돼"라는 말은 우리를 정말로 아무것도 할 수 없는 사람으로 만든다. "안 돼"라는 말에는 "왜 안 돼? 나는 돼"라는 말로 대응해야 한다.

성인이 되어서도 우리는 수많은 "안 돼"를 듣고 산다. 경제력이 부족해서, 명문대를 안 나와서, 스펙이 없어서 등 여러 가지 이유로 "안 돼"라는 말을 듣고 산다. 서로를 아끼고 사랑하면서도, 우리가 대화에서 할 수 있는 말은 그저 "안 돼"뿐이다. 어려서부터 '기대감'을 가져본 적이 없으니 서로에게 표현하기 힘들다. 그동안 부정의 말을 숱하게 들어왔기 때문에 무의식적으로 하게 되는 말도 부정의 말이다. 부모가 아이에게 했던 부정의 말들이 성인이 된 자녀에게 어떤 영향을 주었는지 많은 사례가 우리 주변에 있다.

인터넷 방송을 통해서 보았던 사례다. 어려서부터 아버지로부터 많은 부정의 말을 들으며 자란 청년의 이야기다.

"넌 나처럼 살지 말고 반드시 성공해야 한다. 난 비록 사업에 실패하고 이렇게 힘들게 살지만 넌 절대 그러면 안 돼. 명문대에 진학하고 대기업에 꼭 들어가. 그렇지 않으면 너도 실패한 인생을 살게 된다. 나처럼."

이렇게 말씀하셨던 아버지는 청년이 고등학생일 때 돌아가셨다. 아버지의 말씀대로 살지 못한 청년은 자신을 미워할 뿐 아니라 아버지를 원망하고 있었다. 긍정적인 기대감을 심어주기보다는 부정적인 말들로 부담을 채웠으니 청년의 인생이 행복하지 않은 것이다. 하지만 아버지는 그것을 모르셨다.

기대감이란 사람에게 무한한 잠재력을 끌어낼 힘을 준다. 아주 사소한 것까지도 찾아서 상대에게 기대감을 표현하면 사람은 변하고 우리의 관계 역시 좋아진다. 데일 카네기는 『인간관계론』에서 기대감에 대해 이렇게 표현했다.

"상대방의 약점을 고쳐주고 싶다면 약점을 그대로 말하지 마라. 그 약점이 오히려 장점인 것처럼 말하고 그에게 기대감을 표현하라. 그러면 그는 당신의 기대에 어긋나지 않게 노력함으로써 자신의 장점을 살리려고 할 것이다."

기대감은 이렇듯 우리의 일상대화에서 빠져서는 안 될 중요한 요소 중 하나다.

부모 자녀 사이에서 보여준 사랑의 기대감이 자녀의 삶에 어떤 영향을 주었는지 보여주는 좋은 사례가 있다. 200년 전에 있었던 일이다. 독일의 어느 시골 마을의 목사인 카를 비테는 자신만의 교육방식으로 아들을 천재로 키워낸 사람이다. 첫째 아이는 안타깝게 세상을 일찍 떠났고 둘째 아이는 지능이 낮았다. 하지만 자신만의 강한 확신으로 아이에 대한 기대감을 버리지 않았다. 아기 때부터 아이에게 긍정의 말을 하고 사랑이 가득한 기대감을 표현했다. 그리고 좋은 책을 많이 읽어주었다.

카를 비테는 소중한 아이를 위해 인문학 서적이 가득한 책장을 선물했다. 지능과 상관없이 아이가 읽어낼 것이라는 기대감이 있었기 때문이다. 아이와 대화를 나눌 때는 언제나 사랑이 담긴 기대의 표현을 했다. 이 아이는 결국 16살의 어린 나이에 하이델베르크 대학에서 법학박사 학위를 받았고 베를린 대학의 법대 교수로 임용되었다. '카를 비테식 교육'에서 가장 중요한 것은 자녀와 함께 나눈 '카를 비테식 대화법'이었을 것이다.

"넌 충분히 가능한 아이야. 난 널 믿어. 그리고 기대한단다. 네가 얼마나 멋지게 해낼지 눈에 선하구나."

"넌 책을 사랑하는 아이야. 이렇게 어려운 책을 읽으면서 즐거워하다니 정말 놀랍구나. 네가 자랑스러워."

또 하나의 감동 실화는 19세기 말에 이탈리아에서 있었던 일이다.

10살밖에 되지 않은 어린 소년이 공장에서 일을 하고 있었다. 가난 때문에 어릴 때부터 힘들게 일하면서도 소년은 소중한 꿈을 간직하고 있었다. 훌륭한 성악가가 되겠다는 꿈이었다. 소년의 선생님은 그 꿈을 듣고는 현실적인 조언을 했다.

"넌 성악가가 될 수 없어. 네 목소리를 들어봐. 전혀 아름답지가 않잖아. 그냥 꿈 깨고 다른 일을 찾으렴."

이 말을 듣고 소년은 너무도 슬펐다.

한편 소년의 어머니는 전혀 다른 말씀을 하셨다.

"선생님이 너를 잘 모르시는구나. 너는 분명히 훌륭한 성악가가 될 수 있어. 잘 들어봐. 너의 노래 실력이 날이 갈수록 점점 발전하고 있어. 매일매일 조금씩 발전하면 너는 누구보다 멋진 성악가가 될 거야. 엄마는 너를 믿는단다."

소년의 어머니는 교양 있는 귀부인도 아니고 그저 평범한 시골 아주머니였다. 하지만 아들이 성악가의 꿈을 이룰 수 있게 하려면 어떤 말을 해야 할지 선생님보다 더 잘 알고 있었다. 어머니 덕분에 아들은 꿈을 이루었다. 그는 이탈리아 최고의 테너 가수 엔리코 카루소다.

우리나라에도 좋은 사례가 많다. 그중 인상 깊었던 사례는 수년 전에 EBS 다큐 「공부 못하는 아이」에 방영된 H군 이야기다. H군은 성적이 반에서 꼴찌였던 게임 중독 고등학생이다. 하지만 자신을 끝까지 믿고 응원해 주셨던 부모님 덕분에 명문대에 진학하고 대기업의 인재가 되었다. 어머니는 중·고등학교 내내 매일 10시간 넘게 게임만 하는 아들이 물론 미웠을 것이다. 하지만 이렇게 생각했다고 한다.

"아들이 만약 한 달밖에 살지 못한다면 어떻게 했을까 생각했어요. 그러자 건강하게 지내는 것만으로도 너무 감사했습니다. 아들이 뭘 하든 엄마로서 응원해 주는 것보다 더 좋은 것이 뭐가 있을까요?"

H군 역시 항상 자신을 믿고 응원해 주신 부모님이 감사하다고 말했다. 고2 때 프로게이머가 되겠다는 꿈을 접고 처음 공부를 시작했을 때도 큰 두려움이 없었다. 열심히 공부하면 왠지 잘될 것 같은 느낌이 들었다. 이유는 자신을 향한 부모님의 믿음과 격려 덕분이었다. H군은 자신의 믿음대로 단번에 성적이 꼴찌에서 최상위권으로 오르면서 무난히

명문대에 진학했다. 어릴 때부터 꾸준히 들어온 사랑과 믿음의 말, 기대를 담은 말은 이것이다.

"넌 뭐든 할 수 있어. 언제나 널 믿고 응원해."

바로 이 말이 게임 중독에 성적은 꼴찌였던 아이의 잠재력을 끌어낸 것이다.

우리가 소중한 사람을 위해서 해야 할 말은 그를 위한답시고 하는 현실적인 조언이 아니다. 격려하고 힘을 주는 믿음의 말이다.

"당신은 반드시 그렇게 될 겁니다. 저는 그런 당신의 모습을 기대하고 있어요."

이 한마디는 기대감의 표시다. 이 기대감은 타인과의 대화는 물론 자신과 나누는 대화에서도 할 수가 있다.

"난 반드시 될 수 있어. 나는 날 믿어. 기대할게."

나를 향한 기대감으로 그동안 열심히 살아온 자신에게 따뜻한 격려의 말을 해주자. 자신을 향한 믿음과 기대감을 전하는 대화는 우리의 내면을 더욱 빛나게 할 것이다.

저명한 심리학자 윌리엄 제임스는 우리의 잠재력에 대해서 이렇게 말했다.

"인간은 자신이 가진 능력에 비해서 겨우 절반만 깨어 있다. 그래서 우리가 지닌 잠재력의 지극히 일부만 사용하는 것이다."

우리가 가진 가능성에 훨씬 못 미치는 삶을 살아가고 있다고 유명한 심리학자도 말하고 있다. 숨어 있는 우리의 잠재력을 깨우고 발전할 수 있는 말은 바로 기대감의 표현이다.

"우리는 반드시 우리가 원하는 삶을 살게 되리라 믿습니다. 저는 그런 삶을 기대하고 있어요."

기대감은 서로를 향한 믿음과 사랑 그리고 진심 어린 관심에서 뿜어
져 나오는 것이다.

연봉을 올리는 TIP

기대감을 표현하는 말 VS 기대감을 깨는 말

기대감을 표현하는 말	기대감을 깨는 말
• 난 당신이 멋진 모습을 보여줄 것이라고 기대하고 있어요. • 넌 충분히 가능한 아이란다. 난 널 믿어. 그리고 기대한다. • 네가 얼마나 멋지게 해낼지 눈에 선하구나. 이렇게 어려운 책을 읽으면서 즐거워하다니 정말 놀랍구나. 네가 자랑스럽다. • 당신은 반드시 그렇게 될 겁니다. 저는 그런 당신의 모습을 기대하고 있어요. • 우리는 원하는 삶을 살게 될 거예요. 저는 그런 삶을 기대하고 있어요.	• 넌 나처럼 살면 안 돼. 반드시 멋지게 성공해야 한다. 더 이상의 바람은 없어. • 넌 나처럼 실패하면 안 돼. • 명문대를 진학하지 않으면 너도 실패한 인생을 살 수밖에 없어. • 넌 성악가가 될 수 없어. 네 목소리는 전혀 아름답지가 않아. 그냥 꿈 깨고 다른 일을 찾으렴. • 당신한테는 더 이상 그 어떤 기대도 할 수 없어요. 이젠 못 믿겠어요. • 우린 가난해서 안 돼. 포기해.

우리가 살면서 많이 듣는 '안 돼'의 예시

나이대	'안 돼'의 유형
1~10세	"여기서 뛰면 안 돼." "너무 늦게 자면 안 돼." "학원 빠지면 안 돼." "어른 말씀에 말대꾸하면 안 돼." "버릇없이 굴면 안 돼." "시끄럽게 하면 안 돼."
11~20세	"넌 매일 게임만 해서 안 돼." "넌 공부를 못해서 안 돼." "넌 키가 작아서 안 돼." "넌 끈기가 없어서 안 돼." "넌 게을러서 안 돼." "넌 말뿐이어서 안 돼."
21~30세	"넌 명문대생이 아니어서 안 돼." "넌 집안이 별로라서 안 돼." "넌 백수라서 안 돼." "넌 대기업에 들어가지 못해서 안 돼." "넌 빽이 없어서 안 돼."
31~40세	"당신은 술을 너무 좋아해서 안 돼." "당신은 친구를 너무 좋아해서 안 돼." "당신은 돈을 못 벌어서 안 돼." "당신은 집 살 형편이 아니어서 안 돼."
41~50세	"넌 너무 살쪄서 안 돼." "우린 아직도 가난해서 안 돼." "이제 건강이 안 좋아져서 안 돼." "당신은 성질이 더러워서 안 돼." "우리는 되는 게 없어서 안 돼."
51세 이후	"당신은 가족의 소중함을 몰라서 안 돼." "난 이제 늙어서 안 돼." "엄마 아빠는 너에게 투자할 돈이 없어서 안 돼." "점점 건강이 안 좋아져서 안 돼."

기대감은 우리의 마음에 자신감을 불러온다.

1. "기대할게. 널 믿어."
이 한마디는 상대방에게 내면의 장점을 발견하게 하고 스스로 노력하게
만든다.

2. 기대감을 나타내는 심리학 용어로 피그말리온 효과가 있다.
피그말리온 효과는 상대방을 향한 긍정적인 기대와 관심이 그 사람에게
좋은 영향을 준다는 의미다.

3. 기대감을 깨는 말은 "안 돼." 이 한마디다.
이제는 "안 돼"라는 말에 이렇게 대응해야 한다. "왜 안 돼? 나는 돼."

06
질문, 질문에는 관계를 변화시키는 강력한 힘이 있다

"그 사람에 대해서 알고 싶으세요? 그 사람의 마음을 이해하고 싶으세요?
그 사람과 가까워지기를 원하세요? 진심으로 그렇다면 그 사람이
자신의 이야기를 할 수 있게 해주세요. 그 사람에게 던진 질문의 수만큼
그와의 거리는 좁혀집니다."

관심이 가는 사람이 생기면 우리 마음속에는 그에 대한 호기심이 생긴다. 그에 관해서 더 많은 것을 알고 싶고 친밀한 관계가 되기를 원한다. 남녀 사이의 관계뿐만 아니라 인간적인 관계를 모두 포함한 우리의 마음이다. 상대방에 대해 알고 싶을 때 우리가 할 수 있는 최선의 방법은 바로 질문이다. 그래서 상대방에 대해서 궁금하거나 알고 싶은 것들을 조심스럽게 물어본다.

질문은 궁금증을 해소하는 차원을 넘어서 상대방을 진심으로 알고 싶어 하는 마음이다. 질문은 시작을 의미한다. 질문을 한 사람에게는 관심과 탐색의 시작이고, 질문을 받은 사람에게는 생각의 시작이다.

질문하는 것은 인간의 본능이다. 인간은 무엇인가를 탐구하기 위해서 질문을 활용해 왔다. 세상을 탐구하기 위한 질문은 문명을 만들어 냈고 사람을 탐구하는 질문은 심리학에서 큰 발전을 이루어 냈다. 특별한 사람을 향한 질문은 그와의 관계를 더욱 친밀하게 만들 수 있다. 질문은 '나는 당신에게 관심이 있고, 호기심이 많아요. 당신과 가까워지고 싶어요'라는 의미다. 상대방을 탐구하기 위한 질문은 우리의 관계 거리를 좁혀주는 중요한 열쇠가 된다.

탐구하려는 목적 없이 툭 내뱉는 것은 질문이 아니다. 목적 없는 질문은 의미 없는 잡담이나 마찬가지다. 진심으로 상대방과의 관계가 끈끈해지기를 원한다면 질문에 목적이 스며들어야 한다. 가장 감명 깊게 본 영화는 무엇인지, 좋아하는 가수는 누구인지, 인생을 살면서 행복했던 순간은 언제인지 물어보는 것이다. 그 사람의 생각과 내면의 모습에 호기심을 가지는 것이 진짜 탐구의 시작이라 할 수 있다.

이렇게 상대를 알고 싶고 상대와 가까워지고 싶은 순수한 목적의 질문은 두 개의 기적을 만든다. 하나는 질문을 한 사람에게 일어나는 기적이고, 다른 하나는 대답하는 사람에게 일어나는 기적이다.

"가장 기억에 남는 여행은 어떤 여행이었어요? 그 여행이 당신의 인생에 어떤 영향을 주었기에 기억에 남는 건가요?"

이렇게 질문하면 그는 자신에게 가장 기억에 남는 여행을 떠올린다. 여행하는 동안 자신이 느꼈던 행복했던 기분을 다시 기억해 낸다. 여행하는 동안 느끼고 깨달았던 것, 중요한 의미들을 떠올리면서 현재 자신의 삶에 대입해 본다. 과연 그의 인생과 여행이 어떤 연결점이 있는지. 그는 자신만의 특별한 의미를 만들어내고는 자세히 설명해 준다. 그렇게 내면 깊숙이 묻어두었던 소중한 추억과 마주하면서 또 하나의 새로운 행복을 만들어낸다. 이것이 그에게 일어난 첫 번째 기적이다.

그렇다면 질문한 우리에게는 어떤 기적이 일어나는 것일까? 우리의 질문에 그는 자신만의 가치 있고 질 좋은 생각들을 들려준다. 그가 들려주는 이야기는 우리의 지식과 지혜를 한층 높여준다. 또한, 그의 이야기 속 재미있는 경험들은 우리에게 색다른 간접 경험을 만들어준다. 생생하게 들려주는 그의 이야기는 우리의 상상력을 자극하고 뇌에서는 이를 진짜처럼 기억하기 때문이다. 우리는 한층 높은 지식과 지혜, 새로운 경험을 그가 해준 이야기를 통해서 얻을 수가 있다.

두 번째 기적이란 우리를 향한 기적이고, 우리의 질문에 성심성의껏 대답해 준 그의 친절함이 만들어낸 것이다.

이집트의 문학가 나기브 마푸즈는 이런 말을 했다.

"사람은 대답을 통해서 그가 현명한지 아닌지 알 수 있다. 또한 질문을 통해서도 그가 지혜로운지 아닌지 알 수 있다."

어떻게 질문하느냐에 따라서 그 사람의 지혜를 엿본다는 의미다. 지혜로운 질문은 상대의 내면에서 지혜로운 대답을 끄집어낸다. 상대를 지혜롭게 만들고 우리를 지혜롭게 해주는 질문은 어떻게 하는 것일까? 상대를 위하고 우리를 위한 2가지 질문법과 1가지 경청법을 기억한다면 우리는 질문을 통해서 이러한 기적을 만날 수 있다.

첫 번째 기적을 만드는 질문은 상대방의 생각을 물어보는 것이다.

특정한 '화두'에 대해서 어떻게 생각하고 느끼는지 물어보면 된다. 그렇게 하면 상대방은 '화두'에 대해서 곰곰이 생각하고 그것을 논리적으로 이야기하려고 노력하게 된다.

"당신이 가장 중요하다고 생각하는 인생의 가치관이 무엇인지 궁금해요."

"지금까지 살아오면서 가장 행복했던 순간에 대해서 듣고 싶어요."

"당신이 경험했던 힘들었던 이야기를 해줘요. 그리고 그걸 어떻게 극복했는지 궁금합니다."

이런 질문을 들었을 때 사람은 자신의 내면에 쌓아두었던 오래된 기억을 끄집어낸다. 생각에 잠기기도 하고 그때의 기분을 느끼면서 조심스레 답변한다.

자기 생각을 거침없이 이야기하는 동안 상대방이 느끼는 기분은 그야말로 주인공이 된 듯한 느낌일 것이다. '대화'로 구성된 무대 위에서 주인공이 되어 자신의 대사를 자신 있게 읊어대기 때문이다. 내면에 숨겨진 자신의 이야기를 이리 뒤지고 저리 뒤지면서 찾는 동안에 특별한 일이 일어난다. 그가 오랫동안 몰랐거나 잊고 있었던 소중한 기억들과 마주하게 되는 것이다.

생각을 물어보는 질문은 우리가 할 수 있는 가장 현명한 질문 중 하나가 될 수 있다. 생각을 통해서 상대방은 또 한 번의 좋은 기억을 반복했기 때문이다. 좋은 기억을 떠올리며 그의 얼굴에는 그 시절의 행복한 미소가 천천히 번진다.

두 번째 기적을 만드는 질문은 나와 상대방의 관계를 연결하는 질문
이다.

나의 문제 상황을 해결하기 위해서 그에게 생각이나 좋은 방법을 물
어보는 것이다. 문제가 없는 경우에도 나의 발전을 위한 좋은 의견을
물어볼 수 있다.

"전 내성적인 성격을 바꾸고 싶어요. 사람들은 활달한 사람을 좋아하
잖아요. 어떻게 하면 될까요?"

"가끔 화가 치밀면 심한 말들을 쏟아내요. 그러고는 후회하죠. 화가
났을 때도 침착하게 말할 수 있을까요?"

"당신은 많은 사람 앞에서 당당하게 말을 잘해요. 참 멋있어요. 저도
당신처럼 멋있게 말하고 싶어요. 비결이 뭐예요?"

이런 질문에, 상대방은 온 마음을 다해 생각하고 대답한다. 질문과 대
답이 오가는 동안 우리는 같은 문제를 공유한 특별한 관계가 되어 있
다. 기적이 일어난 것이다.

좋은 책이나 좋은 영화, 좋은 강의를 추천받는 것도 괜찮은 방법이다.
나의 발전을 위한 좋은 의견을 상대방에게 묻는 것은 관계를 끈끈하게
만들어주는 좋은 질문 중 하나다. 우리가 상대방에게 의견을 요청할 때
상대방은 최선을 다해서 좋은 정보를 주려고 노력한다. 정보를 제공하
는 사람으로서 상대방은 조금의 우월감을 느낄 수도 있고, 자신이 중요
한 존재가 된 것 같은 기분이 들 수도 있다. 또한, 상대방이 전해준 좋은
정보를 귀 기울여 듣고 감사를 표한다면 상대방과의 관계는 그야말로
달콤한 꿀처럼 끈끈해진다.

세 번째, 기적을 완성하는 것은 경청이다.

소중한 그에게 기적을 만들 질문을 했다면 이젠 기적과 마주하기 위한 결정적인 한 가지가 남아 있다. 그것은 상대방의 대답을 귀 기울여 경청하는 것이다. 우리의 질문에 상대방은 최선을 다해서 답을 찾았다. 끊임없이 생각하고 숙고해서 찾은 답이란 그 어떤 보석보다 가치 있고 빛날 것이다. 그런 보석 같은 이야기를 할 때 경청은 우리가 할 수 있는 최고의 보답이 될 수 있다.

이때 절대로 해서는 안 될 한 가지가 있다. 스마트폰을 들여다보는 행위다. 진동이 울리거나 카톡, 문자가 와도 잠시만 신경을 꺼두자. 지금 이 순간 나의 질문에 성심성의껏 답하는 사람보다 중요한 것은 없기 때문이다. 이로써 기적은 완성된다.

현문현답(賢問賢答)이라는 말이 있다. 지혜로운 질문에 지혜로운 대답이 나온다는 말이다. 사람을 생각하게 만드는 현명한 질문은 진짜로 상대방의 내면에서 현명한 대답을 끄집어낸다. 지혜로운 질문은 상대방을 위해서 우리가 할 수 있는 최고의 배려다. 그러니 상대방이 지혜로움을 전할 때 진심으로 그 말에 귀를 기울이자. 진정성 있는 질문에 상대방은 진심으로 대답하고 있기 때문이다. 올리버 웬들 홈스가 말했다.

"말하는 것은 지식의 영역이며, 경청은 지혜의 특권이다."

그가 하는 말에 귀 기울이면, 지식은 물론 지혜까지도 선물로 받는다.

질문은 인간관계에서 사랑이고 관심이다. 질문의 속뜻은 이렇다.

'당신이 궁금해. 그러니 알려줘. 당신을 알고 싶어. 그러니 말해줘. 당신과 가까운 관계가 되고 싶어. 그러니 대화하자. 왜냐하면, 당신은 내게 소중한 사람이니까.'

질문을 통해서 우리는 서로 관심을 표현하고 대화를 시작할 수 있다. 질문이 시작되면 우리의 관계에 인간애가 싹튼다. 질문은 관심의 시작, 사랑의 시작, 관계의 시작을 알리는 일종의 시작종이다.

질문은 인간관계에서 할 수 있는 서로를 향한 배려다. 질문을 통해서 상대방은 자신의 이야기를 마음껏 할 수 있다. 대화라는 무대 위에서 주인공을 상대방에게 양보하는 우리의 따뜻한 배려가 바로 질문이다. 그리고 질문을 통해서 상대방은 숨어 있던 소중한 자아를 마주하게 된다. 자신의 지혜로움을 찾고, 그것과 마주하게 하는 것. 그래서 질문의 다른 이름은 상대를 향한 우리의 따뜻한 배려가 된다. 그를 향한 배려의 대가로 받게 될 축복은 상상을 초월한다.

우리에게 관계는 너무도 중요하다. 그래서 끊임없이 관계를 만들고 끈끈함을 입히며 탄탄해질 때까지 노력한다. 그러한 과정에서 질문은 없어서는 안 될 중요한 대화수단이다. 상대에게 진심으로 호기심을 가지는 것, 상대방과 진심으로 관계를 맺는 것, 관계의 거리를 좁히는 것, 이 모든 일의 중심에는 상대를 향한 질문이 자리한다. 질문은 상대방이 가진 자신의 모습과 대면하게 하는 힘이 있고 우리와의 관계를 끈끈하게 하는 힘이 있다. 질문은 상대를 향한 사랑이고 관심이고 배려이기 때문이다.

관계를 변화시키는 기적의 질문 3가지를 기억하자

1. 상대방의 생각을 물어보는 질문을 하자.
자기 생각을 거침없이 이야기하는 동안 상대방이 느끼는 기분은 그야말로 주인공이 된 듯한 느낌일 것이다.

2. 나와 상대방의 관계를 연결하는 질문을 하자.
질문과 대답이 오가는 동안 우리는 같은 문제를 공유한 특별한 관계가 되는 기적을 맞이한다.

3. 질문의 마무리는 진심 어린 경청이다.
상대방이 질문에 답할 때, 경청은 우리가 할 수 있는 최고의 보답이 될 수 있다.

생각을 물어보는 질문	우리와 상대방을 연결하는 질문
• 당신이 가장 중요하다고 생각하는 인생의 가치관이 무엇인지 궁금해요. • 지금까지 살아오면서 가장 행복했던 순간에 대해서 듣고 싶어요. • 당신이 경험했던 힘들었던 이야기를 해주세요. • 당신은 어려움을 어떻게 극복했는지 궁금합니다.	• 전 내성적인 성격을 바꾸고 싶어요. 어떻게 하면 될까요? • 가끔 화가 치밀면 심한 말들을 쏟아내요. 그리고는 후회하죠. 화가 났을 때도 침착하게 말할 수 있을까요? • 당신은 많은 사람 앞에서 당당하게 말을 잘해요. 저도 당신처럼 멋있게 말하고 싶어요. 비결이 뭐예요?

'따뜻한 말'은 관계를 풍요롭게 하고 '차가운 말'은 우리를 관계로부터 고립시킨다. 따뜻한 말의 출발은 사랑이다. 사랑의 마음은 상대를 아끼고 보살피고 지키기에 충분한 힘을 가진 온도이기 때문이다.

PART 02

연봉을 올리는
따뜻한 대화

07
온기, 36.5℃ 따뜻한 말은 관계를 지켜준다

"마음의 온도를 높여주는 것은 오직 사랑의 대화입니다.
당신의 눈과 당신의 몸짓과 당신의 따뜻한 손길로 사랑을 전하세요.
차갑게 얼어붙은 마음이 녹기 시작할 겁니다."

우리가 가장 안정되고 편안함을 느끼는 몸의 온도는 36.5℃다. 여기서 몸의 온도가 조금이라도 내려가면 각종 질병이 우리를 공격한다. 반대로 몸의 온도가 상승하면 고열로 인해 뇌가 손상되어 우리를 다치게 한다. 우리를 보호하기 위해 이미 프로그래밍이 된 최적의 신체 온도는 36.5℃다. 이 온도는 우리의 생명을 지켜주고 우리가 세상을 자유롭게 살아갈 수 있는 에너지를 공급한다. 우리에게 맞는 최적의 온도인 것이다.

사람의 신체 온도와 관련된 재미있는 연구가 있다. 미국 예일 대학교의 존 바흐(John Bargh) 교수는 그의 연구진과 함께 '신체 온도가 대인관계에 미치는 영향'을 연구해서 발표했다. 두 그룹이 참여했다. A그룹에는 추운 날 뜨거운 커피를 제공해서 손과 마음을 따뜻하게 했다. B그룹에는 차가운 커피를 제공하여 손과 마음을 차갑게 했다. 두 그룹의 사람들은 그날 처음 만난 '제니'의 첫인상이 어떤지 질문을 받았고 그 결과는 너무도 재미있다. 뜨거운 커피를 손에 쥔 그룹의 사람들은 제니는 따뜻하고 성실하며 관대한 사람일 것 같다고 말했다. 반면 차가운 커피를 손에 쥔 그룹의 사람들은 제니는 차갑고 이기적이며 예민해 보인다고 말했다.

예일 대학교에서 또 하나의 실험을 했다. 핫 패드와 아이스 패드를 활용한 실험이다. 한 그룹은 핫 패드를 손에 쥐고, 다른 그룹은 아이스 패드를 손에 쥐었다. 두 그룹의 사람들에게 자신 혹은 타인에게 줄 물품을 고르게 했다. 핫 패드를 손에 쥔 사람들은 54%가 타인을 위한 물건을 골랐고, 46%는 자신을 위한 물건을 골랐다. 반면 아이스 패드를 손에 쥔 사람들은 75%가 자신을 위한 물건을 골랐고 25%만이 타인을 위한 물건을 선택했다. 신체 온도가 따뜻한 사람들은 타인을 더 많이 배려하는 모습을 보였다. 반면 신체 온도가 차가운 사람들은 자신을 챙기는 경향이 압도적이었다.

자신이 경험했던 신체 온도에 따라서 타인과 맺는 인간관계의 온도가 달라질 수 있음을 보여주는 재미난 실험이다. 따뜻한 커피와 핫 패드라는 물질의 온도는 우리를 꽤나 관대한 사람으로 만들었다. 차가운 커피와 아이스 패드라는 차가운 물질은 우리의 몸만 차갑게 한 것이 아니라 우리의 인간관계까지 차가움을 전했다. 몸의 온도에 따라서 타인을 배려하는 마음의 온도가 달라졌다. '온도'는 우리 신체에만 영향을 주는 것이 아니라 우리를 둘러싼 세상과의 관계에도 분명히 영향을 주고 있었다.

사람의 말에는 조금 전에 경험한 온도가 그대로 남아 있다. '따뜻한 말'은 관계를 풍요롭게 하고 '차가운 말'은 우리를 관계로부터 고립시킨다. 누구나 한번쯤은 타인이 던진 매섭고 차가운 말에 놀라거나 상처를 받은 경험이 있다. 그때 받은 안타까운 상처는 분명 인간관계에 좋지 않은 영향을 주었다. 우리는 받은 상처는 기억하지만, 우리가 건넨 상처는 까맣게 잊고 있다. 그래서 우리도 모르게 유지하고 싶은 소중한 관계들이 뚝뚝 끊어져 나간다. 지키고 싶고 지켜야 하는 관계가 있다면, 우리가 하는 말의 온도를 36.5℃로 유지하는 것이 좋다.

가끔 지각하게 되는 경우가 있다. 조마조마하며 살짝 자리에 앉은 정대리에게 과장님이 쏘아붙인다. 차가운 마음의 과장님과 따뜻한 마음의 과장님은 말하는 방식이 다르다.

차가운 과장님 : 잘한다. 대리씩이나 돼서 지각이나 하고. 어제 또 늦게까지 술 마시고 들어갔지? 후배들 보기에 민망하지도 않아? 오늘 지각한 만큼 근무시간 꼭꼭 채우고 퇴근해.

따뜻한 과장님 : 정 대리, 어디 아픈 건 아니지? 오늘 무슨 일 있었어? 9시 30분인데, 안 와서 걱정했어. 무사히 와서 다행이지만. 꼭 할 말 있으면 나중에 조용히 해.

따뜻한 과장님의 말의 온도는 바짝 긴장한 정 대리의 마음을 부드럽게 풀어준다. 긴장을 풀어주고, 차가움을 녹여주며 고립과 외로움을 풍요롭게 하는 것이 따뜻한 말의 힘이다.

'따뜻한 말'의 출발은 사랑이다. 사랑의 마음은 상대를 아끼고 보살피고 지키기에 충분한 힘을 가진 온도이기 때문이다. 예를 들어 할 줄 아는 말이라곤 옹알이밖에 없는 아기를 향해서 우리는 어떻게 말할까? 비록 아기가 말을 알아듣지 못해도 우리는 끊임없이 예쁘고 따뜻한 언어로 아기에게 말을 건다. 반려견이나 반려묘를 키우는 사람들이 주변에 제법 많다. 그들은 자신의 소중한 반려견과 반려묘들에게 사랑이 가득 담긴 톤으로 말을 건다. "야옹" 하는 그들의 한마디 부르짖음에도 따뜻한 애정이 녹아 있다.

사랑이란 마음으로 느끼는 감정이다. 사랑의 감정이 말 속에 녹아들기 위해서는 전달하는 메시지의 내용이 물론 중요하지만, 그에 못지않게 중요한 것이 있다. 말할 때의 눈빛과 표정, 목소리와 몸짓 등의 비언어적 표현이다. 메시지의 내용이 따뜻해도, 눈빛이 허공을 향하고 목소리에 애정이 없다면 따뜻함을 효과적으로 전할 수 없다. 상대에게 따뜻함을 전하는 사랑의 말은 사랑이 닮긴 눈빛과 표정, 목소리와 몸짓을 보여주는 것이다. 말의 내용만큼 중요한 것은 말하는 사람의 태도다.

같은 상황과 내용의 대화에서도 상대방이 전혀 다르게 받아들이는 경우가 있다. 예들 들어, 팀장이 직원을 가스라이팅하는 것처럼 보이는 경우와 직원의 능력을 인정하는 것처럼 보이는 경우다. 같은 상황의 대사를 다른 말투와 표정으로 한다면 전혀 다른 느낌이 된다.

다른 직원의 업무를 미영에게 대신 맡기는 상황에서 가스라이팅하는 것처럼 보이는 팀장의 태도는 다음과 같다.

팀장 : 미영 씨, A 업체가 맡긴 팸플릿 시안 마무리해서 퇴근 전까지 업체에 메일로 보내주세요. 그 정도는 할 수 있죠? 힘들겠지만 부탁 좀 할게요.

미영 : 팀장님, 지금 퇴근 시간인데요. 그리고 그 업무는 원래 주영 씨가 책임지고 마무리하기로 한 업무입니다.

팀장 : 나도 알아요. 그런데 오늘 주영 씨가 조퇴하고 없잖아. 우리 모두 같은 팀이잖아? 함께 해야지. 지금 팀원 중에서 내가 믿을 수 있는 사람은 미영 씨밖에 없어. 자기가 능력 있으니까 맡기는 거야. 부탁해. 난 먼저 퇴근해. 업무 끝나면 나한테도 보고해 주고. 수고해요.

팀장의 목소리에 명령조의 톤이 강하게 느껴진다. 미영이 남아서 다른 팀원의 업무를 대신 마무리하는 것이 아주 당연한 듯이 말한다. 눈빛과 태도에서 사람에 대한 사랑의 감정이 완전히 빠져 있다. 얄미운 미소와 말투로 "수고해요"라고 말한 뒤 떠나버리는 팀장의 태도는 한 명의 팀원을 가스라이팅하는 것처럼 보인다. 이런 태도가 평소에도 꾸준히 반복된다면 팀원이 팀장을 믿고 일할 수 있을까? 팀의 관계는 협력이 필요하다. 협력을 요구할 때 사람의 마음을 움직이는 힘이 바로 따뜻한 사랑이다.

반면, 직원의 능력을 인정하는 따뜻한 팀장의 태도는 이렇다. 부드러운 눈빛과 미소에 얼굴에 번진다. 업무 지시를 할 때, 명령이 아닌 부드러운 부탁조로 말한다. 원래는 다른 책임자의 업무를 부탁하는 것이기에 그 사람의 기분을 충분히 고려한 듯하다. 진심으로 미영의 능력을 인정하고 응원하는 말투로 "수고해요"말하고 떠나는 팀장의 태도는 미영을 설득하기에 충분하다. 같은 말 다른 느낌의 대화는 상대의 태도에 달려 있다. '따뜻한 사랑의 태도가 말에 녹아 있는가, 그렇지 않은가'는 사람을 웃게도 만들고 울게도 만든다.

따뜻한 관계를 위한 대화에서 언어적인 내용보다도 비언어적 표현이 더욱 중요하다고 주장한 학자가 있다. 캘리포니아 대학교 심리학자인 앨버트 메라비언(Albert Mehrabian) 교수다. 1971년에 메라비언 교수는 자신의 저서인 『침묵의 메시지』에서 메라비언의 법칙(The law of Mehrabian)을 소개했다. 의사소통에서 결정적인 영향을 미치는 요소들을 분석한 결과, 내용이 차지하는 비율은 7%에 불과하고, 대신 목소리에서 38%, 표정과 태도에서 55%의 비율을 보여준다는 것이다. 그러니 눈빛과 표정, 목소리와 몸짓 등의 비언어적인 표현이 우리의 관계를 이어갈 때 93%라는 절대적인 영향력을 행사하는 것이다.

따뜻한 사랑의 태도를 전하는 또 다른 언어는 스킨십이다. 따뜻한 온도를 피부로 느끼듯 따뜻한 스킨십도 피부로 느낀다. 피부로 느껴지는 온도와 스킨십은 오감 중 하나인 촉감에 속한다. 우리는 스킨십을 통해서 우리가 느끼는 사랑의 온도를 표현할 수도, 느낄 수도 있다. 유명한 상담가이자 목사인 게리 채프먼(Gary Chapman)은 1992년 『5가지 사랑의 언어』라는 저서에서 사랑의 언어를 소개했다. 인정의 말, 함께하는 시간, 선물, 도움의 손길, 그리고 스킨십이 그것이다. 그러니 『5가지 사랑의 언어』라는 저서의 내용을 빌리자면, 스킨십은 분명 사랑의 언어가 맞는다.

스킨십이 소통에 미치는 영향을 보여주는 유명한 실험이 있다. 1958년에 해리 할로우(Harry Harlow) 박사가 진행한 '원숭이 애착 실험'인데, 당시 할로우 박사의 관심사였던 '사랑의 본질'을 탐구하는 실험이었다. 먼저 갓 태어난 붉은 털 새끼 원숭이들에게 두 종류의 가짜 엄마 원숭이를 만들어주었다. 한쪽 엄마 원숭이는 차가운 철사로 만들어졌지만 우유를 제공해 주었고, 다른 쪽 엄마 원숭이는 따뜻하고 포근한 헝겊으로 만들어졌지만 아무것도 제공하지 않았다. 생존에 가장 필요한 것은 먹는 것이므로 당연히 새끼 원숭이들이 철사로 만든 엄마 원숭이를 더 선호할 것으로 예상했다. 하지만 놀랍게도 예상은 빗나갔다.

새끼 원숭이들은 철사로 된 엄마에게는 어떤 애착 반응도 보이지 않았으며, 오직 우유만을 섭취했다. 헝겊으로 만들어진 엄마에게는 얼굴과 몸을 비비는 등 많은 스킨십을 보여주었다. 비록 먹을 것은 제공하지 않았지만, 헝겊의 따뜻하고 부드러운 촉감이 사랑과 정서적 안정감을 느끼게 한 것이다. 새끼 원숭이들이 철사 엄마와 생활할 때는 신체적, 정서적으로 문제를 보였다. 설사 비율이 높았고 때론 강한 폭력성을 나타냈다.

'원숭이 애착 실험'을 통해서 알 수 있는 한 가지는 사랑을 통해서 우리는 생명을 유지하고 삶을 살아갈 에너지를 얻는다는 것이다. 우리는 사랑의 감정을 전달하기 위해서 "사랑해요"라고 말한다. '당신은 소중해요'라고 눈빛과 표정으로 말할 수도 있고, '당신을 너무도 사랑해요'라고 스킨십으로 말할 수도 있다. 달콤한 말로써 마음을 움직이거나 관계를 맺어갈 수 있다.

하지만 따뜻한 사랑의 마음이 빠진 말은 곧 관계의 구멍을 만든다. 따뜻한 사랑의 마음이 빠진 말은 채워도 채워지지 않는 밑 빠진 독이다.

우리는 세상이라는 커다란 울타리 안에서 자신이 원하는 모습으로 관계를 만들고, 만들었던 관계를 지우며 살아간다. 우리가 만든 관계의 끈이 부드럽고 따뜻할 땐 기쁨과 행복을 주지만 관계의 끈이 날카롭고 차가울 땐 깊은 상처를 남기고 만다. 빠져나오려고 노력할수록 더욱 조여드는 올가미처럼. 우리가 원하는 관계는 노력 없이 저절로 만들어지는 것이 아니다. 상대를 향한 사랑의 마음을 따뜻하게 녹여서 우리의 말과 눈빛과 표정과 몸짓에 스며들게 해야 한다.

이제 막 우리 사회는 4차 산업혁명의 시대에 접어들었다. 인공지능 로봇과 사물 인터넷, 빅데이터, 모바일 등 최첨단 기술의 시대가 도래한 것이다. 운 좋게도 우리는 최첨단 기술이 주는 혜택을 마음껏 받으면서 세상을 이끌어 가지만 우리가 잊지 말아야 하는 한 가지가 있다. 그건 바로 진정한 인간다움이다. 그 인간다움은 우리의 관계를 소중히 생각하는 따뜻함에서 비롯된다. 서로의 서로에 의한 서로를 위한 소통은 우리의 관계를 더욱 안전하게 지켜줄 것이다. 이제 우리의 진심 어린 사랑을 우리만의 소통 수단을 통해서 보여주는 것은 어떨까? 사랑이 스며든 우리의 소통이 서로를 더욱 행복할 수 있게 지켜줄 수 있도록.

따뜻한 말은 관계를 지킨다

1. '따뜻한 말'은 관계를 풍요롭게 하고 '차가운 말'은 우리를 관계로부터 고립시킨다.
지키고 싶고 지켜야 하는 관계가 있다면, 우리는 말의 온도를 36.5℃로 유지해야 한다.

2. '따뜻한 말'의 출발은 사랑이다.
사랑의 마음은 상대를 아끼고 보살피고 지키기에 충분한 힘을 가진 온도이기 때문이다.

3. 따뜻한 관계를 위한 대화에서는 내용보다 비언어적 표현이 더욱 중요하다.
의사소통에서 영향을 미치는 요소로써 내용이 차지하는 비율은 7%다. 눈빛과 표정, 목소리와 몸짓 등의 비언어적인 표현이 차지하는 비율은 93%로써 절대적인 영향력을 행사한다.

08
공감, 공감 대화는
상대의 마음을 물어보는 것이다

"공감의 다른 이름은 존중입니다. 공감의 또 다른 이름은 배려입니다.
당신을 향한 존중과 배려의 공감은 당신을 있는 그대로 '받아들임'입니다.
당신은 그 자체로 소중한 사람이니까요."

외롭고 힘든 순간에 우리가 가장 하고 싶은 것은 마음을 나눌 수 있는 누군가와 진솔한 대화를 나누는 것이다. 진솔한 대화는 우리의 마음을 위로해 준다. 마음을 나누는 진솔한 대화는 중요한 한 가지를 가지고 있다. 그것은 바로 공감이다. 공감은 당신이 이 순간 느끼고 있는 것이 무엇인지 충분히 알아주고 이해하는 마음이다. 공감은 외로운 사람의 마음을 따뜻하게 어루만지는 부드러운 손길이다.

공감은 사람의 존재를 있는 그대로 귀중하게 여기는 마음이고, 있는 그대로의 받아들임이다.

유명한 베스트셀러 작가이자 방송인 셀레스트 헤들리(Celeste Headlee)는 저서 『말센스』에서 친구와 공감 대화를 나누었던 일화를 소개했다. 친구를 진심으로 위로하고 싶었던 공감 대화는 오히려 친구의 마음에 큰 상처를 남겼다고 했다. 우리의 따뜻한 진심이 잘못된 방향을 향한다면 충분히 상처가 될 수 있다. 어떤 대화였기에 셀레스트 헤들리는 친구에게 위로는커녕 상처만을 남겼을까?

셀레스트의 친구는 얼마 전 아버지가 돌아가셨다. 친구를 위로하고자 카페에서 만난 두 사람은 대화를 나누었다. 슬픔에 젖어 있는 친구에게 무엇인가 이야기를 해주고 싶었다. 그들의 대화를 이랬다.

셀레스트 : 네가 얼마나 슬픈지 충분히 이해해. 난 태어난 지 9개월이었을 때 아빠를 잃었어. 얼굴도 몰라. 아빠가 없는 삶은 정말 슬펐어.

친구 : 뭐? 네 말은, 너는 아빠 얼굴도 모르는데, 나는 30년이나 아빠 곁에서 사랑을 받으며 살았다는 거네. 30년이나 아빠와 함께 살았으니 내가 너보다 행복하다는 말이니? 네가 나보다 더 불쌍하니까 나는 슬퍼할 필요가 없다는 거야?

셀레스트 : 아냐. 그런 뜻이 아니라, 다만 네 마음이 얼마나 슬픈지 이해한다는 뜻이야.

친구 : 네가 나를 이해한다고? 천만에. 넌 내 마음을 죽어도 몰라. 내 슬픔은 안중에도 없고 넌 그저 너의 슬픈 경험만을 늘어놓잖아. 위로해 준 건 고마워. 이만 갈게.

친구의 마음을 충분히 공감한다는 뜻을 전하고 싶었다. 하지만 안타깝게도 셀레스트의 마음은 잘못 전달되었고 친구는 오히려 더 큰 상처를 받고 떠났다. 셀레스트는 당시에 친구가 자기 말을 오해하고 있다고 생각했는데, 나중에야 무엇이 잘못되었는지 알게 되었다. 친구가 자신의 아픔을 마음껏 털어놓게 해야 했다. 대화 주제를 '친구의 아픔'에서 '나의 아픔'으로 바꾸면 안 되는 것이었다. 우리가 흔히 하는 실수 때문에 좋은 의도로 했던 '공감'은 '반감'이 되어 돌아올지 모른다. 만약에 셀레스트가 다른 공감의 대화를 했다면 어땠을까?

셀레스트 : 이 순간 아버지를 잃은 너보다 더 슬픈 사람이 어디 있겠니? 네 마음이 얼마나 아플지 상상할 수 없어. 하지만 네게 진심으로 도움을 주고 싶어.

친구 : 말만이라도 고마워. 난 아직도 아버지를 잃은 것이 실감나지 않아. 아버지와 함께한 행복한 기억이 생생한데, 이제는 아버지를 볼 수 없다니.

셀레스트 : 아버지가 네게 많은 사랑과 행복을 주셨구나. 가장 기억에 남는 행복한 순간이 언제니? 그 행복한 기억이 아버지의 마지막 순간을 평화롭게 만들지 않았을까?

친구 : 정말 그럴까? 마지막 순간에 평안하셨을까? 그랬다면 좋겠어.

셀레스트 : 난 믿어. 아버지는 마지막 순간에 평안하셨을 거야. 네가 아버지를 많이 사랑하고 존경했다는 걸 아버지는 알고 게실 테니까.

이런 대화를 나누었다면 친구는 충분히 위로를 받았을 것이다. 이 순간 모든 대화는 오로지 친구의 아픔과 아름다웠던 추억에 맞추어져 있기 때문이다.

우리는 대체로 공감을 잘한다고 생각한다. 하지만 공감이라고 굳게 믿고 있는 것이 알고 보면 공감이 아닌 경우가 많다. 예를 들어 불쌍한 사람을 보면서 '안됐어. 불쌍해'라고 생각하는 것은 공감이 아닌 동정이다. 동정심을 자극하는 광고는 많다.

굿네이버스 광고에서 케네디라는 9살 꼬마 아이를 본 적이 있다. 부모 없이 할아버지와 5명의 동생을 돌보는 케네디는 매일 7시간을 일해서 번 돈으로 이틀 만에 첫 식사를 했다. 그마저도 겨우 고구마 3개가 전부였다. 배가 고픈 아이들은 허기를 채우기 위해 나무에 붙은 흙을 먹고 있었다. 케네디를 보며 '얼마나 힘들까?' 하고 가슴이 저며왔다. 이런 감정은 공감이 아닌 '동정'이다. 동정은 타의에 의해서 생겨나는 수동적인 감정에 가깝다.

일상에서도 우리는 감정을 착각할 때가 많다. 우리가 공감이라고 생각한 것이 알고 보니 동감인 경우다. 공감과 동감은 다른 감정이다. 예를 들어 친한 친구가 회사생활의 괴로움을 하소연했다.

"정말 회사 가기 싫어. 그 못된 선배는 나를 못 잡아먹어 안달이야. 아! 짜증 나!"

이 말에 "뭐 그런 선배가 다 있냐? 내가 더 화가 나네"라고 했다면, 이건 공감이 아닌 '동감'이다. '동감'은 친구의 상황을 마치 나의 상황인 것처럼 동일시해서 발생된 나의 감정이다. 친구의 경험이 곧 나의 경험이 되었기에 완전히 같은 동감을 만들어내는 것이다. 같은 상황에서 동감이 아닌 공감의 대화는 이렇게 하는 것이다.

친구 : 정말 회사 가기 싫어. 그 못된 선배는 나를 못 잡아먹어 안달이야. 아! 짜증 나!

나 : 그 선배, 너한테 어떻게 하는데?

친구 : 은근히 다른 사람의 업무를 나한테 시켜. 내가 무슨 봉이니? 팀 업무를 도맡아 하고. 날 싫어하는 것이 틀림없어.

나 : 네가 팀 업무를 도맡아 하는 상황이라면 무척 힘들겠구나. 그런데 그러는 이유가 있어? 혹시 팀에서 네가 가장 실력이 뛰어나니까 그런 건 아닐까?

친구 : 그런 부분이 없지는 않지. 나만큼 꼼꼼하고 정확하게 일을 처리하는 사람도 없으니까.

나 : 그렇구나. 역시 넌 회사에서 인정을 받는구나. 대단해. 그 선배도 너 말고는 믿을 사람이 없어서 그런 거 아닐까? 업무가 잘못되면 큰일 나잖아. 네가 꼭 필요한 사람이라 그런 걸 거야.

이 대화는 모든 감정의 초점이 내가 아닌 친구에게 맞춰져 있다. 친구가 느꼈을 감정을 인정하고 친구의 상황만을 대화의 소재로 삼았다. 그덕에 친구는 마음의 위로가 되었다. 불쌍한 타인을 향한 '동정'이나 친구의 분노에 함께 분개하는 '동감'은 저절로 생긴 우리 감정이고 그 주인공도 우리다. 반면에 공감을 한다는 것은 상대방의 감정이 주인공이되게 하는 것이다. 오롯이 상대방의 감정에만 집중하면서 그가 느끼는 상황과 감정을 알아주고 이해해주는 것이다. '아~ 네 상황이라면 충분히 그렇게 느끼겠구나!'라고 인정하고 수용하는 것이 '진짜 공감'이다. '진짜 공감'을 위해서 우리의 생각과 감정은 잠깐만 상자 속에 넣어두자.

미국 최초의 명상 지도자 조셉 골드스타인(Joseph Goldstein)은 공감에 대해서 이렇게 말했다.

"공감은 연민의 시작이다. 공감은 우리 자신의 삶만 바라보고 달려가기 전에 잠깐 멈추고 다른 사람에게 참으로 어떤 일이 생기고 있는지 느끼는 것이다."

공감은 연민의 시작일 수 있지만, 관계의 시작이라고 표현하고 싶다. 자신을 향해 있는 시선은 잠깐 멈추고 상대방을 바라보자. 그에게 일어난 일을 바라보고 그가 느꼈을 감정을 이해하면서 관계는 시작된다. 관계의 시작을 알리는 바른 공감의 모습 2가지를 살펴보자.

첫째, 관계의 시작을 위한 공감은 상대방을 존중하는 대화를 하는 것이다.

'존중의 공감'은 상대를 미소 짓게 한다. 수년 전에 EBS 교육다큐 「학교란 무엇인가」에서 상위 0.1% 학생들이 부모와 대화를 나누는 모습과 평범한 학생들이 부모와 대화를 나누는 모습이 방영된 적이 있다.

상위 0.1% 학생들과 부모의 대화는 조금 특별한 것이 있었다. 특정한 문제를 주제로 대화를 나누고 있을 때, 두 사람의 얼굴에는 미소가 번지고 있었다. 여기서 특정한 문제는 자녀가 밤새 컴퓨터 게임을 했다는 사실이다. 같은 주제로 나눈 대화에서 상위권 자녀와 평범한 자녀는 어떻게 부모와 대화를 나누고 있을까?

상위권 학생과 부모의 대화는 이랬다.

엄마 : 어젯밤처럼 밤새 컴퓨터 게임하면 네가 힘들지 않을까?

아들 : 어젠 정말 너무 끌려서 중단할 수가 없었어요.

엄마 : 게임이 너무 재미있으면 그런 충동은 조절하기 힘들 수 있지. 그럼 계획을 세워서 게임의 충동을 조절할 수 있지 않을까?

아들 : 음, 제가 계획을 지킬까요?

엄마 : 그러게, 게임이 이롭지는 않은데 네가 열심히 몰입해서 하는 것은 사실 부럽네. 한 가지에 무아지경이 될 정도로 몰입하는 것은 멋진 것 같아. 그럼, 이렇게 하는 건 어떨까? 게임은 네가 조절하고 대신 운동과 건강을 함께 신경 쓰기.

아들 : 네, 좋아요. 그 정도면 가능해요.

평범한 학생과 부모의 대화는 이렇다.

엄마 : 네가 맨날 컴퓨터 게임하는 모습을 보면, 엄마는 기분이 어떻겠니? 사실 집에만 오면 엄마는 짜증만 나.

아들 : 아….

엄마 : 게임도 머리에 든 게 있어야 하지, 머리는 비었는데 매일 게임만 하면 되겠니?

아들 : ….

엄마 : 게임만 그렇게 하면 네 동생이 너한테 뭘 배우겠어?

아들 : 아. 정말. 알았어요.

엄마 : 저거 봐, 엄마한테 말하는 태도.

아들 : 정말, 짜증 나요. 그만 해요.

두 모자의 대화는 대화하는 분위기도 달랐지만, 대화 후의 관계도 달랐다. 첫 번째 대화에서 엄마는 자신의 감정을 드러내기보다는 오롯이 자녀의 감정에 집중하는 모습을 보여줬다. 문제 상황에 대해서 자녀의 생각을 듣고, 스스로 상황을 통제해 나갈 수 있도록 기회를 주고 있었다. 무엇보다도 자녀가 좋아하는 '컴퓨터 게임'을 부정적으로 평가하지 않고 인정해 주고 있으며, 오히려 게임을 하는 동안 아들이 보여주는 '몰입의 모습'을 칭찬했다. 많은 학생이 원하는 어머니는 이런 모습이 아닐까 싶다.

반면 두 번째 대화에서 엄마는 자신의 감정에 더욱 집중하고 자녀의 감정을 들여다보지 못했다. 자녀의 생각이나 의견을 물어보지 않고 자신이 하고 싶은 말을 주로 하고 있었다. 그 말이란 대부분 자녀를 향한 비난이다. 결국, 대화의 끝은 대화의 단절로 이어졌다. 반복되는 대화의 단절은 영원한 단절로 이어질지도 모른다. 우리는 사랑하는 사람과의 관계가 단절되는 것을 원치 않는다. 관계를 끝내는 종이 아니라 관계를 시작하는 종이 울리게 하고 싶다면 상대를 존중하자. 존중의 공감 대화는 우리를 미소 짓게 하니까.

둘째, 관계의 시작을 위한 공감은 '배려의 공감'이다.

배려의 공감은 보살피는 마음을 말한다. 어느 시원한 밤, 세 여인은 분위기 좋은 카페에 갔다. 늙은 여인, 중년 여인, 젊은 여인이다. 늙은 여인은 차가운 주스를 마시고 싶었지만, 중년 여인이 차가운 것은 몸에 안 좋으니 따뜻한 걸 마셔야 한다고 해서 따뜻한 차를 주문했다. 젊은 여인은 따뜻한 아메리카노를 마시고 싶었지만, 중년 여인이 커피는 언제든 먹을 수 있으니 특별한 것을 주문해야 한다고 해서 특별한 차를 주문했다. 마지막으로 중년 여인은 자신이 좋아하는 차를 주문했다. 이 날 마시고 싶은 음료를 마신 사람은 오직 한 사람뿐이었다.

중년 여인은 늙은 여인과 젊은 여인을 더욱 잘 보살피고 싶었다. 그래서 자신이 생각했을 때 좋은 차를 대접한 것이다. 하지만 늙은 여인과 젊은 여인은 만족했을까? 베풀어 준 배려에 대놓고 화를 내지는 않았지만 원치 않는 대접에 만족감은 덜했을 것이다. 중년 여인의 배려는 아름다운 마음이다. 하지만 그 마음의 기준은 상대방이 아닌 자신의 것이었다. 우리가 흔히 놓칠 수 있는 '배려의 공감'이란 이런 모습이다. 보살피는 마음의 진심은 알겠지만 중요한 한 가지를 놓쳤다. 그것은 마음의 기준이다.

소중한 사람을 보살필 때 우리는 그 기준이 자신에게 맞춰져 있는 경우가 많다. 우리 생각에 좋은 것을 상대방에게 권한다. 하지만 상대방은 그것이 필요 없거나 싫을 수 있다. 심지어 우리 생각에 괜찮다고 생각하는 행위는 상대방이 싫어하더라도 계속한다. 작은 소리에도 고통스러울 수 있는 사람은 고요함을 절대적으로 원한다. 그럼에도 우리는 TV 소리 정도는 괜찮겠지 생각한다. 배려의 공감을 위해서 우리의 기준이 아니라 상대방의 마음의 기준으로 살피자. 상대방이 원하는 것을 해주고 상대방이 원치 않는 것을 멈추었을 때 그 사람의 마음에 행복이 피어난다. 배려의 주인공은 상대방이니까.

존중의 공감과 배려의 공감도 상대방의 진짜 마음을 알지 못한다면 아무 소용이 없다. 공감도 알아야 할 수 있다. 진심으로 그들의 마음에 공감하고 싶다면 그 마음을 먼저 물어보자.

"당신 생각은 어때요? 당신은 어떤 마음이에요? 당신이 원하는 것은 뭐예요? 원치 않는 것은 뭐예요?"

그리고 상대가 대답할 때는 진심으로 듣고 반응해 주자.

"아~ 그렇게 생각하는군요. 그런 마음이군요. 그걸 원했군요. 그건 싫어하는군요."

이렇게 상대방에 대해서 알게 되면 우리는 그들과의 관계를 지키는 공감을 할 수 있다. 진정한 공감은 상대를 중요하고 가치 있는 사람이라고 인정하는 존중의 마음에서 시작한다. 존중이란 그를 다시 보고, 계속 보는 마음이라고 했다. 귀한 사람이니까 다시 보는 것이고 소중한 사람이니까 계속 보는 것이다. 이제는 내 생각이 어떤지, 내 감정이 어떤지 보여주려 하지 말고 상대의 생각과 감정에 관심을 가져보자. 그것은 우리 사이에 온기를 불어넣는 따뜻한 공감의 시작이 될 것이다.

진정한 공감의 모습

1. 진정한 공감은 상대방을 존중하는 대화를 하는 것이다.
관계를 끝내는 종이 아니라 시작하는 종을 울리고 싶다면 상대를 존중하
자. 존중의 공감 대화는 우리를 미소 짓게 한다.

2. 관계의 시작을 위한 공감은 상대를 배려하는 '배려의 공감'이다.
배려의 주인공은 상대방이다. 진정한 배려는 내가 아니라 상대가 원하는
것을 하는 것이다. 상대방의 마음이 기준이다.

3. 존중과 배려의 공감을 위해서 상대방에게 물어보자. 상대가 답하면 진
심으로 반응해 주자.
"당신 생각은 어때요? 당신이 원하는 것은 뭐예요? 원치 않는 것은 뭐예
요?"
"아~ 그렇게 생각하는군요. 그런 마음이군요. 그걸 원했군요. 그건 싫어하
는군요."

09
미소, 미소에는 굳어버린 관계를
풀어주는 힘이 있다

"하루에 몇 번 미소 지으시나요? 마음이 지치고 힘들 때 거울을 보세요.
그리고 거울 속 지친 나에게 예쁜 미소를 보여주세요.
당신의 아름다운 미소는 지친 당신께 힘을 주는 신의 선물입니다."

미국의 저명한 심리학자 윌리엄 제임스는 말했다.

"우리는 행복해서 웃는 것이 아니라 웃기 때문에 행복하다. 또한, 우리는 슬퍼서 우는 것이 아니라 우는 것을 인지하기 때문에 슬퍼지는 것이다."

행복이나 슬픔의 감정은 통제하기 힘들다. 하지만 단지 행동을 바꿈으로써 행복한 감정도 슬픈 감정도 가질 수 있다. 지금 이 순간 행복해지고 싶다면, 하던 일을 잠시 멈추고 미소를 지어보자.

7초간의 미소는 우리의 감정을 행복으로 세팅하기에 충분한 시간이다. 행복하게 웃어 보인 7초간의 미소는 많은 것을 변화시킨다. 오랫동안 돌보지 못한 우리의 메마른 가슴을 촉촉하게 적시는 것이 미소다. 오랫동안 돌보지 못한 관계가 있다면 잠시만 여유를 가져보자. 7초간의 여유와 함께 보여준 아름다운 미소는 메말라가는 관계를 다시 한번 촉촉하게 적셔준다. 소중한 사람에게 보여주는 작은 관심은 굳어가는 마음을 부드럽게 풀어준다. 자신을 향한 작은 관심 또한 외롭게 굳어가는 작은 마음을 부드럽게 적셔준다.

미소(微笑)의 한자어는 작은 웃음이다. 작지만 진심이 담긴 미소는 나와 상대의 마음에 예쁜 꽃을 피울 수 있다. 작은 미소가 모이면 아름다운 미소(美笑)가 되기 때문이다.

"하지만 난 지금 도무지 웃을 기분이 아니에요. 그런데 어떻게 웃을 수 있죠? 갑자기 울다가 웃다가 하는 사람은 세상에 없어요. 미친 사람이 아니고서는."

누군가가 이렇게 말한다. 하지만 울다가도 금세 웃을 수 있는 사람이 있다. 작고 예쁜 아기다. 아기는 마음에 들지 않는 것이 있거나 원하는 것을 하지 못하면 그 부정적인 감정을 울음으로 표현한다. 이때 아기에게 재미있는 장면을 보여주거나 원하는 것을 주면 금세 울음을 그치고 다시 웃는다. 아기의 감정이 수시로 변할 수 있는 이유는 현재 상황에 완전히 집중하기 때문이다. 우리는 아기와 같은 능력을 이미 가지고 있다.

갑자기 우울한 생각이 들면 우리는 곧 우울한 감정에 빠져든다. 금방이라도 울 것 같은 아이의 표정이 자신도 모르게 나온다. 우울감에서 빠져나와 미소를 되찾고 싶다면 2가지만 기억하면 된다.

첫째, 주변을 둘러보고 가장 눈에 띄는 한 가지를 집중해서 바라본다.

그것의 이름이나 문장을 말해도 좋다. 순간적으로 새로운 정보를 제공하는 것은 머릿속에 가득한 우울한 생각을 떨치는 효과적인 방법이다. 뇌는 선택적으로 인지하기 때문에 모든 정보를 동시에 받아들이지 못한다. 그래서 우울한 생각에 빠져 있다가도 새로운 시각정보가 들어오면 뇌는 그 시각정보에 집중하게 되고, 조금 전까지 하던 우울한 생각들은 어느새 사라진다.

둘째, 미소 근육을 움직여 준다.

얼굴에는 40개가 넘는 표정 근육이 있다. 그중 미소 근육은 얼굴을 행복한 동안으로 만들어주는 근육이다. 미소 근육이 자극되면 뇌는 우리가 웃고 있다고 착각한다. 뇌는 웃음과 어울리는 행복한 감정을 만들기 위해서 세로토닌이라는 호르몬을 생성한다. 즉 미소 근육이 자극되면 뇌에서는 세로토닌이 분비되고 정말로 행복한 감정의 상태가 되는 것이다. 또한, 미소 근육이 자극되는 동안 다른 주름 근육이 만들어지는 것을 예방하기 때문에 동안이 되게 한다.

미소 근육을 자극하기 위해서는 윗입술을 치아가 보이도록 힘주어서 들어 올리면 된다. 눈 밑의 광대 부분이 불룩하게 올라오는 것이 만져지면 미소 근육이 제대로 긴장한 것이다. 윗입술을 들어 올릴 때, 양쪽 콧구멍을 크게 벌린다는 느낌으로 하면 도움이 된다. 의식적으로 하루 10초에서 10분 동안 연습하는 것만으로도 우리의 예쁜 미소는 저절로 발달한다. 미소는 행복한 감정은 물론 우리를 더욱 젊고 아름답게 만들어준다.

미소의 잠재적인 효능을 조사한 연구가 있다. 2012년 미국 캔자스 대학교의 타라 크라프트(Tara Kraft) 박사와 연구진은 미소의 잠재적 효능을 연구했고, 그 결과를 과학 전문지인 「사이컬러지컬 사이언스」에 발표했다. 미소가 스트레스에 어떤 영향을 미치는지 조사한 것으로 그 내용은 매우 놀라웠다.

169명의 대학생을 세 그룹으로 나누었다. A그룹은 무표정을 유지했고, B그룹은 젓가락을 활용해서 가짜 미소를 짓게 했다. 가짜 미소는 입가의 표정근만을 움직이는 것이다. C그룹은 입과 눈의 근육을 모두 움직여서 진짜 미소를 짓게 했다. 세 그룹에 같은 스트레스 상황을 연출한 후에 피실험자의 심박수와 스트레스 수치를 측정했다.

결과는 예상했듯이 A그룹의 심박수와 스트레스 수치가 가장 높았다. 다음이 B그룹이었고, C그룹이 심박수와 스트레스 수치가 가장 낮게 나왔다. 놀라운 점은 B그룹의 가짜 미소의 결과였다. 젓가락을 사용해서 얼굴 근육을 움직이게 했던 가짜 미소였는데도 스트레스 수치가 낮았던 것이다. 이유는 위에서 언급한 것처럼 얼굴의 표정 근육이 움직이면 뇌에 신호를 보내고 뇌는 신호를 통해서 즐거운 상황으로 착각하기 때문이다. 뇌를 속여서라도 행복해지고 싶다면 미소부터 지어보자.

미소는 우리의 관계에 매우 많은 영향을 준다. 무엇보다도 상대방의 경계심을 무장해제시켜 준다. 우리는 처음 만난 관계나 혹은 별로 친하지 않은 관계일 경우 본능적으로 경계심을 갖게 된다. 낯선 사람과의 관계에서 자신을 지키기 위해서 경계하고 긴장하는 것이다. 이런 긴장된 관계에서 미소란 안심해도 된다는 무언의 메시지가 될 수 있다. 내가 보인 미소는 '저는 당신의 아군입니다'라는 메시지를 전하는 것이다.

상대의 경계심을 허무는 미소의 힘을 아주 잘 보여주는 사람이 있다. 20세기 초에 보험 외무원으로 대성공을 거둔 프랭클린 베트커다. 프랭클린 베트커는 자신의 기적적인 성공의 비결에 대해서 이렇게 말했다.

"제가 보험 외무원으로서 성공한 것은 제가 잘나서가 아닙니다. 고객을 존중하는 마음으로 가장 아름다운 미소를 보였기 때문입니다. 제가 보인 미소의 진정성을 그들이 좋아했을 뿐이죠."

그는 사람을 만나기 직전에 항상 그 사람에게 감사할 일이 무엇인지 생각했다. 그리고 진심에서 우러나온 미소를 머금고 사람을 만났다. 그의 진심 어린 미소는 상대의 경계를 허무는 데 충분했을 것이다.

우리는 때때로 가까운 사람과의 관계에 소홀할 때가 있다. 그중 너무 가까워서 오히려 소홀할 수 있는 관계는 바로 가족이다. 우리도 모르는 사이에 가족을 향한 미소는 점점 자취를 감추게 된다. 데일 카네기의 『인간관계론』에 소개된 스타인 하트도 그런 사람이었다. 그는 18년의 결혼 생활 동안 아내에게 미소를 보인 적이 거의 없었다. 스타인 하트는 카네기의 강습을 받으면서 미션을 완성해야 했다. 그 미션은 일주일간 누군가에게 미소를 보이고 결과 발표를 하는 것이었다.

스타인 하트는 매일 아침 거울을 보며 어색한 미소를 연습했다. 아침 식탁에서 아내에게 웃으며 아침 인사를 건넸다. 처음에는 어색해하던 아내가 이제는 행복하다고 했다. 덕분에 이 가정에 웃음과 행복이 찾아온 것이다. 아파트 경비 아저씨께도, 지하철 표를 판매하시는 분께도, 직장 동료들에게도 미소를 보였다. 얼마 지나지 않아 자신을 둘러싼 인간관계가 매우 좋아졌다고 했다. 처음에는 어색하고 불편했던 미소가 이제는 그에게 없어서는 안 될 기쁨의 원천이 된 것이다.

웃음이 전염된다는 말을 들어본 적이 있을 것이다. 누구나 한번쯤은 상대방이 웃을 때 따라 웃었던 경험이 있다. 이유도 모르면서 무작정 웃음이 나와서 따라 웃게 되는 것이다. 반대로 우리가 인상을 쓸 때 상대방의 표정도 덩달아 나빠지는 것을 본 적이 있다. 아무것도 모르는 작은 아기도 마찬가지다. 예쁜 아기를 바라볼 때 우리가 미소를 보이면 아기는 따라서 활짝 웃어 보인다. 그리고 해바라기 같은 아기의 환한 웃음에 우리의 얼굴에도 미소가 절로 피어난다. 아기와 우리는 이렇게 미소로 대화를 나누는 것이다.

우리가 행복한 미소를 보이면 상대방도 미소를 보이며 행복한 감정을 느낀다. 그것은 우리 뇌에 있는 거울 신경(mirror neuron)이 감정이나 행동을 상대방에게 그대로 전달하기 때문이다. 행복과 같은 긍정적인 감정은 물론 스트레스와 같은 부정적인 감정까지 전염시킨다. 심지어 상대방의 스트레스를 지켜보는 것만으로도 우리는 같은 스트레스를 경험하게 된다. 이를 입증한 연구가 있다.

2014년 독일의 막스플랑크 연구소와 베로니카 엥거트 박사는 '타인이 스트레스를 받고 있을 때 이를 지켜본 사람들은 어떤 변화를 경험하는가'에 관한 실험을 했다. 일부 실험 참여자들에게 어려운 문제를 풀게 했고 다른 참여자들은 그 광경을 지켜봤다. 지켜보던 사람이 파트너일 때 스트레스 호르몬인 코르티솔이 40%까지 상승했다. 반면 지켜보던 사람이 낯선 사람일 때는 코르티솔이 10% 상승했다. 스트레스 상황을 지켜보는 것만으로도 충분히 스트레스를 받는다는 것이 증명된 셈이다. 더군다나 스트레스를 받는 사람과 지켜보는 사람이 가까울수록 지켜보는 사람의 스트레스 지수가 높은 것을 알 수 있다.

행복과 스트레스가 모두 전염되는 것이라면 우리는 무엇을 전염시키는 것이 좋을까? 사람은 누구나 불운보다는 행운과 연결되기를 원한다. 이왕이면 우리를 기쁘게 해주는 행복을 전염시키는 것이 더 좋다. 행복한 감정을 전염시키기 위해서 우리에게 필요한 한 가지. 그것은 우리의 눈과 입술과 붉은 뺨에 번져가는 예쁜 미소가 아닐까? 웃기 때문에 행복을 느끼고, 울기 때문에 슬픔을 느낀다고 했다. 이 순간 행복을 느낄지 슬픔을 느낄지 선택은 오롯이 우리의 몫이다. 또한, 이 순간 상대에게 행복을 전할지, 슬픔을 전할지도 오롯이 우리의 몫이다.

미소를 받는 사람은 마음이 따뜻하고 풍요로워집니다.
미소를 지어 보이는 사람의 마음은 더욱 따뜻하고 풍요로워집니다.
미소는 아주 짧은 순간에 갑자기 반짝하고 나타나기도 합니다.
당신의 얼굴을 환하게 빛낸 미소는
영원히 기억 속에 남아 우리를 웃게 합니다.
미소는 삶에 지친 사람에게 편안한 휴식을 줍니다.
상처 입은 사람에게 그 작은 등을 토닥이는 따뜻한 손길을 내줍니다.
절망의 늪에서 꼼짝할 수 없는 사람에게
한 발짝 빠져나올 수 있는 희망의 밧줄을 내줍니다.
당신 곁에 있는 누군가가 지치고 힘들어서 어느새 미소를 잃었다면,
당신이 먼저 따뜻한 미소를 보여주세요.
그들은 이 세상에서 가장 미소가 필요한 사람일지 모릅니다.

이것이 미소의 진짜 가치다. 사람은 순간의 생각을 바꾸면 자신의 감정 상태를 바꿀 수 있다. 감정은 생각에서 탄생하기 때문이다. 생각을 바꾸는 첫 단계는 지금 눈에 보이는 시각정보에 집중하는 것이다.

세계적인 극작가 윌리엄 셰익스피어는 말했다.

"세상에는 좋은 것도 나쁜 것도 없다. 다만 생각이 그렇게 만들 뿐이다."

생각을 바꾸고 미소 근육을 자극하자. 어린이는 하루 평균 300번을 웃는다고 한다. 하지만 어른이 되면 하루 평균 15~100번 이하로 웃는다고 한다. 우리는 세월이 흘러서 노안이 되는 것이 아니라 웃음을 잃어서 노안이 되어가는 것이다.

의식적인 미소 근육의 자극은 우리를 행복한 동안이 되게 한다. 오늘 보인 당신의 미소는 우리를 행복하게 하는 진짜 힘이 된다. 메말라가는 자신의 마음에, 주변의 소중한 관계에 촉촉함을 주는 단비가 우리의 미소다. 그러니 서로 미소 짓자.

러시아의 대문호 도스토옙스키는 말했다.

"삶에 주어진 모든 시간, 살아 숨 쉬는 우리는 모두 기적을 행하는 자들이다. 그러니 자신에게 하루에 한 번은 큰 미소를 지어주자. 그리고 열심히 오늘을 살고 있는 자신에게 장하다고 칭찬해 주자."

미소를 가진 사람은 관계의 기적을 가진 사람이다.

꼭 기억할 미소의 효능

1. 미소 지을 때 움직이는 미소 근육은 우리의 얼굴에 동안이라는 선물을 준다.
하루 10초간의 미소는 우리가 잃어버린 아름다움과 동안을 동시에 찾아준다.

2. 미소는 우리를 기쁘게 한다.
우리는 행동을 먼저 함으로써 감정을 변화시킬 수 있다. 미소는 '나는 행복해'라는 메시지를 우리의 뇌에 전달한다.

3. 미소 짓기 힘든 감정이라면, 일단 그런 감정에서 벗어나자.
그러기 위해서 가장 좋은 것은 주변의 사물이나 글씨를 바라보는 것이다.
뇌의 시각정보가 바뀌면 생각과 감정이 변한다.

10
진심, '당신은 중요한 사람입니다'라는 말이 관계에 불을 붙인다

"당신이 중요한 사람인 이유는 수도 없이 많습니다.
외로울 때 당신은 위로를 해주었습니다. 행복한 순간에는 그저 함께 웃어주었습니다.
맛있는 커피를 함께 마셔주었고, 속상한 이야기를 들어주었습니다.
당신은 이 세상에 없어서는 안 될 가장 중요한 사람입니다."

"당신은 어떤 사람이 되고 싶나요?"라고 물으면 각기 다양한 대답을 할 것이다. 누군가는 성공한 부자가 되고 싶을 것이고 누군가는 인기 있는 사람이 되고 싶을 것이다. 또 다른 누군가는 모든 것을 척척 해내는 대단한 존재가 되고 싶을 수도 있다. 이 모든 것을 통틀어서 한 가지로 말할 수 있다. 우리는 모두 중요한 존재가 되기를 원한다. 다만 그 중요성을 세상에 표현하는 방식이 각자 다를 뿐이다.

중요한 존재가 되고 싶은 것은 우리의 가장 강한 욕구 중 하나다. 중요성에 대한 욕구는 지구상에서 유일하게 사람만이 가지고 있는 욕구이기도 하다. 중요한 존재가 되고 싶은 마음은 적어도 그럴 수 있는 잠재력이 존재해야 생겨나는 마음이기 때문이다. 이 세상에서 잠재력이라는 힘을 가진 사람이 인간 말고 또 있을까? 미국의 저명한 철학자 존 듀이는 인간의 본성을 이렇게 표현했다.

"인간 본성 중에서 가장 강한 충동은 바로 중요한 인물이 되려는 욕망이다."

소중한 사람과의 관계를 더욱 친밀하게 하고 싶다면 진심을 담아서 그에게 이 말을 건네면 좋다.

"당신은 중요한 사람입니다."

이 말 한마디는 우리의 관계를 변화시킬 뿐 아니라 상대방이 무엇이든 할 수 있는 사람이 되게 한다. 그런 놀라운 마법을 보여준 사람이 있다. 바로 빈민가의 아이들을 그 누구보다 훌륭하게 교육한 최고의 교육자 마르바 콜린스(Marva Collins) 선생님이다.

"언젠가 세상의 빛이 될 아이들을 보고 있노라면, 그들을 위한 고민으로 밤을 지새우며 보낸 나날이 조금도 아깝지 않다."

아이들을 향한 마르바 콜린스의 진심이 담긴 말이다. 마르바 콜린스는 시카고의 공립학교에서 아이들을 가르쳤다. 당시 학교 주변에는 범죄, 약물중독과 폭력이 넘쳐났고 교육과는 거리가 먼 환경이었다. 아이들은 학교를 그만두고 범죄자가 되거나 폭력을 일삼았다. 그녀는 그런 아이들에게 자신이 얼마나 중요한 존재이며, 무한한 가능성을 가졌는지 알려주고 싶었다. 그녀는 사명을 위해서 40년 평생을 아이들 교육에 바쳤다. 아이들과 함께한 긴 세월은 그녀는 물론 그녀의 제자들에게 세상에서 가장 따뜻한 순간들이었다.

"너희는 아주 중요한 사람들이란다. 어떤 순간에도 그 사실을 잊지 않는다면 자신이 원하는 가장 멋진 모습을 반드시 찾을 수 있어."

이 말 한마디가 많은 아이들의 삶을 바꿨다.

1975년 마르바 콜린스는 사비로 작은 학교를 세우고, 학교를 그만둔 부적응 학생들을 불러 모았다. 그녀는 매 순간 아이들에게 자신들이 얼마나 중요한 존재인지 말해주었다. 아이들이 가진 잠재력으로 세상의 모든 것을 다 배울 수 있음을 알게 해주었다. 그녀는 학습장애로 공부가 힘든 아이들에게 셰익스피어, 톨스토이 등 수준 높은 문학을 가르쳤다. 말도 안 되는 교육이라며 손가락질을 수없이 받았지만, 그녀는 결국 해냈다.

빈민가의 어느 사설 학교에서 시작된 그녀의 교육은 아이들에게 어떤 영향을 주었을까? 그녀의 제자 대부분은 성공한 의사, 변호사, 사업가가 되었다. 어느 사회학 교수가 우연히 한 빈민가에서 성공한 인재가 유난히 많이 배출된 것을 알고 그들을 만나 인터뷰했다. 성공한 그들을 만나 비결을 물어보자 그들의 대답은 한결같았다.

"우리에게는 진정한 선생님이 계셨습니다. 선생님은 늘 우리가 중요한 존재라는 것을 알려주셨어요."

마르바 콜린스 선생님의 학생들을 향한 존중과 믿음이 그들의 삶을 지옥에서 천국으로 바꾸어놓은 것이다.

"넌 정말 소중하고 중요한 사람이야"라는 말을 듣고 꼴찌에서 하버드 대학원 교수가 된 사람이 있다. 수년 전 EBS 다큐 「공부 못하는 아이」에서 소개된 그는 토드 로즈 교수다. 그는 고등학교 시절 전 과목 F학점을 받고 고등학교를 중퇴한 꼴찌였다. 학창시절 내내 선생님과 친구들로부터 구제불능이라는 소리를 들었으며 언제나 무시를 당했다. 학교는 어린 토드에게 지옥과 같은 곳이었다.

어린 토드에게는 절대로 잊을 수 없는 기억이 하나 있었다. 3일 밤을 꼬박 새우며 시를 써서 작문 과제를 제출했는데, 선생님은 칭찬은커녕 F학점을 주었던 것이다. 어린 토드가 쓴 시라고 믿기 어렵다는 것이 이유였다. 세상 모든 사람이 토드를 향해서 비난의 목소리를 쏟아낼 때 유일하게 토드를 지켜준 사람은 토드의 부모님이었다. 온갖 상처로 몸과 마음이 너덜너덜해져서 집으로 돌아온 아들에게 토드의 부모는 늘 이렇게 말했다.

"토드, 넌 세상 누구보다도 귀하고 중요한 존재란다. 네 속에는 깜짝 놀랄 정도의 놀라운 힘이 숨겨져 있어. 아직 아무도 그걸 모를 뿐이야."

토드의 부모는 꼴찌인 학교성적, 선생님의 비난 등 토드를 둘러싼 부정적인 판단이 전부라고 생각하지 않았다. 심지어 전 과목 낙제라는 치욕적인 성적으로 고등학교를 중퇴해야 하는 순간에도 토드를 믿었다. 한 사람을 향한 믿음과 신뢰, 존중의 마음은 토드 스스로가 중요한 존재임을 인식하기에 충분했다. 어느새 토드는 자신이 중요한 존재라는 강한 신념으로 '꼴찌'라는 꼬리표를 당당하게 떼어냈다. 거대한 변화를 위한 시작은 작은 믿음에서 출발한다. 그 믿음은 인간은 누구나 중요한 존재라는 믿음이고, 누구나 마음만 먹으면 최고가 될 수 있다는 믿음이다.

사람은 홀로 자신이 중요한 존재임을 인식하지 못한다. 대부분의 사람들은 평생을 살면서 자신을 향한 긍정의 말보다는 부정의 말을 더욱 많이 듣기 때문이다. 누군가가 우리에게 "당신은 중요해요. 그리고 무엇이든 할 능력이 있어요"라고 말해줘야 비로소 알 수 있다. 우리에게 소중한 인연이 있다면 그들에게 당신이 얼마나 중요한 존재인지 표현해야 한다. 오늘 들었던 자신을 향한 인정의 목소리는 우리 인생을 어떻게 바꿔놓을지 아무도 알 수 없다. 우리를 중요한 사람이라고 느끼게 해주는 대화법은 우리 관계를 더욱 친밀하게 만들어준다. 중요성을 알려주는 2가지 대화법이 있다.

첫째, 상대방이 중요하고 필요한 사람이라는 것을 알려주기 위해 그의 장점을 찾아서 말해주는 것이다.

사람은 누구나 장점이 있다. 그가 가진 특별한 장점을 하나씩 발견해서 말해주면 상대방은 자신이 중요한 존재라고 인식하게 된다. 장점이란 그 사람을 특별히 빛나게 하는 별빛과도 같다. 내면에서 빛나는 자신의 별을 많이 발견할수록 누구나 자신을 귀한 존재로 생각할 수 있다. 장점이라고 해서 거대할 필요는 전혀 없다. 아주 사소한 것도 그 사람을 빛나게 할 장점이 될 수 있다는 것을 기억하자.

"넌 무엇인가에 몰두할 때 강한 집념이 느껴져. 그런 모습을 보면 정말 멋져."

"목소리에서 남을 설득하는 힘이 느껴져요. 듣기가 좋습니다."

"설명을 차근차근 잘하세요. 차분하면서 편하게 들립니다."

"집중이 저절로 되는 설명이었습니다. 감사합니다."

상대방이 말하는 모습, 분위기, 평소의 이미지 등에서도 충분히 그에 대한 장점을 찾을 수 있다. 그 사람과의 관계를 진심으로 소중하게 생각한다면 그가 얼마나 괜찮은 사람인지 장점을 찾기에 충분할 것이다.

둘째, 상대방이 중요하고 필요한 사람이라는 것을 알려주기 위해 그의 선택을 진심으로 존중해야 한다.

우리의 자존감이 떨어지는 순간은 자신의 선택에 대한 확신이 들지 않을 때다. 선택에 대한 확신이 없을 때 타인이 자신의 의견을 강요한 다면 스스로에 대한 믿음과 신뢰를 갖기 힘들다. 사람은 누구나 생각과 판단이 다를 수 있다. 그래서 반드시 옳은 선택이란 없다. 어떤 선택을 했다면 선택에 대한 책임을 다할 뿐이다. 우리가 진심으로 바라는 것은 누군가가 대신 선택해 주는 것이 아니라 우리의 선택을 지지해 주는 것이다.

얼마 전에 종방된 인기 드라마의 한 장면이 기억에 남는다. 주인공 변호사는 자신의 의뢰인을 변호하는 일에서 갈등을 겪고 있었다. 의뢰인의 범죄행위를 밝혀서 정의를 추구해야 할지 의뢰인의 이익을 위해서 범죄행위를 덮어야 할지 고민 중이었다. 이 고민을 듣던 선배 변호사의 말이 가슴에 와닿았다. 그는 후배 변호사에게 이렇게 말했다.

"난 14년간 의뢰인의 이익이 곧 정의라고 생각해 온 사람입니다. 하지만 우변은 내가 아니잖아요. 난 우변이 어떤 선택을 할지 궁금합니다. 우변은 보통 변호사가 아니니까요."

이 말에 후배 변호사는 용기를 얻었고 결국 자신의 신념을 지키는 선택을 했다. 그리고 그녀의 신념은 모두에게 이익이 되는 해결책을 만들어냈다. 이것이 사람이 지닌 진정한 잠재력이라는 생각이 든다.

사람은 자신만의 귀한 가치를 간직하고 있다. 그 귀한 가치를 알아봐 주고 인정해 줄 때 우리의 자존감은 올라가고 스스로 중요한 존재임을 인식하는 것이다. 알베르트 아인슈타인은 사람의 존재가치에 대해서 이렇게 표현했다.

"사람은 누구나 천재다. 하지만 나무에 오르는 능력으로 물고기를 판단하면 물고기는 자신이 바보라고 생각한다. 그렇게 자신을 알지 못하고 평생을 살게 되는 것이다."

자신의 진짜 모습을 알지 못하는 소중한 사람에게 그가 얼마나 멋지고 괜찮은 사람인지 말해줘야 한다. 그리고 그가 스스로 판단할 수 있도록 지지해야 한다. 그 속에서 사람은 스스로의 가치를 깨닫고 자신이 중요한 존재임을 인식할 수 있다.

사람에게 필요한 것은 그에게 필요한 말을 해주는 소중한 인연이다. 사람이 사람에게 어떤 존재인지 아름답게 묘사한 시가 있다. 시인 김동진의 「최고의 약은 사람이다」라는 시다.

비를 맞으며 걷는 사람에게는 우산이 필요한 것 같지만,
사실은 우산을 함께 쓰고 갈 사람이 필요하다고 합니다.
울고 있는 사람은 손수건이 필요할 것 같지만,
정작, 손수건보다 손수건을 내밀며 안아 줄 사람이 필요하다고 합니다.
슬픔에 술을 마시는 사람에게는 언뜻 술이 더 필요한 것 같지만,
사실은 술잔을 부딪치며 속 이야기를 함께 나눌
친구가 필요하다고 합니다.
이렇듯 사람에게는 사람이 약이 됩니다.

사람이 사람에게 필요한 이유는 우리의 귀중함을 가장 잘 알아주는 존재이기 때문이다.

중요한 사람이 되게 하는 대화법

1. "당신은 중요한 사람입니다."
이 말 한마디는 우리의 관계를 변화시킬 뿐 아니라 상대방이 무엇이든 할
수 있는 사람이 되게 한다.

2. 상대방이 중요한 사람임을 알려주기 위해 그의 장점을 찾아서 말해
주는 것이다.
그가 가진 특별한 장점을 하나씩 발견해서 말해준다면 상대방은 자신이
중요한 존재라고 인식하게 된다.

3. 상대방이 중요한 사람임을 알려주기 위해 그의 선택을 진심으로 존
중해야 한다.
우리가 진심으로 바라는 것은 누군가가 대신 선택해 주는 것이 아니라 우
리의 선택을 지지해 주는 것이다.

중요한 사람임을 알게 하는 말	절대 해서는 안 되는 말
• 김 대리는 우리 팀에서 정말 중요한 역할을 하고 있어. 항상 고마워.	• 김 대리, 이제 실수는 그만할 수 없나요? 팀에 민폐라는 생각 안 들어요?
• 넌 무엇인가에 몰두할 때 강한 집념이 느껴져. 그런 모습을 보면 정말 멋져.	• 당신 같은 사람은 정말 쓸데없는 짓만 하는구나. 제대로 하는 게 아무것도 없어.
• 목소리에서 남을 설득하는 힘이 느껴져요. 듣기가 좋습니다.	• 당신은 세상에 필요 없는 존재야. 썩 꺼져.
• 설명을 차근차근 잘하세요. 차분하면서 편하게 들립니다.	• 너 따위가 그렇지. 네가 뭘 할 수 있는데?
• 전 당신이 어떤 선택을 할지 궁금해요. 당신의 선택을 믿고 응원합니다.	• 설명을 논리적으로 해야지. 뭐라고 하는지 전혀 이해가 안 돼.
	• 그걸 대안이라고 말하는 거야? 당장 그만둬. 그냥 내가 시키는 대로 해.

11
관심, 상대방의 마음을 얻는 비결은 관심을 표현하는 것이다

"그 사람의 마음을 얻고 싶나요? 그러면 그의 관심을 끌려고 애쓰지 마세요.
대신에 그에게 관심을 기울이는 노력을 하세요. 사람의 마음을 얻는 유일한 방법은
관심을 끄는 것이 아니라 관심을 주는 것이랍니다."

로마의 시인 푸블릴리우스 시루스는 말했다.

"우리는 우리에게 관심을 가지는 사람에게만 관심을 갖는다."

우리가 인간관계를 소중하게 맺어가기 위해서 가장 중요한 것 중 하나는 상대를 향한 관심이다. 사람의 마음을 열고 진짜 관계로 발전하기 위해서는 자신을 향한 관심을 잠시 멈출 필요가 있다. 자신을 향한 관심은 자신이 얼마나 괜찮은 사람인지 상대방에게 어필하기 위한 노력

으로 이어진다. 반면에 상대를 향한 관심은 상대가 얼마나 괜찮은 사람인지 생각하는 마음이다. 이런 마음이 통할 때 상대는 마음을 연다.

사람은 믿을 만하고 안전한 관계 속에서 마음을 연다. 적어도 나에게 이로움을 주는 사람이라는 확신이 들어야 한다. "제발 마음을 열어주면 안 돼?" 하고 애원하거나 강요한다고 마음의 문이 열리는 것은 아니다. 이솝 우화의 「바람과 태양」이라는 이야기는 어떻게 사람의 마음을 움직이는지 잘 알려준다. 길을 걷던 나그네의 외투를 벗긴 것은 강하고 차가운 바람이 아니라 따뜻한 햇살이었다. 사람은 차갑고 강력한 요구보다는 따뜻하고 부드러운 햇살 같은 관심에 오히려 마음의 문을 활짝 연다. 추운 겨울이 지나고 따뜻한 봄 햇살에 우리의 마음이 수줍은 듯 설레는 것도 이 때문이다.

우리는 따뜻함을 원한다. 만약 어떤 이유로 우리의 마음이 얼어붙었다면 따뜻한 관심은 얼어붙은 마음마저도 포근하게 녹일 수 있다. 오스트리아의 유명한 심리학자 알프레트 아들러는 인간관계에서 필요한 '관심'에 대해서 이렇게 말했다.

"다른 사람에게 관심이 없는 사람은 인생을 사는 동안 큰 고난을 겪게 된다. 그리고 타인에게 큰 상처를 줄 것이다. 인류가 살면서 경험하는 모든 실패는 이런 유형의 사람 즉 타인에게 관심이 없는 사람들로부터 기인한다."

타인을 향한 관심은 봄의 햇살을 기다리는 설레는 마음과 같다. 이미 익숙해져 버린 관계일지라도 오늘 새롭게 보인 관심은 우리의 관계를 새롭게 만들 수 있다.

진정한 관심의 시작은 그의 마음을 살피는 노력에서 시작한다.

"저는 당신과 좋은 관계를 맺고 싶습니다. 그래서 지금부터 제대로 관심을 가져볼까 합니다."

이런 말을 들으면 어떨까? 진심이라고 해도 상대는 먼저 부담을 느끼게 될 것이다. 친한 사이라면 이상하게 생각할 수도 있다. 관심을 가진다는 것은 '지금부터 땅!' 하고 시작하는 것이 아니다. 관심의 시작은 상대의 말과 행동, 마음을 먼저 살피는 것이다. 살펴보는 것으로 관심이 시작되었으면 대화를 통해서 관심을 쌓아갈 수 있다. 진정한 관심을 차곡차곡 쌓아가는 2가지 대화법이 있다. 알아두면 좋고 실천하면 더욱 관계에 도움이 될 것이다.

첫째, 잔소리는 줄이고 상대방이 듣고 싶은 말을 하는 것이다.

진심으로 관심을 가진다는 것은 그의 모습을 있는 그대로 받아들이고 인정하는 것이다. 우리가 원하는 모습으로 상대방을 바꾸기 위해서 폭풍 잔소리를 쏟아내면 안 된다. 상대를 위하는 마음으로 하는 잔소리의 진짜 의미는 이렇다.

"넌 틀렸어. 넌 고쳐야 해. 내 말을 듣지 않으면 더욱 불행해질 거야. 그러니 나에게 복종해."

잔소리의 숨은 뜻은 '너는 틀렸고 나는 맞다'는 판단이다. 잔소리는 관심이 아니다. "당신의 모습이나 행동은 잘못됐어요"라고 우리 기준에 맞춰서 멋대로 판단하고 거부해서는 안 된다. 상대의 모습을 살피고 있는 그대로 받아들이는 것이 진짜 관심이다.

일상에서 볼 수 있는 상황을 예로 들어보자. 최근 배우자나 연인의 몸무게가 10kg이나 늘었다. 운동은 하지 않고 수없이 다이어트를 하지만 매번 실패한다. 요즘 들어 이런 모습의 상대방이 마음에 들지 않는다. 참다 참다 드디어 맘먹고 잔소리를 쏟아낸다.

잔소리 연인 : 자기야, 제발 살 좀 빼, 운동도 하고. 요즘 세상 다 살았니? 요즘처럼 자기관리가 중요한 시대에 그게 뭐니? 살찐 사람은 누가 봐도 게을러 보여. 자기관리 좀 해.

뚱뚱한 연인 : 그렇게 날씬한 사람이 좋으면 날씬한 사람이랑 사귀지그 래? 왜 뚱뚱한 나랑 만나? 그리고 살 빼는 게 쉬웠으면 벌써 뺐지. 나도 힘들어.

잔소리 연인 : 뭐가 그렇게 힘들어? 안 먹고 운동하면 되잖아. 나라면 벌 써 뺐겠다. 네가 의지가 없어서 그런 거야. 자기 몸 하나 관리 못하는 사 람이 뭘 하겠냐? 내 생각도 좀 해. 쪽팔려.

뚱뚱한 연인 : 참 많이 변했구나. 처음 나한테 관심 가질 땐 온갖 정성을 다하더니. 네가 보였던 모든 관심은 가짜 같아. 넌 날 진심으로 소중하 게 생각하지 않는 것 같아.

가까운 사이라서 편하게 한 말에 상대방은 마음의 상처를 크게 받았 다. 상대를 향한 비난의 말을 거침없이 쏟아냈기 때문이다. "살 빼. 운동 해"라는 잔소리에 상대방은 거부감이 먼저 들 수 있다. "살찐 사람은 게 을러 보여"라는 자기만의 판단과 상대를 향한 거부감의 표현으로는 관 계를 지켜나갈 수 없다. 무심코 했던 일상의 잔소리와 비평들은 어느 날 갑자기 상대방이 마음을 굳게 닫는 원인이 될 수도 있다.

진정한 관심을 보여주는 대화는 잔소리, 판단, 거부가 아니라 그 사람의 마음을 들여다보는 대화를 말한다. 요즘 살이 찌고 있는 연인에게 진심으로 관심을 가진다면 이렇게 말한다.

관심의 연인 : 자기, 요즘 어디 아픈 곳은 없어? 살이 찐 건지 몸이 아파서 부은 건지 모르잖아. 사실 많이 걱정돼. 피곤해서 운동도 못하는 것 같은데. 정말 아프진 않아?

뚱뚱한 연인 : 안 그래도 요즘 힘도 없고 자꾸 지치네. 살이 갑자기 쪄서 더 그런 것 같아. 사실 운동을 열심히 해서 살 빼고 싶은데 잘 안 돼. 쉽게 지쳐서 운동이 힘들어. 속상해.

관심의 연인 : 괜찮아. 요즘 힘이 없는지 몰랐네. 내가 도와줄게. 가장 간편하게 할 수 있는 운동부터 시작하자. 같이 걷는 건 어때? 공원을 산책하면서 1시간씩 걸으면 도움이 될 거야.

뚱뚱한 연인 : 정말? 고마워. 같이 걷자. 이젠 먹는 데이트 말고 걷는 데이트 하자. 함께라면 충분히 할 수 있을 것 같아.

진짜 관심을 가져야 마음을 들여다보는 노력을 할 수가 있다. 상대방은 그런 우리의 마음이 고마워서라도 더욱 자신의 건강을 신경 쓰게 될 것이다.

둘째, '선입관의 저주'에서 벗어나는 것이다.

선입관은 특정 대상에 대해서 마음속에 가지고 있는 고정된 형상을 말한다. 물론 좋은 방향의 선입관도 있을 수 있다. 하지만 우리의 관계에 문제가 되는 경우는 상대방에 대한 부정적인 고정관념을 간직하는 경우다. 이것이 '선입관의 저주'다. 상대방의 능력적인 한계를 멋대로 설정하거나 상대방의 성격이나 기질을 마음대로 정하고는 굳게 믿는 것이다. 마치 사람에게 주관적인 라벨을 붙여서 라벨에 쓰인 특징으로 사람을 판단해 버리는 것과 같다.

선입관의 저주에 대한 흔한 예는 주변인의 편견을 쉽게 믿어버리는 경우다. 활동 모임에 새로운 인물이 등장했다. 주변 지인이나 친구가 이런 말을 한다면 선입관의 저주에 빠질 수 있다.

선입관의 저주에 빠지게 하는 대화를 보면 이렇다.

친구 : 오늘 모임에 새로 온 사람 봤어? 저기 파란 셔츠 입은 사람.

나 : 응. 조금 차가운 인상이긴 하지만, 괜찮아 보이는데. 성실한 느낌도 들고.

친구 : 저 사람 조심하는 게 좋을 거야. 차갑고 이기적이라는 소문이 있어. 특히 조금 만만해 보이는 사람을 잘 이용한대. 너 이용당하지 않으려면 적당히 경계해야 좋을걸.

나 : 그래? 몰랐네. 조심할게. 미리 말해줘서 고마워.

이 대화에서 나는 그를 조심하고 경계해야겠다는 판단을 한다. 친구때문에 가지게 된 선입관 때문이다. 새로 등장한 사람은 영문도 모르고 나에게 경계를 당한다. 나의 경계를 느낀 그 사람도 조금씩 나를 경계하고 차갑게 군다. 나는 나의 선입관이 맞았다는 확신을 더욱 강하게 가진다. 그와 나는 이제 가까워질 가능성이 없어졌다. 선입관의 저주가 서로에게 진심으로 관심을 가질 기회마저 영원히 빼앗아간 것이다. 선입관을 심어준 친구도 잘못이다. 하지만 더 큰 잘못은 친구가 건넨 편견의 안경을 쓰고 사람을 미리 판단한 나에게 있다. 선입관의 저주가 우리를 흔들더라도 사람의 장점을 찾는 노력을 하자. 그것이 저주를 벗어나는 길이다.

또 다른 선입관의 예로 가족이나 가까운 사이에서 발생하는 것들이 있다. 가깝다는 이유로 우리는 상대방을 잘 안다고 생각한다. 특히 상대방의 성격, 기질, 능력에 대해서 미리 정하고는 그 이상의 것은 기대하지 않는다. 소중한 그에게 우리가 생각하는 한계를 말해버림으로써 그 이상의 능력을 발휘하지 못하게 막아버린다. 자신을 향한 부정적인 말 한마디는 그에게서 무엇이든 할 수 있는 자신감과 용기를 빼앗아 버리기 때문이다. 가까운 관계에서 멋대로 내린 판단은 한 사람의 잠재된 능력을 영원히 잠들게 한다. 선입관의 저주에 빠진 가까운 사이의 대화는 이렇다.

• 선입관의 저주에 빠진 대화

부모 : 넌 성격이 너무 예민해서 탈이야. 그 성격으로 세상을 어떻게 살아가려고 하니?

자녀 : 내가 뭘? 나 정도면 괜찮지.

부모 : 괜찮긴, 아주 작은 일로 삐치기나 하고, 마음대로 안 되면 성질 퍽퍽 내면서. 너 같은 성격으로 직장 생활은 제대로 하겠니? 성격 좀 고쳐.

상사 : 지원 씨, 보고서 제대로 검토했어? 글자 틀린 것이 3개나 있어. 왜 이렇게 덜렁대지? 매번 실수를 밥 먹듯이 해서 되겠어? 제대로 할 수 없어? 실수하는 귀신이 붙었나?

지원 : 죄송합니다. 조심하겠습니다.

상사 : 지원 씨는 말만 잘하지. 실천을 못 하잖아.

나 : 나 꼭 가수가 될 거예요. 가수로 성공해서 유명해질 거예요. 돈도 많이 벌고 가족들 원하는 것 다 해주고 싶어요.

지인 : 네가? 네 능력으로는 절대 안 돼. 꿈도 꾸지 마. 날고뛰는 사람들이 세상에 얼마나 많은데, 네가 어떻게 그걸 한다는 거야. 네가 유명한 가수가 되는 것보다 내가 백만장자가 되는 것이 더 빠르겠다. 꿈 깨고, 열심히 공부나 해. 넌 가진 것도 없어서 더더욱 안 돼.

이렇게 한계를 정하는 말로 상대방에게 원치 않는 라벨을 붙여버린다. 사람은 관계 속에서 성장하고 발달하면서 삶을 살아간다. 그런데 자신과 친밀한 관계를 맺은 사람이 말도 안 되는 한계를 설정하고는 우리가 그런 사람이라고 말한다면 어떻게 될까? 영원히 자신이 가진 좋은 모습은 마주하지 못한 채 삶을 마감할 수도 있다. 그 사람이 지닌 성격과 기질, 능력은 무시되고 그것들을 더 이상 계발할 수도 키울 수도 없게 된다. 우리가 지닌 '선입관의 저주'는 한계를 설정하는 것과 똑같다.

한계설정을 벗어나서 서로에게 힘이 되는 대화는 이렇게 한다.

● 서로에게 힘이 되는 대화

부모 : 넌 좀 섬세하고 감수성이 풍부한 성격이야. 세상을 살아갈 때 상처를 더 많이 받을 수는 있지만 잘 이겨낼 거라 믿어.

자녀 : 난 섬세한지 몰랐는데, 듣고 보니 그런 것 같아요. 조금은 무던해질 필요가 있을 것 같아요. 사소한 것에 너무 예민하게 굴지 않도록 노력할게요.

상사 : 지원 씨, 보고서 검토했어? 글자 틀린 것이 3개 있던데, 수정해 줘요. 너무 바쁘고 정신없어서 꼼꼼하게 못 봤나 보네. 하긴 아무리 봐도 오타가 안 보일 때가 있어.

지원 : 죄송합니다. 조심하겠습니다.

상사 : 괜찮아. 흔한 실수인데. 급할수록 천천히 해. 그러면 실수를 줄일 수 있어.

나 : 나 꼭 가수가 될 거예요. 가수로 성공해서 유명해질 거예요. 돈도 많이 벌고 가족들 원하는 것 다 해주고 싶어요.

지인 : 그래. 꼭 꿈을 이룰 수 있을 거야. 네가 가진 멋진 잠재력을 나는 믿어. 세상에 안 되는 일이란 없어. 시도하지 않은 일만 있을 뿐이지. 그러니 반드시 이뤄질 거야.

한계설정이 대상에 어떤 영향을 주는지 보여주는 실험이 있다. 벼룩을 대상으로 했던 실험이라 '벼룩 효과'로 많이 알려져 있다. 벼룩은 아주 강한 두 개의 다리가 있어서 높이 1미터까지 뛰어오를 수 있다.

벼룩을 투명한 병에 가두고 뚜껑을 닫았다. 벼룩이 뛰어오르는 시도를 할 때마다 닫힌 뚜껑 때문에 매번 실패했다. 나중에는 뚜껑을 제거했지만, 벼룩은 더 이상 뛰어오르는 시도를 하지 않게 되었다.

우리가 정한 한계가 상대방의 무한한 가능성과 능력에 어떤 역할을 하는지를 잘 보여주는 실험이다.

사람의 능력은 무한하고 그 사람이 지닌 성격이나 기질도 아주 다양하다. 지금 잠시 눈에 띄는 모습이 그 사람의 전부가 될 수는 없다. 그러니 소중하고 가까운 사이일수록 그를 있는 그대로 매 순간 인정하는 것이 필요하다. 설사 어제와 오늘의 모습이 다르고 오늘과 내일의 모습이 달라도 소중한 그는 여전히 그 사람인 것이다. 우리의 선입관의 저주가 한 사람을 멋대로 특정 짓는 일은 없어야 한다.

괴테가 남긴 유명한 말이 있다.

"어느 한 사람을 있는 그대로 대하면, 그는 여전히 그런 사람으로 남을 것이다. 그 사람을 대할 때, 될 수 있는 사람, 되어야 하는 사람으로 대하면, 그는 될 수 있고 되어야 하는 사람이 될 것이다."

우리가 상대방을 어떻게 바라보는지가 그 사람의 인생에 아주 큰 영향을 줄 수 있다. 사람의 마음을 여는 가장 큰 비결은 그를 향해서 진정한 관심을 가지는 것이다. 관심의 표현은 일상의 언어를 통해서 할 수 있다. 또한, 관심은 사소한 변화를 알아차리는 섬세함을 통해서 보여줄 수 있다. 상대를 향한 관심이 그의 마음을 여는 이유는 관심이 사람을 사랑하는 마음에서 비롯되는 정서이기 때문이다.

상대방의 마음을 여는 관심 대화법

1. 상대를 멋대로 판단하거나 잔소리하지 말자.
진심으로 관심을 가진다는 것은 그의 모습을 있는 그대로 받아들이
고 인정하는 것이다.

2. 선입관의 저주에서 벗어나자.
1) 지인이 타인에 대해 나쁘게 말한다면, "그래, 네 뜻은 알겠어." 이렇게
    말하고는 타인 A의 좋은 점을 찾는 것에 관심을 가지자.
2) 가까운 사람에게 가능성을 말해주자. "네가 가진 멋진 잠재력을 나는
    믿어. 세상에 안 되는 일이란 없어. 시도하지 않은 일만 있을 뿐이지."

마음을 여는 좋은 대화	마음을 닫는 나쁜 대화
• 혹시 요즘 힘든 일 있어? 안 하던 행동을 하니까 걱정돼서 그래.	• 너 요즘 왜 그래? 너 때문에 다들 기분 나빠해.
• 요즘 힘들어 보여서 사실 많이 걱정돼. 피곤해서 운동도 못 하는 것 같은데.	• 다이어트 좀 해. 살찌면 게을러 보여. 자기관리의 시대야. 정신 차려.
• 넌 감수성이 풍부해서 감정을 다치기 쉬워. 남의 말에 조금 신경을 꺼보자.	• 내 말을 기분 나쁘게 듣지 마. 넌 항상 비꼬아서 듣는 게 문제야.
• 넌 정말 섬세해.	• 넌 너무 예민해.
• 넌 열정과 패기가 넘쳐. 가끔 실수하지만.	• 넌 항상 덜렁대고 실수를 많이 해.
• 넌 충분히 할 수 있어. 네 꿈을 꼭 이뤘으면 좋겠어. 응원할게.	• 네 능력으로 절대 안 돼. 꿈 깨고 공부나 열심히 해.

12
감사, 비난 대신 감사하면
따뜻한 온기를 전할 수 있다

> "옛날 어느 왕은 행복의 비밀을 찾고 싶었습니다.
> 그는 밤마다 악몽에 시달렸고, 왕이면서도 불행하다고 생각했기 때문입니다.
> 신하들은 행복의 근원을 찾으려고 온 나라를 샅샅이 뒤졌습니다.
> 그리고 웃음이 넘쳐흐르는 행복한 가정들을 방문하면서
> 그들이 행복하게 미소 짓는 이유를 발견했습니다.
> 신하들은 행복의 비밀을 두 글자로 적어서 왕에게 바쳤습니다.
> 그 비밀은 바로 '감사'였습니다."

미국의 경제학자 아서 브룩스(Arthur C. Brooks) 교수는 저서 『자선의 경제적 효과를 분석한 책』에서 기부의 효과에 대해 이렇게 말했다.

"1달러의 기부는 19달러의 수익을 가져온다. 그리고 무형의 사회결속 기능까지 고려하면 훨씬 더 엄청난 사회·경제적 효과를 가져온다."

덕분에 많은 기업과 단체들이 자선에 관심을 가지는 계기가 되었으며 많은 인기를 끌었다. 어느 날 아서 브룩스 교수에게 특별한 사건이

일어났다. 그리고 그 일을 계기로 아서 브룩스 교수가 알게 된 것이 있었다. '감사의 말'은 상대가 적이라 하더라도 그의 마음에 따뜻한 온기를 전한다는 것이었다.

어느 날 한 독자가 아서 브룩스 교수에게 비난 메일을 보냈다. 그 책의 내용 가운데 무엇이 잘못되었는지 조목조목 신랄하게 비판하는 내용이었다. 브룩스 교수는 긴 메일의 내용을 모두 읽고 나서 독자에게 답장을 보냈다. 자신의 책을 꼼꼼하게 읽어줘서 고맙고, 좋은 의견을 친절하게 보내줘서 고맙다는 내용이었다. 독자는 다시 브룩스 교수에게 답장을 보냈다. 하지만 이번에는 아주 친절하고 공손한 태도였다. 자신을 향한 비난의 글을 좋은 의견으로 받아들이고 감사함을 표현하자 '안티 독자'가 '따뜻한 팬'이 된 것이다.

훗날 브룩스 교수는 이 사건을 회상하면서 고백했다. 타인에게 감사를 전하면 상대방 역시 자신을 향했던 칼을 거두고 따뜻한 손길을 내민다는 것이다. 감사의 말은 그 말을 하는 사람과 듣는 사람 모두에게 긍정적인 영향을 미친다. 미국의 30대 대통령이었던 존 캐빈 쿨리지(John Calvin Coolidge Jr.)는 이런 말을 했다.

"가장 축복받는 사람이 되려면 가장 감사하는 사람이 되어라."

감사의 말은 서로를 향한 긍정적인 영향을 넘어서 서로를 향한 축복으로 이끈다. '안티'에서 '팬'이 되는 축복이고, 세상을 향해 따뜻한 온기를 전하는 축복이다.

직장인들이 하루 중 가장 많은 시간을 보내는 곳이 직장이다. 직장은 많은 시간은 물론 많은 삶의 경험이 축적되는 곳이기도 하다. 오늘 건넨 말 한마디로 직장은 축복으로 가득한 천국이 되기도 하고 지옥이 되기도 한다. 천국과 지옥은 말 한마디에 달려 있다. 첫 번째, 지금까지 함께한 공간이 지루하거나 지옥처럼 느껴지는 사람들. 두 번째, 따뜻한 온기나 마음의 축복, 감동의 가정을 느낀 지 오래된 사람들. 둘 중 어느 하나에 해당한다면 우리가 나누는 대화를 먼저 살펴볼 필요가 있다. 같은 상황에서도 우리의 작은 관심으로 전혀 다른 대화를 나눌 수 있다.

• 지루한 일상을 경험하는 사람들의 대화

지원 : 팀장님, 말씀하신 자료 정리해서 보고서로 작성했습니다.

팀장 : 거기 책상 위에 두세요. 커피 한 잔 주고.

지원 : 팀장님, 커피 가져왔습니다.

팀장 : 거기 두세요. 나 좀 나갔다 올게.

지원 : (혼잣말로) 뭐야. 보고서는 보지도 않고. 나갈 거면 커피는 왜 달래?

• 축복의 감정을 경험하는 사람들의 대화

지원 : 팀장님, 말씀하신 자료 정리해서 보고서로 작성했습니다.

팀장 : 자료정리 잘했네. 고마워요. 안 바쁘면 커피 한 잔 줄 수 있어요?

지원 : 네, 팀장님, 커피 가져왔습니다. 특별히 맛있게 탔어요.

팀장 : 고마워요. 정말로 커피가 맛있네. 지원 씨는 뭐든 참 잘하네요.

지원 : 감사합니다. 팀장님. 제가 회사생활 잘하는 이유는 다 팀장님 덕분이에요.

• 지루한 일상을 경험하는 사람들의 대화―점심시간에

음식이 나올 때

직장인 손님 : 음식이 왜 이렇게 늦게 나와요? 점심시간 다 지나가겠네.

식당 종업원 : 죄송합니다. 맛있게 드세요.

음식을 다 먹고 계산할 때

직장인 손님 : 계산할게요. 얼마예요?

식당 종업원 : 네, 음식 맛있게 드셨어요? 4인분 3만 원입니다.

직장인 손님 : (계산만 하고 대답 없이 휙~ 나가버린다)

• 축복의 감정을 경험하는 사람들의 대화―점심시간에

음식이 나올 때

직장인 손님 : 음식이 정말 맛있겠네요. 감사합니다. 잘 먹겠습니다.

식당 종업원 : 오래 기다리시게 해서 죄송해요. 오늘따라 손님이 많네요.

직장인 손임 : 점심시간에 다 그렇죠. 덕분에 더 맛있게 먹겠는데요.

음식을 다 먹고 계산할 때

직장인 손님 : 사장님, 음식 맛있게 잘 먹었습니다. 계산하겠습니다.

식당 종업원 : 맛있게 드셨다니 다행입니다. 4인분 3만 원입니다. 다음에 오실 때는 많이 기다리지 않게 하겠습니다. 직장인들은 점심시간이 제한적이잖아요.

직장인 손님 : 별말씀을요. 대신 음료수 서비스 주셨잖아요. 정말 감사합니다.

감사의 변화 첫째, 감사의 말은 우리의 신체는 물론 정신까지도 긍정적으로 변화시킨다.

감사하는 마음은 우리의 삶을 확실히 변화시킨다. 사람은 감사의 말과 행동을 하는 것만으로도 행복감을 느끼고 신체의 활동지수가 높아진다. 그것을 입증하는 실험이 있다. 2003년 미국 캘리포니아 대학 데이비스 캠퍼스에서 일명 '감사의 마음이 우리의 삶에 미치는 영향'이라는 이름으로 실시한 흥미로운 실험이다. 실험의 주최자는 심리학자 로버트 에몬스(Robert. A Emmons) 박사와 마이클 맥컬로프(Michael McCullough) 교수였다.

두 심리학자는 자원봉사자들을 모집해서 그들을 세 그룹으로 나누었다. 각 그룹의 사람들은 그룹별로 정해진 매뉴얼대로만 말하고 행동해야 했다.

A그룹은 기분 나쁜 말과 행동만 해야 했다. 예를 들어서 "오늘 아침부터 재수 없는 일만 생겼어. 짜증 나" 이런 말들이다.

B그룹은 감사의 마음을 드러내는 말과 행동만 해야 했다. 예를 들어 "오늘 일출이 너무 예뻤어요. 오늘 친구가 친절하게 인사를 건네서 기분이 좋아요" 이런 말들이다.

C그룹은 감정이 없는 평범한 말과 행동만 해야 했다. 예를 들어 "오늘 아침에 청소했어요. 옷장도 정리했고요" 이런 말들이다.

실험 참가자들은 일주일 동안 지시대로 수행했고 결과는 흥미로웠다. 감사의 말과 행동을 했던 B그룹이 가장 큰 행복감을 느꼈고 활동지수도 높게 나왔다. 이들은 다른 그룹보다 평균 운동시간이 더 많았고,

두통이나 감기를 앓은 사람도 전혀 없었으며, 신체적으로도 정신적으로도 컨디션이 매우 좋았다. 반면 나머지 두 그룹의 사람들에게는 이런 유의미한 변화들이 발견되지 않았다. 실험의 결론은 감사의 말과 행동이 사람의 감정은 물론 신체적, 정신적인 변화를 만든다는 것이다.

감사의 변화 둘째, 감사의 말은 감사의 뇌를 만든다.

감사의 말과 행동을 하는 것만으로 신체적, 정신적 변화가 일어나는 이유는, 우리가 감정을 느낄 때 뇌에서 일정한 감정 시스템이 작동하기 때문이다. 부정적인 감정, 예를 들어 불안, 우울, 분노 등의 감정이 생기면 오른쪽 전전두피질이 활성화된다. 긍정적인 감정, 예를 들어 낙관, 열정, 행복 등의 감정이 생기면 왼쪽 전전두피질이 활성화된다. 우리가 감사의 말을 많이 하면 왼쪽 전전두피질이 활성화되고 감사의 뇌로 변신한다. 감사의 말 덕분에 감사의 뇌가 되면 우리는 신체적, 정신적으로 긍정적인 변화를 경험하는 것이다.

뇌과학자들에 의해서 그동안 감사와 관련된 많은 실험이 이루어졌다. 미국 UCLA 의과대학의 로버트 마우어(Robert Maurer) 박사와 뇌신경학자 알렉스 코브(Alex Korb)에 따르면 감사의 마음은 특별한 호르몬을 만들어낸다고 한다. 우리의 행복과 관련된 호르몬인 옥시토신과 도파민, 세로토닌 등이 그것들이다. 이러한 호르몬은 우리의 삶을 행복하게 만드는 것은 물론 삶의 열정과 창의력에도 영향을 주고 있다.

그중에서도 가장 강력한 힘을 가진 호르몬은 신이 내린 명약이라고 불리는 '다이돌핀'이다. 엔도르핀의 4천 배나 되는 효과를 지닌 이 호르몬 역시 우리가 감사와 감동의 감정을 느낄 때 발생되는 호르몬이다.

감사를 습관화하는 것만으로도 우리는 신체적, 정신적 건강을 충분히 누릴 수 있다. 감사는 우리의 삶을 행복하고 건강하게 만들어주는 최고의 수단이다. 또한, 삶의 열정과 창조적 정신은 덤으로 받는 선물이 될 수 있다.

2021년 KBS에서 방영한 「다큐 On」이라는 프로그램에서 '감사가 뇌를 바꾼다'는 주제를 다루었다. 김해 율산초등학교에서 저학년 학생들에게 감사일기를 쓰도록 했다. 아이들은 수업시간에 감사일기를 발표했다. 처음에는 아이들이 피상적인 감사를 기록했지만 시간이 지나면서 점점 일상의 감사를 찾기 시작했다. 더욱 의미 있었던 활동은 초등학교 5학년 학생을 대상으로 3개월간 실시한 '감사활동'이다. 지원자 16명을 대상으로 선생님은 꼼꼼하게 아이들과 감사에 관한 상담을 하고 변화를 기록했다. 초등학교 5학년 남학생과 선생님의 대화 내용이다.

선생님: 주말을 보내는 동안 감사했던 일은 뭐가 있었어?

학생: 엄마께서 아침 식사를 차려주신 것이 감사했어요.

선생님: 아침 식사 차려주신 것이 왜 감사하다고 생각했어?

학생: 엄마께서 바쁘면 못 차려주실 수도 있는데 식구들을 위해서 차려주시니 감사했어요.

선생님: 그럼, 평소에는 감사하지 않았던 일인데, 감사하게 된 일은 뭐가 있을까?

학생: 엄마가 저를 혼내실 때 기분은 좋지 않았지만, 제가 잘되라는 의미로 혼내신 거라 감사해요.

선생님: 감사활동을 시작하기 전에도 이런 일이 감사하게 느껴졌니?

학생 : 아뇨, 그때는 아니었어요. 하지만 지금은 달라졌어요. 저의 나쁜 습관들이 제 눈에는 보이지 않지만 엄마 눈에는 보이잖아요. 그것을 고칠 수 있게 말씀해 주시는 것은 정말 감사한 일인 것 같아요. 저를 사랑해서 그렇게 하신다는 걸 이제는 알아요.

3개월간의 '감사활동'이 아이들의 마음을 달라지게 했다. 주변을 바라보는 시각도 점차 변해갔다. 아이들은 평소에 감사하지 않았던 일들을 감사하다고 생각하기 시작했다. 자신에게 가장 가까운 가족을 진심으로 이해하고 사랑하게 되었다. 이런 변화는 아이들에게만 발생한 것이 아니다. 활동에 참여한 아이들의 가족 모두의 변화였다. 매일의 감사를 기록하는 감사일기는 우리의 마음 밭에 행복의 씨앗을 뿌리는 것과 같다. 오늘 건넨 감사의 말 한마디는 서로의 마음 밭에 뿌려진 행복의 씨앗이 잘 자라게 해주는 단비와 같다.

연세대학교 의과대학의 신경전문의 김재진 교수는 한 매체를 통해서 이런 말을 했다.

"우리는 감사를 해도 변화를 경험하고 원망을 해도 변화를 경험합니다. 2가지 변화 중 어느 것이 우리를 살리는 긍정적인 변화일까요? 우리에게 유리한 선택을 해야죠."

감사가 반복되면 우리의 삶은 행복으로 넘쳐나지만, 부정이 반복되면 불행의 늪에 빠져들고 만다. 그리고 이 순간 감사를 선택할지 부정의 말을 선택할지는 오롯이 우리의 몫이다.

"지금 가진 것에 감사하세요. 그러면 더 많은 것을 가질 겁니다. 만약 가지지 못한 것에 집중한다면 평생 그 무엇도 가질 수 없습니다."

미국 토크쇼의 여왕 오프라 윈프리가 한 말이다. 오프라 윈프리는 『내가 확실하게 아는 것들』이라는 책을 통해서 자신의 '감사일기' 습관을 밝혔다. 매일 감사한 것 5가지를 쓰는 것이다. 그녀는 자신이 매일 썼던 '감사일기' 덕분에 힘든 삶을 이겨내고 지금의 성공을 거둘 수 있었다고 말했다. 그녀의 인생과 삶을 대하는 태도 그리고 세상을 바라보는 통찰이 변하기 시작한 것은 '감사일기'를 쓰면서부터였다.

감사는 두 사람을 행복하게 만든다. 먼저 내가 나에게 한 감사의 말은 나를 향한 따뜻한 손길이다. 내 안에서 움츠리고 있는 자아를 위로하고 자신 있게 세상 밖으로 나오게 한다. 그리고 그동안 꽁꽁 숨겨두었던 나만의 열정과 창의력을 쏟아내도록 만든다. 그렇게 세상을 아름답게 창조할 수 있다. 내가 아닌 상대를 향한 감사는 그에게 따뜻한 손길을 내미는 것이다. 얼어붙은 그의 마음을 따뜻하게 녹여주고 굳어 있던 얼굴을 미소 짓게 한다. 그를 향한 감사의 한마디는 그의 잠재력과 삶의 열정을 깨우는 신이 주신 묘약이다. 우리는 감사의 한마디로 세상을 지금보다 훨씬 멋지고 아름답게 꾸밀 수 있다.

같은 상황이지만 다른 말, 사소한 것이라도 감사의 마음과 말을 전하자.

1. 감사의 말은 우리의 신체는 물론 정신을 긍정적으로 변화시킨다. 사람은 감사의 말과 행동을 하는 것만으로도 행복감을 느끼고 신체의 활동지수가 높아진다.

2. 감사의 말은 감사의 뇌를 만든다. 감사의 뇌는 우리가 삶을 더욱 열정적이고 창의적으로 살아갈 수 있게 만든다.

상황에 따른 감사하는 말 VS 감사하지 않는 말

상황	감사하는 말
직장에서	• 정민 씨, 결산 자료정리 잘 해줘서 고마워요. 수고 많았어요. • 사무실이 깨끗해졌네요. 정민 씨, 고마워요. 덕분에 기분이 상쾌해졌어요. • 커피 고마워요. 지은 씨, 덕분에 좋은 하루입니다.
가정에서	• 오늘 반찬과 국이 정말 맛있어요. 잘 먹었습니다. 감사해요. • 청소 중이네. 피곤할 텐데 고마워. 나도 다른 것 도울게.
친구에게	• 오늘 내 이야기 들어줘서 정말 고마워. 네 덕분에 힘이 나.
식당에서	• 음식이 맛있겠네요. 감사합니다. • 사장님, 음식 맛있게 잘 먹었습니다. 감사합니다.

상황	감사하지 않는 말
직장에서	• 정민 씨, 결산 자료 주세요. 거기 책상 위에 두세요. • 사무실 청소했어? 자기 맡은 일이나 잘하지. • 응? 커피 거기 뒀요. 나중에 마실게.
가정에서	• 바빠서 이만 출근 할게요. (밥만 먹고 나가버림) • 뭐야? 왜 하필 지금 청소하는 거야, TV 소리 안 들리잖아. 사람 없을 때 청소하지.
친구에게	• 오늘은 이야기 그만하고 다음에 보자. 너무 떠들었더니 피곤하네. 쉬어야겠다.
식당에서	• 음식이 왜 이렇게 늦게 나와요. 점심시간도 짧은데. • 계산할게요. 얼마입니까?

여유로운 마음에서 우러나온 긍정적인 말들은 우리가 세상을 조금 더 아름답게 바라볼 수 있는 기적을 선물한다. 우리는 이 세상을 치열하게 살기 위해서 온 것이 아니다. 세상을 단 한 번 마음껏 즐기기 위해서 여기 왔다는 것을 기억하자.

PART 03

직장에서 나를
당당하게 해주는 대화

13
권유, 명령 대신 권유하면
관계를 회복시킬 수 있다

"무심코 던진 당신의 명령 한마디는 소중한 내 사람의 마음을 병들게 합니다.
하지만 배려로 던진 당신의 권유 한마디는 소중한 내 사람의 병든 마음을 치유합니다.
그렇게 우리의 관계는 회복되어 갑니다."

오늘 하루 정민은 평소보다도 더 지치고 힘들다. 자신을 싫어하는 것
같은 팀장의 비위를 맞추는 것에 정말 지쳐버린 것이다. 사실 팀장은
정민을 싫어하는 것이 아니다. 다만 정확한 업무처리를 원할 뿐이다.
하지만 정민은 팀장의 말투와 목소리 톤, 눈빛과 표정 등을 보면서 자
신을 싫어한다고 단정 짓는다. 대체로 상사는 정확한 업무처리가 중요
하고 급하기 때문에 업무의 팩트만 전달하는 경향이 있다.

실수가 발생하면 실수를 지적하고 다시 업무를 하도록 지시를 내린다. 대부분의 업무지시는 딱딱한 명령형 문장이다. 명령은 사람의 마음을 힘들게 하고 때로는 거부감을 갖게 만든다. 잘못에 대한 지적은 마음의 자책을 만들어낸다. 흔히 보이는 명령형 대화는 이렇다.

팀장 : 정민 씨, 중고차 수출 건으로 지시했던 중고차 업체들 자료정리 했어? 업체 규모 및 비교 분석한 자료 줘봐.

정민 : 네, 여기 있습니다.

팀장 : 자료가 왜 이래? 한눈에 안 들어오잖아. 비교분석 데이터는 어디 있어? 보고서는 한눈에 볼 수 있게 제대로 좀 만들어. 당장 다시 해. 입사한 지가 언젠데 이런 자료도 제대로 못해? 점심 먹고 바로 볼 수 있게 정확히 해봐.

정민 : 죄송합니다. 다시 하겠습니다.

대화가 딱딱해 보인다. 사람들이 이런 대화에서 자책감을 느끼거나 마음의 상처를 받는 이유는 하나다. 대화에 사실만 있고 말하는 사람의 감정은 빠져 있기 때문이다. 업무를 정확하게 하기 위해서는 사실관계가 중요할 수 있다. 하지만 업무는 로봇이 아닌 사람이 한다. 사람의 행동은 감정의 영향을 절대적으로 받는다. 업무를 포함한 대화에서 사람의 감정을 고려한다면 인간적인 관계는 물론 업무의 효율성도 훨씬 높일 수 있다.

관계를 부드럽게 만들고, 업무 효율을 높이는 대화는 이렇다.

팀장 : 정민 씨, 중고차 수출 관련해서 중고차 업체 관련 자료 정리한 거 지금 볼 수 있을까?

정민 : 네, 완성했습니다. 여기 있습니다.

팀장 : 자료 정리하느라 수고 많았어. 그런데, 한눈에 안 들어오네. 비교 분석 데이터가 어느 부분에 있는지도 잘 안 보여. 아마 부장님이 보기에 도 그럴 거야. 다시 해볼 수 있겠어?

정민 : 죄송합니다. 다시 하겠습니다.

팀장 : 너무 자책할 것 없어. 누구나 그럴 수 있지. 한 번에 한 가지씩 발 전한다고 생각하면 어떨까? 이번 목표는 '한눈에 파악할 수 있는 보고 서'로 정하고 집중하면 좋을 거야.

정민 : 네, 알겠습니다. 팀장님, 이번에는 제대로 해보겠습니다.

　최근, 소통 불능으로 힘들어하는 가족에게 소통을 위한 솔루션을 제 공하는 프로그램이 많은 사랑을 받고 있다. 이런 종류의 프로그램이 많 은 사랑을 받는 이유는 하나다. 우리가 소통을 간절히 원하기 때문이 다. 일반적인 인간관계는 물론 가까운 관계까지도 소통하는 것이 점점 힘들어지고 있다. 관계의 적신호가 켜지면서 스스로 해결책을 찾지 못 하는 경우도 많다. 소통을 잘한다고 믿고 있던 우리도 어쩌면 소통하는 방식을 잘 모르고 있을 수 있다. 소통 전문가 혹은 소통을 위한 솔루션 을 제공하는 프로그램이 인기 있는 이유도 이 때문이다.

　그 프로그램에 출연했던 가족이 생생하게 기억난다. 중학생 아들과 초등학생 아들을 둔 부부의 이야기다. 겉으로 보기에는 흔히 볼 수 있 는 평범한 가정이다. 하지만 가족의 생활 속으로 조금 들어가 보니 구성원 모두가 고통받고 있었다. 첫째 아들은 수년 동안 반항해 왔고 부모는 물론 자신 또한 고통의 나날을 보내고 있었다. 둘째 아들은 불편한 상황이 되면 부모 앞에서 자신의 입과 얼굴을 때렸다. 가족은 서로 사랑하지만, 그 사랑이 전달되는 통로가 막혀 있었다. 가족 모두의 마음에 사랑 대신 답답함과 분노, 적개심 등의 원치 않는 감정이 싹튼 것이다. 가족의 소통을 막은 것은 다름 아닌 명령형 대화방식이었다.

관계에 적신호가 켜지고 비상사태에 돌입하게 되었을 때 가장 먼저 점검할 것이 있다. 그동안 소통을 해왔던 대화방식을 점검하는 것이다. 가족처럼 가까운 사이는 물론 직장에서 발생하는 관계의 문제 역시 대화의 방식 때문에 발생한다. 상대를 향한 말이 거칠고 강압적인 경우라면 당연지사다. 대표적으로 우리가 많이 들어온 말은 명령형 말이다. 많은 가정에서 부모가 자녀에게 하는 말은 대부분 명령형이다.

"이거 해."

"저거 해."

"그건 하지 마. 당장 멈춰."

우리가 어린 시절부터 많이 들어봤던 말이다. 그리고 점차 어른이 되면서 당연한 듯 이런 명령형 말투를 쏟아낸다. 우리에게 가장 익숙한 말투기 때문이다.

명령형 대화는 보이지 않는 서열을 만든다. 명령하는 사람은 대체로 우위에 있기 때문이다. 명령은 윗사람이 아랫사람에게 하고 강한 사람이 약한 사람에게 하는 것이다. 명령하는 사람은 자신이 우위에 있다는 것을 알고 있다. 그러니 자신의 말을 상대방이 거부하는 것을 받아들이지 못한다.

명령형 대화에서 명령하는 사람과 명령을 받는 사람 중 누가 더 힘들까? 명령을 받는 사람이 훨씬 더 힘들고 실제로 많은 스트레스를 받고 있다. 이유는 명령을 받은 사람은 상황에 대한 통제권과 선택권을 갖지 못하기 때문이다.

직장생활을 떠올려 보자. 직장에서 스트레스를 많이 받는 사람은 상사일까 아니면 부하 직원일까? 정답은 부하 직원이다. 이미 많은 연구에서 밝혀진 사실이다. 상사는 명령과 지시를 주로 내리지만, 부하 직원은 명령과 지시를 수용해야 한다. 상사의 모든 명령과 지시를 수용하고 상사에게 자신을 맞춰야 하는 것은 부하 직원이다. 업무 상황에 대한 통제권마저 없으니 부하 직원이 스트레스를 많이 받을 수밖에 없다. 상사는 부하 직원의 스트레스를 알까?

가정에서는 어떨까? 부모와 자녀 중에서 명령조로 말하는 사람은 바로 부모다. 부모는 자신의 지시를 자녀가 그대로 수용하기를 간절히 원한다. 이유는 사랑하는 자녀가 자신의 말을 잘 따라줘야 성공할 수 있기 때문이란다. 착하고 여린 자녀는 부모의 명령을 그대로 따른다. 부모가 정한 성적에 맞춰 공부하고, 부모가 정한 성공의 길을 가기 위해 노력한다. 생각이 없어서가 아니다. 상황에 대한 선택권과 통제권이 없기 때문이다. 부모는 자녀의 스트레스를 과연 알까?

우리를 둘러싼 소중한 관계를 지키기 위해서 이제는 명령이 아닌 권유의 대화를 해보는 것은 어떨까? '권유'를 영어로 표현하면 'suggestion'이다. 그 어원은 'sub'(아래에) 'gest'(전달하다)라는 말이 합쳐진 것이다. 아래로 뜻을 전한다는 것은 상대가 생각해 볼 수 있게 넌지시 말하는 것을 의미한다. 직접적으로 행동을 요구하는 것이 명령이라면, 간접적으로 넌지시 말하는 것은 권유가 된다. 상대방에게서 생각의 자유를 박탈하는 것이 명령이라면 상대방이 충분히 생각할 수 있는 시간을 주는 것이 바로 권유다. 명령보다 부드러운 권유의 표현으로도 충분히 대화는 가능하다. 명령 대신 권유의 대화란 이런 것이다.

직장에서 할 수 있는 명령 대신 권유는 이런 대화를 말한다.

• 직원에게 심부름시킬 때
명령형 : 계약서 등기로 보내고, 올 때 카페라떼 한 잔 사와. 뜨거운 걸로.
권유형 : 계약서 등기로 보내줄래? 그리고 올 때 카페라떼 뜨거운 걸로 한 잔 부탁해도 될까?

• 직원에게 업무 지시할 때
명령형 : 광고디자인 시안 완성한 것 있지? A업체가 수정해 달라고 요구했어. 수정할 부분 표시해 뒀으니까 다시 수정해서 가져와.
권유형 : A업체에서 광고디자인 시안 수정을 요구하네. 표시된 부분만 고치면 될 거야. 번거롭겠지만 할 수 있겠어? 급한 건이라서 이것부터 부탁할게.

• 직원에게 업무의 수정을 지시할 때
명령형 : 보고서 확인한 거 맞아요? 오타가 3개나 있네요. 지금 바로 고쳐서 다시 제출하세요.
권유형 : 보고서 봤는데, 오타가 3개 정도 있네요. 지금 바로 수정해서 줄 수 있어요? 이대로 부장님께 보고할 수 없어요. 부탁해요.

가정에서 할 수 있는 명령 대신 권유는 이렇게 한다.

• 외출 후 돌아온 자녀에게
명령형 : 외출하고 들어왔으면 얼른 씻어.
권유형 : 외출은 즐거웠니? 이제 씻는 것이 어때?

• 가족과 함께 식사하기를 권할 때
명령형 : 저녁 먹게 빨리 와.
권유형 : 우리 다 같이 맛있는 저녁 식사할까?

• 자녀가 숙제하지 않고 놀고 있다면
명령형 : 숙제 다 하고 놀아.
권유형 : 숙제 먼저 하고 즐겁게 노는 건 어때?

권유형 대화는 대체로 "~하는 게 어때?"라고 표현하지만, 이 외에도 다양한 모습으로도 표현할 수 있다. 우리의 관계를 포근하게 지켜줄 수 있는 권유형 대화 2가지를 소개하겠다.

권유형 대화 첫째, '쿠션어'를 사용한다.
쿠션의 역할이 무엇인지 잘 알 것이다. 불편한 등을 편하게 해주고, 차갑고 딱딱한 바닥에서 우리의 엉덩이를 따뜻하게 보호한다. 누군가에게 중요한 지시나 명령을 해야 할 상황이라면 '쿠션어'를 사용하면 도움이 된다.

예를 들어 회의가 끝나고 김 대리에게 보고서를 요구하는 상황이라면 이렇게 말해볼 수 있다. 업무의 지시사항 앞에 부드러운 쿠션어를 사용하는 것이다.

"김 대리, 언제나 수고가 많아요." (쿠션어)
"회의가 끝날 때마다 뒷정리에 보고서도 작성하니." (쿠션어)
"오늘 회의 내용도 보고서 작성해서 퇴근 전까지 올려주세요." (업무지시)

여기서 '쿠션어'는 앞의 두 문장이다. 총 세 문장을 말하는 데 걸리는 시간은 5초다. 물론 "퇴근 전까지 보고서 작성해서 올려주세요"라고 2초만에 끝낼 수도 있다. 하지만 '쿠션어'를 사용한 상사의 작은 배려 덕분에 김 대리는 기쁜 마음으로 야근도 마다하지 않았을 것이다. 이날 '쿠션어'는 김 대리를 춤추게 했다.

사소하지만 기분 나쁜 명령이 작은 쿠션어를 만나면 부드러운 권유가 되는 일상어를 살펴보자.

목이 말라서 물이 마시고 싶다면,
"물 줘."→"귀찮겠지만 부탁하나만 들어 줄래? 물 좀 줘."
설거지가 하기 싫은 날 설거지를 부탁하고 싶다면,
"설거지 좀 해."→"피곤하지. 미안한데 오늘 하루만 설거지 부탁해."
아이가 너무 게임에 몰입한다면,
"게임 그만해."→"게임이 재미있어서 중단하기 힘들지. 오늘은 여기까지만 하자. 나머지 게임은 다음 기회에."

최근 노느라고 늦게 집에 들어오는 남편에게,

"왜 요즘 맨날 늦어? 오늘은 무조건 일찍 와." → "요즘 일 많아서 힘들지, 오늘은 일찍 올래? 맛있는 거 먹자."

만약 부드러운 권유 대신 "무조건 일찍 와"라고 했다면·온갖 핑계를 대면서 오늘 또 늦을지 모른다.

권유형 대화 둘째, '부드러운 간섭'이다.

'부드러운 간섭'이란 상대방에게 어떤 행동을 하도록 했지만, 자신이 결정하고 행동한 것으로 믿게 하는 것을 말한다. 명령형 대화에서 행동을 강요받은 사람은 자신을 방어하기 위한 심리를 만들어낸다. 자신의 고유한 생각과 판단영역을 침범당했기 때문이다. '부드러운 간섭'은 자신이 스스로 행동했다고 믿게 하는 것이므로, 상대방이 행동하도록 유도되었거나 간섭받았다고 생각하지 않는다. 혹은 간섭받았더라도 거부감이 없는 정도의 간섭이라 신경 쓰지 않는다.

'부드러운 간섭'은 형태가 다양하다. 권유하고 싶은 행동을 할 수밖에 없는 환경을 설정하거나 둘 이상의 행동 중 하나를 하도록 유도하는 것이다. 혹은 자신이 어떤 행동을 선택한 것처럼 착각이 들게 할 수도 있다. 핵심은 자신의 선택권이 지켜졌다고 생각하면 되는 것이다.

사람은 누군가 시킨 것은 하다가도 멈추고 싶고, 스스로 선택한 것은 끝까지 하려는 경향이 있다. 스스로 선택한 행동에 대해서 자신만의 중요한 의미를 부여하기 때문이다. 상대방이 어떤 행동을 하게 만들고 싶다면 그가 행동을 선택하게 해야 한다. 이것이 '부드러운 간섭'이다.

2017년에 노벨 경제학상을 받은 리처드 H. 세일러(Richard H. Thale) 교수는 저서 『넛지』에서 '선택을 유도하는 부드러운 개입'에 대해서 소개했다. 그중 학생들의 급식을 책임지고 있던 담당자의 스토리가 마음에 와닿았다. 그녀는 학생들이 빵이나 정크 푸드 같은 몸에 해로운 음식보다는 야채, 과일 등의 몸에 좋은 음식을 먹게 하고 싶었다. 고민 끝에 그녀는 식품의 진열방식에 변화를 주었다. 야채를 잘 보이는 곳에 배열한 것이다. 그 후 야채 등 좋은 음식의 소비가 25%나 상승했다. 이것은 '부드러운 간섭' 중에서도 '환경설정'에 대한 예시다.

대화를 통해서도 '부드러운 간섭'이 가능하다. 닌텐도를 너무도 갖고 싶어 하는 귀여운 남자아이가 있었다. 이 아이는 닌텐도를 사달라고 부모님께 졸라대는 대신 다른 방법을 사용했다. 아침 일찍 깨자마자 엄마에게로 달려갔다. 잠에서 막 깨어난 사랑스러운 모습으로 엄마한테 속삭였다.

"엄마, 너무 행복한 꿈을 꿨어. 말해줄까? 꿈에서 엄마가 나한테 멋있는 선물을 줬어. 선물을 열어보니 내가 갖고 싶어 하는 닌텐도였어. 진짜 행복했어. 근데 꿈이라 아쉬워. 계속 꿈속이면 좋겠다."

아이의 말을 들은 엄마는 어떻게 했을까? 이번 생일 선물로 닌텐도를 생각할지 모른다.

일상에서 권유형 대화보다 명령형 대화를 많이 사용하는 이유는 앞에서 밝혔다. 그동안 명령형 대화에 길들어져 왔기 때문이다. 오랫동안 가정에서는 가부장적인 어른들의 모습을 보며 자랐고, 학교나 직장에서는 선생님과 상사에게 끊임없이 명령을 들어왔다.

이제는 변해야 한다. 명령을 받은 사람은 생각의 자유를 잃게 되고 생각하는 습관을 키울 수 없으니 창의력은 기대할 수 없다. 대화가 통하지 않으면 불통이 된다. 불통은 우리의 관계와 우리의 정신과 우리의 신체를 병들게 한다. 병들고 약해진 관계를 회복하기 위해서는 대화 속에 명령이 아닌 권유가 자리 잡아야 한다. 생각할 수 있게 넌지시 전하는 부드러운 권유로 우리의 관계를 회복하자.

권유형의 말	명령형의 말
• 보고서에 오타가 3개 있네요. 바로 수정해서 줄 수 있어요? 부탁해요.	• 보고서에 오타가 3개나 돼요. 지금 바로 고쳐서 다시 제출하세요.
• 외출은 즐거웠니? 이제 씻는 것이 어때?	• 외출하고 들어왔으면 얼른 씻어.
• 숙제를 먼저하고 즐겁게 노는 건 어때?	• 숙제 다 하고 놀아.
• 표시된 부분만 고치면 될 거야. 번거롭 겠지만 부탁할게. 급한 건이라서.	• 수정할 부분 표시해 뒀으니까 다시 수 정해서 가져와.
• 귀찮겠지만, 물 좀 가져다줄 수 있어?	• 물 줘.
• 미안한데 오늘만 설거지 부탁해.	• 설거지 좀 해.
• 게임이 재미있어서 중단하기 힘들지. 오늘은 여기까지만 하자.	• 게임 그만하고 얼른 공부해.
• 요즘 일 많아서 힘들지, 오늘은 일찍 올래? 맛있는 거 먹자.	• 왜 요즘 맨날 늦어? 오늘은 무조건 일 찍 와. 친구고 회식이고 아무 데도 가 지 말고 바로 와.

관계를 회복하는 권유형 대화하기

1. '쿠션어'를 사용하자.
중요한 지시나 명령을 할 때, '쿠션어'를 사용하면 도움이 된다.

2. '부드러운 간섭'을 하자.
부드러운 간섭은 자신의 선택권이 지켜졌다고 믿게 하는 것이다. 사람은 스스로 선택한 행동에 대해서 중요한 의미를 부여하기 때문이다.

14
여유, 마음의 여유가 있는 대화는
관계를 행복으로 이끈다

"마음의 여유가 있었으면 좋겠습니다.
지치고 힘들 때면 조금은 편하게 내려놓고 쉬고 싶습니다.
세상 속에서 나를 지키는 마음의 여유가 나를 진짜 나답게 만들어줍니다.
여유로움은 우리의 관계를 안전하게 지켜주는 울타리입니다."

인터넷에서 찾아본 아일랜드 속담 하나가 가슴에 와닿았다. 인생에서 우리가 잊고 살아가는 한 가지를 생각하게 했다. 그것은 인생의 큰 목표에 가려져 자칫 없는 것처럼 느껴지는 한 가지다. 열정과 노력이라는 이름에 가려져 지금 이 순간 나에게는 사치처럼 느껴지는 한 가지이기도 하다. 성공한 사람이 아니면 가질 수 없는 성공인만의 전유물처럼 느껴지는 한 가지. 그것은 바로 여유라는 것이다.

인생이라는 긴 시간 동안 우리는 자신을 위한 여유를 얼마나 가질까?

천천히 가라. 생각하는 여유를 가져라. 그것은 힘의 원천이다.
노는 시간을 가져라. 그것은 영원한 젊음의 비결이다.
독서하는 시간을 가져라. 그것은 지혜의 샘이다.

사랑하고 사랑받는 시간을 가져라. 그것은 신이 부여한 특권이다.
평안한 시간을 만들어라. 그것은 행복의 길이다.
웃는 시간을 만들어라. 그것은 영혼의 음악이다.

남에게 주는 시간을 가져라. 자기중심적이기에는 하루가 너무 짧다.
노동하는 시간을 가져라. 그것이 성공을 위한 대가다.
자신을 베푸는 시간을 가져라. 그것은 천국의 열쇠다.

_아일랜드 속담 중에서

여유의 다른 이름은 공간이 될 수도 있고, 시간이 될 수도 있다. 때로는 너그러운 마음이 여유고 경제적인 풍요가 여유이기도 하다. 여러 분야에서 여유란 남아 있는 어떤 것이다. 충분히 차고 넘칠 때 여유라는 것이 생긴다. 우리가 여유를 가끔 사치나 허영쯤으로 생각하는 것은 이 때문이다. 공간적, 물질적, 시간적으로 차고 넘치는 것이 자신에게 과하다고 생각하는 사람에게는 더욱 그렇다. 하지만 여유란 위의 아일랜드 속담처럼 모든 사람이 가질 수 있고 반드시 가져야 할 삶의 특권이다.

세상에서 가장 시원하고 맛있는 물은 운동경기를 끝내고 마시는 물이다. 경기에서 모든 열정을 쏟아붓고 얼굴을 뒤덮은 땀방울을 닦으면서 마시는 물이 최고의 물이다. 하늘의 별빛이 가장 아름답게 빛나는 순간은 온 천지가 깜깜한 어둠으로 뒤덮인 순간이다. 배고플 때 먹는 밥이 가장 맛있고, 쓴 약을 삼킨 직후 먹는 사탕이 가장 달콤하다.

여유로움이 가장 가치 있게 빛나는 순간은 열정과 노력을 다했을 때다. 진정한 여유로움을 당당하게 맛보고 싶다면 자신의 인생을 빛내는 열정과 노력이 선행되어야 한다. 인생을 열정과 노력으로 물들이는 대표적인 사람들이 직장인이다. 여유는 이들과 함께할 때 가장 빛난다.

직장에서 우리는 많은 열정과 노력을 쏟아낸다. 중간관리자는 상사와 팀원 사이에서 끊임없는 업무조율과 책임을 다하느라 혼을 뺀다. 팀원은 상사의 업무지시에 자신의 영혼을 갈아 넣어가면서 시간과 노력을 투자한다. 상사는 가장 큰 책임을 어깨에 지고서 회사를 위해 자신의 모든 에너지를 바친다. 직장인은 오직 회사를 위해서 존재한다.

하루 종일, 한 달 내내, 수년을 회사를 위해서 일했다면 이제는 여유로움을 가질 필요가 있다. 여유는 불편한 정장을 벗어던지고 편하게 입는 고무줄 바지 같은 것이다. 오랜 시간의 긴장을 풀어주고 몸과 마음을 편하게 하는 휴식이 여유다. 여유는 사치나 허영이 아니라 당연한 권리다.

매 순간 열심히 살았고 성취를 위한 노력을 다했음에도 자신에게 여유가 가당치 않다고 느끼는 사람들이 있다. 혹은 해야 할 일들이 넘쳐나서 정말로 여유를 가지지 못하는 사람도 있다. 열정과 노력 없이 살아온 사람에게는 삶 자체가 지루해서 여유의 가치를 모를 수도 있다.

삶을 살아온 방식과 처한 상황은 다양하다. 살아온 방식이 달라서 여유라는 가치를 다른 시선으로 바라본다. 하지만 우리가 여유를 가질 수 있는 마음의 처방전은 다르지 않다. 많은 사람들이 원하고 추구하는 것은 웃음과 행복, 만족과 여유로움이기 때문이다. 여유로움을 위한 마음 처방전 3가지만 실천하면 우리의 삶은 전보다 훨씬 큰 기쁨으로 넘쳐나게 된다.

첫째, 하루에 1시간은 나에게 고요함을 주는 시간으로 정한다.

우리에게 주어진 하루는 한정적이다. 눈떠서 활동하는 시간의 대부분은 '무엇인가를 위해서' 애쓰는 시간이다. 회사와 타인을 위해, 때론 자기계발을 위한 노력을 하면서 시간을 보낸다. 그 시간들이 우리에게 의미 있는 중요한 시간인 건 맞다. 문제는 잠시 멈춰서 돌아보는 시간이 없다는 것이다. '무엇인가를 위해서' 하던 것은 잠시 내려놓고 1시간만 나에게 고요함을 선물하자. 하루를 시작하는 순간과 끝내는 순간에 30분씩 가지는 것도 좋지만 다른 순간을 선택해도 좋다. 단, 그 어떤 방해물 없이 완전한 고요한 상태를 즐기는 것이다.

나를 위한 고요한 순간에는 아무것도 하지 않고 가만히 앉아서 생각만 한다. 떠오르는 생각과 버리고 싶은 생각을 노트에 나누어서 적는다. 이런 과정은 생각을 정리하여 효율적인 사고가 가능하도록 해준다. 도움이 되는 좋은 아이디어가 떠오르기도 하고 우리를 힘들게 하는 생각을 없애주기도 한다. 적어도 하루에 한 번은 자신의 모습을 알아가는 시간이 있어야 한다. '나도 내가 어떻게 해야 할지 모르겠어'라는 생각을 누구나 한번쯤은 해봤다. 자신의 내면을 살피는 시간은 우리가 누구인지, 진심으로 원하고 추구하는 것이 무엇인지 알게 한다. 우리에게 지금 이 순간 가장 필요한 것은 여유라는 것도 금세 알게 될 것이다.

둘째, 현재 가지고 있는 것과 이제 막 이룬 것에 집중한다.

여유로움이 없는 사람들은 대체로 이 순간 자신에게 없는 것에 집중한다. 자신에게 없는 것에 집중하기에 그것을 갖기 위해 쉬지 않고 노력한다. 이루지 못한 것에 집중하기에 그것을 이루기 위해 시간과 에너지를 쏟아붓는다. '만족'보다는 '부족'이 끊임없이 레벨업을 강조하면서 멈출 수 없게 만든다. 여유가 없는 사람의 시선의 끝은 언제나 부족함에 머물러 있다. 부족함을 채우려는 노력은 충분히 가치 있고 중요하다. 하지만 가끔은 채운 것을 바라보며 가진 것에 대한 감사를 느끼는 마음 또한 우리에게 귀중한 마음가짐이다. 가진 것에 집중할 때 우리는 여유를 느낄 수 있다.

지친 직장인들이 가장 많이 하는 말이 '번 아웃'이다. 번 아웃은 의욕을 가지고 일에 몰두했다가 신체적, 정신적으로 극한의 피로감을 느끼면서 무력해지는 현상이다. '좀 더 멀리, 좀 더 높이, 좀 더 많이'를 외치면서 쉬지 않고 에너지를 투입한다면 '번 아웃'은 당연하다. '좀 더'라는 말 대신 '벌써 이만큼'이라는 말로써 자신의 노력을 인정할 필요가 있다. 지친 우리에게 필요한 것은 채찍이 아닌 당근이다. 없는 것에 집중하기보다는 이미 이룬 것에 집중한다면 충분히 열심히 살았다는 것을 알게 된다. 열정과 노력의 결실은 여유로움이다. 여유의 열매는 새로운 에너지를 만들고 새로운 것을 향해 나아가게 한다.

셋째, 감사하는 마음을 가진다.

가진 것, 이룬 것을 볼 수 있는 사람은 감사와 감동의 마음을 깨닫게 된다. 감사와 감동은 지혜로움이 주는 선물 같은 것이다. 열심히 살았고, 없던 것을 '벌써 이만큼이나' 이루었다면 우리의 마음에 감사와 감동이 샘솟듯이 흘러나온다. 매일 가진 것에 감사하고 매일 경험하는 일상 속에 감동의 순간이 있음을 인식하자. 감사한 줄 알아야 감사할 일이 더욱 생겨나는 법이다. 건강한 육체로 매번 최선을 다할 수 있는 것에 감사하자. 가족과 나누는 행복한 시간에 감사하고, 오늘도 출근할 직장이 있음에 감사하자. 무사히 하루를 마쳤음에 감사하고 최선을 다한 하루에 감사하는 것이다.

감사는 여유로움을 만드는 최고의 마음가짐이다. 스위스의 정신의학자 엘리자베스 퀴블러 로스(Elisabeth Kubler Ross)는 이런 말을 했다.

"모든 여유로움은 우리가 지금 가진 것에 감사하는 마음을 가질 때 나온다."

우리는 생각보다 많은 것들을 이미 가지고 있다. 하지만 언제나 손에 없는 무엇인가를 추구하느라 정작 가진 것은 보지 못하고 지키지도 못한다. 이미 우리가 가진 것 중에서 가장 귀한 것은 이 순간 우리와 함께 있는 소중한 인연이다. 함께 웃고 함께 울고 함께 생각을 나누고 대화를 나누는 그들 덕분에 우리는 감사한 것이다. 함께 있는 그들의 존재에 감사하면서 우리의 여유를 그들과 나눈다면 더없이 좋을 것이다.

시간적 여유와 마음의 여유 없이 사는 사람은 항상 무엇인가에 쫓기듯 생활한다. 하루에 단 한 번 볼 수 있는 아름다운 석양을 바라보는 것을 잊는다. 길가에 핀 예쁜 꽃, 드높은 푸른 하늘 한번 바라보지 못한다.

쫓기듯 여유 없이 살아가는 삶은 우리가 얼마나 아름다운 곳에서 숨을 쉬고 있는지 잊게 한다. 주변에서 들려오는 '빨리빨리' '더 많이'라는 말은 우리의 당연한 특권인 여유를 빼앗아 간다. 우리는 한정된 시간 속에서 삶을 만들어간다. 하루를 살든 백 년을 살든 삶이 지닌 고귀한 의미를 한번쯤은 생각할 수 있는 여유가 필요하다. 우리의 삶 속에 함께 있는 사람을 행복하게 지키기 위해서 우리에게 필요한 것은 진정한 여유다.

여유로움을 가지기 위한 마음을 충분히 가졌다면 이제 여유로운 말 한마디를 해보자. 일상의 언어를 조금만 바꿔도 여유는 훨씬 빨리 우리를 찾아온다. 마음의 여유가 없어서 스트레스를 받는 사람에게 "너니까 충분해. 난 널 믿어"라는 말 한마디면 분주했던 마음이 가라앉을 수 있다. 소중한 나와 그들을 위한 여유로운 한마디가 우리를 살린다.

"이제 충분해."

"괜찮아."

"너라서 가능한 일이야."

"널 믿어, 고마워."

이 말들은 우리가 세상을 조금 더 아름답게 바라볼 수 있는 기적을 선물한다. 우리는 이 세상을 치열하게 살기 위해서 온 것이 아니다. 세상을 단 한 번 마음껏 즐기기 위해서 여기 왔다는 것을 기억하자.

핵심기억! 마음의 여유를 위한 규칙

1. 하루에 1시간은 나에게 고요함을 주는 시간으로 정한다.

나를 위한 1시간은 생각을 정리하는 시간이고 효율적인 사고가 가능하게 만드는 시간이다. 동시에 자신의 내면을 살피고 우리가 누구인지, 진심으로 원하고 추구하는 것은 무엇인지 알게 한다.

2. 현재 가지고 있는 것과 이제 막 이룬 것에 집중한다.

없는 것에 집중하고 시선을 두기보다는 이미 이룬 것에 집중하고 시선을 둔다면 충분히 열심히 살았다는 것을 알게 된다.

3. 감사하는 마음을 가진다.

가진 것, 이룬 것을 볼 수 있는 사람은 감사와 감동의 마음을 깨닫게 된다. 감사와 감동은 지혜로움이 주는 선물 같은 것이다.

나를 향한 여유로운 말과 타인을 향한 여유로운 말

나를 향한 여유로운 말 한마디	타인을 향한 여유로운 말 한마디
• 지금도 충분해. 괜찮아.	• 너니까 충분해. 난 널 믿어.
• 뭐 어때? 이 정도면 됐지.	• 이만큼 해줘서 고마워.
• 난 날 믿어. 이건 가능한 일이야.	• 항상 노력해 줘서 고마워.
• 차근차근하면 충분히 할 수 있어.	• 넌 충분히 노력하고 있어.
• 만족스러워. 이만큼 이룬 것도 감사하지.	• 네가 있어서 여기까지 해낼 수 있었어.
• 지금껏 무탈한 것은 고마운 일이야.	• 괜찮아. 다 잘될 거야.
• 난 충분히 행복해.	• 네 노력의 결과가 이렇게나 멋지구나.

15
거절, 거절은 관계를 지키기 위한 최고의 솔루션이다

"거절은 나쁜 것이라는 가치판단을 내려놓으세요.
거절은 좋은 것도 나쁜 것도 아닙니다.
거절이 나쁘다고 생각하기 때문에 거절할 수 없는 겁니다.
착한 사람이 되려는 이유로 혹은 타인에게
잘 보이려는 이유로 거절을 거부하지 마세요."

인간관계에서 착한 사람 혹은 착하게 보이고 싶은 사람들이 가장 힘들어하는 것은 타인이 부탁할 때 '거절'하는 것이다. 부탁한 사람과의 관계가 틀어질까 봐, 인간관계에서 좋지 않은 평가를 받을까 봐, 다른 사람의 눈치를 보느라 어쩔 수 없이 부탁을 들어주는 것이다. 착한 사람이 되어야 한다는 심리적인 압박 때문에 "No!"라고 외칠 수가 없다. 자신의 거절이 상대방에게 상처를 줄 수 있다고 생각하기 때문이다.

많은 사람이 거절을 못 해서 직장 및 인간관계에서 말 못 할 고민으로 끙끙대고 있다. 유달리 타인에게 싫은 소리를 못 하는 사람들이 겪는 마음의 고충이란 상상을 초월할 것이다. 이들의 내면의 진짜 목소리는 착한 사람이 되고 싶기도 하지만 거절 또한 당당하게 할 수 있기를 원한다. 한마디로 타인의 눈치 안 보고 당당하게 거절하면서 인간관계도 완벽하게 하고 싶다. 분명한 사실은 인간관계를 지키기 위해서 거절은 선택이 아니라 필수가 되어야 한다는 것이다. 거절을 못 하면 결국 우리의 인간관계는 엉망이 되어버릴지도 모른다.

타인의 요구에 거절 못 하고 부탁을 잘 들어주는 사람을 우리는 '착한 사람'이라고 한다. 뒤에서는 '호구'라고 칭한다. 착한 듯 보이지만 알고 보면 호구 잡힌 이들의 모습이 낯설지 않다. 자신이 겪었거나 주변인이 겪고 있을 일이기 때문이다. 타인의 부탁에 거절 못 하고 "Yes!"를 외치는 것이 착한 것은 아니다. '착한 사람'의 진짜 의미는 자신만의 정확한 기준과 신념이 있어서 옳은 것과 옳지 않은 것을 구별하는 사람이다. 자신의 옳은 신념을 지키기 위해서 합당하지 않다고 판단될 때는 "No!"를 외치는 것이 진짜 착한 것이다.

호구(虎口)란 '호랑이 입'이라는 뜻이다. 즉 호랑이 입속으로 들어간다는 뜻으로 위험한 상황에 잘 빠지는 어수룩한 사람을 의미한다. '착하다'는 것은 어질고 바른 마음의 상태를 뜻하고, '호구'는 어수룩한 사람을 의미하니 이 둘은 동의어가 아니다. 그러니 착한 사람이 되기 위해서 스스로 호구가 될 필요는 없다. 착한 사람이 호구에서 벗어나 제대로 대우받기 위해 지녀야 할 특별한 처세술이 있다. 그것이 바로 '거절'이라고 생각하면 좋을 것이다.

타인의 요구를 거절하기 힘든 이유는 우리 내면에 어떤 심리가 숨어 있기 때문이다. 우리가 거절을 쉽게 하지 못하는 이유를 정확히 아는 것만으로도 많은 도움이 될 수 있다.

거절이 힘든 첫째 이유는 '거절'이 상대방에게 상처를 준다고 생각하기 때문이다.

즉 거절에 대한 가치판단을 잘못하고 있다. 우리는 크든 작든 누구나 한번쯤은 타인의 거절로 상처받은 경험이 있다. 타인이 우리에게 했던 거절 때문에 마음이 아팠던 경험이 있기에 우리 또한 상대에게 아픈 거절을 하지 못하는 것이다.

우리가 거절당했을 때 마음이 아팠던 이유는 '우리 자신'이 거절된 것으로 생각했기 때문이다. 거절의 대상을 잘못 판단하고 잘못된 감정을 개입시킨 것이다.

사실은 '우리 자신'이 거절된 적은 없다. 단지 우리의 제안이나 생각의 일부가 거절되었을 뿐이다. 즉, 상대방은 우리의 제안이나 생각을 거절했을 뿐인데, 우리는 존재 자체를 거절당한 것으로 받아들였기 때문에 마음의 상처를 받는 것이다.

이제부터라도 거절의 대상을 정확하게 판단하고 불필요한 감정개입을 줄일 필요가 있다. 그렇게 되면 거절에 대한 부담이 줄어들 수 있다. 거절은 좋은 것도 나쁜 것도 아니다. 단지 상황과 필요에 따라서 우리가 자유롭게 선택할 수 있는 의사 표현일 뿐이다.

거절이 힘든 둘째 이유는 우리가 스스로 허용 가능한 경계를 설정하지 않았기 때문이다.

오프라 윈프리가 말했다.

"자신에게 맞는 건강한 경계를 정해놓지 않으면 사람들은 당신의 욕구를 무시한다."

그동안 타인이 우리에게 많은 요구를 해왔던 이유는 우리가 "No!"라는 대답을 거의 하지 않기 때문이다. 일정한 경계를 알려준 적이 없으므로 사람들은 필요할 때마다 많은 부탁을 하게 되고 나중에는 그것을 당연하게 생각한다. 호의가 계속되면 그것을 자신의 권리로 생각하게 된다는 말처럼 결국, 사람들은 자신의 부탁을 당연하게 생각하는 것이다.

우리가 정해야 하는 건강한 경계란 우리에게 가장 중요한 것을 중심에 두고 지키는 것이다. 가장 중요한 것이 무엇일까? 그것은 바로 자신이 귀중한 존재라는 것을 스스로 인식하는 것이다. 우리는 적절한 경계를 세움으로써 귀중한 자아를 지킬 수 있다. 후회, 자책, 억울함 따위의 감정을 느낄 필요가 전혀 없다. 내 인생의 연극 무대에서 주연은 내가 되어야 한다. 그런데도 우리는 주연이 되지 못하고 조연을 연기하느라 지치고 힘들다. 이제는 건강한 경계로 '귀중한 자아'를 지키고 다시 한 번 우리가 주연이 되어보면 어떨까?

힘든 일을 겪으면서도 세상을 누구보다 행복하게 살려고 노력하는 한 여성을 소개하고 싶다. 그녀는 바로 '세상에서 가장 행복한 암 환자' J 씨다. J 씨는 현재 유튜브 채널을 통해서 자신의 일상과 항암치료 과정들을 시청자들과 함께 나누고 있다.

그녀는 젊은 나이에 암 진단을 받았고, 지금도 항암치료를 꾸준히 받는 중이다. 하지만 그 누구보다 생기 있고 즐거운 삶을 살아가는 모습을 우리에게 보여주고 있다. 그녀가 어느 기자와 인터뷰했던 내용은 정말 가슴을 뭉클하게 만들었다.

기자 : 항암치료를 받으면서 인생의 가치관이 달라졌을 것 같아요. 가장 크게 변한 것이 있나요? 있다면 뭐죠?

J 씨 : 제가 누구인지 깊이 생각해 봤어요. 그리고 중요한 것을 알았죠. 제 인생에서 가장 중요한 사람은 다른 누구도 아닌 바로 저였어요. 과거에는 다른 사람을 위한 삶을 살았어요. 미움받을 용기가 없어서 그저 착한 사람의 삶을 살았죠. 지금은 제가 행복한 삶을 살고 있습니다.

기자 : (기자는 감동한 듯했다. 질문을 이어갔다) 앞으로의 삶은 어떻게 살고 싶어요?

J 씨 : (그녀는 잠시 생각하다가 말문을 열었다) 미래가 오면 감사한 일이지만 안 올 수도 있잖아요. 그래서 지금의 30대를 충분히 즐기면서 열심히 살고 싶어요. 혹시나 오지 않을 미래가 두렵기도 하고 제 남은 생이 아깝기도 하고요. 그래서 지금의 시간을 어떻게 즐겁게 꾸밀까에 초점을 맞추었습니다.

이렇게 말하고는 J 씨는 행복한 미소를 지었다.

그녀의 인터뷰 내용에는 우리가 중요하게 여겨야 할 가치가 어떤 것인지 고스란히 담겨 있다. 그녀는 '자신이 귀중한 존재라는 것을 스스로 기억하는 것'이 인생에서 가장 중요한 것이라고 말했다.

한정된 시간을 살아야 한다면 우리는 타인의 거절에 어떻게 반응해야 할까? 허락된 시간이 길지 않음에도 타인의 부탁을 거절 못 하고 좌지우지될 수 있을까? 모든 인간의 삶은 유한하다. 우리에게 남은 삶이 얼마나 허락되어 있는지 아무도 모른다. 하루, 한 달, 일 년, 신이 아닌 이상 그 누가 알 수 있을까? 그러니 지금 주어진 소중한 시간을 자신에게 먼저 투자하는 것은 결코 잘못이 될 수 없다. 가장 귀한 나를 위해서 당당하게 거절하자.

거절에 익숙하지 않은 사람이 한 번에 바뀌기는 힘들 것이다. 그래서 필요한 것이 연습이다. 거절을 위한 마음가짐과 거절의 말들을 꾸준히 연습하면 우리는 당당하게 거절하고 당당하게 사랑받을 수 있다. 거절해야 지킬 수 있는 관계가 있다. 독일의 위대한 철학자 아르투어 쇼펜하우어(Arthur Schopenhauer)는 거절에 대해서 이렇게 말했다.

"돈 빌려달라는 것을 거절해서 친구를 잃을 일은 적지만, 반대로 돈을 빌려줌으로써 친구를 잃기는 쉽다."

올바른 거절은 소중한 관계를 지켜준다. 소중한 주변인들과 좋은 관계를 유지하면서 귀중한 우리를 지킬 수 있는 당당한 거절 기법 3가지만 기억해 보자.

첫째, 거절할 때 상대의 의견에 대한 존중과 공감을 먼저 표현하는 것이다.

말이란 전하는 내용도 중요하지만, 표현하는 방법도 중요하다. 만약 협력업체가 사업 제안을 해왔을 때, 제안에 대한 정중한 거절 표현은 이렇게 할 수 있다.

"당신의 제안을 꼼꼼히 살펴봤습니다. 내용 구성이 굉장히 탄탄하고

창의적이어서 매력적이라는 판단이 들더군요."(존중과 공감)

"하지만 지금 당장 우리로서는 이 제안을 받아들이기에 무리가 있습니다."(정중한 거절)

"다음에 기회가 된다면 함께하고 싶습니다."(다음을 기약하는 인사)

직장에서 동료와 상사가 도움을 청했을 때 선뜻 거절한 적이 없다. 직장 내에서 그들과의 관계가 어색해질 것이 두려웠기 때문이다. 하지만 다음의 표현처럼 정중하면서 당당하게 거절한다면 관계의 어색함을 걱정할 필요가 없어진다. 미소를 머금고 천천히 정중하게 말해보자.

"과장님, 중요한 업무처리가 많아서 정말 힘드시겠어요."(공감)

"저라면 과장님만큼 못 해낼 것 같은데 대단하세요."(존중)

"진심으로 도와드리고 싶은데 진행 중인 보고서를 오늘 오후까지 완성해야 합니다. 도움을 드리지 못해 죄송합니다."(상황 설명, 거절)

둘째, 거절의 이유를 되도록 간결하고 명료하게 설명하는 것이다.

거절에 대한 미안함으로 이유를 장황하게 늘어놓거나 애매하게 표현하면 변명처럼 보인다. 자칫 원치 않는 오해를 살 수도 있다. 상대는 빠른 대안을 찾기를 원한다. 장황하고 긴 거절은 상대방의 아까운 시간을 빼앗는 것과 같다. 진짜 배려는 간단명료하면서도 정확하게 거절의 표현을 하는 것이다. 여기서 놓치면 안 될 중요한 한 가지가 더 있다. 그것은 바로 미소다. 점잖으면서도 당당한 미소가 거절 뒤의 관계를 '쿨 (cool)'하게 지켜줄 것이다.

과장님이 자신의 업무를 떠넘기듯 지시를 내린다. 임원 회의에 필요한 보고서를 요점 정리해 달라는데, 50페이지 분량을 3페이지 분량으로 줄여달라는 것이다. 믿는 사람이 나밖에 없다는 과장님께 이렇게 말해볼 수 있다.

"과장님, 도와드리고 싶지만 죄송합니다. 부장님께서 올 하반기 뷰티 트렌드 조사를 맡기셨습니다. 이 업무 때문에 오늘은 야근해야 할 상황이네요. 도와드리지 못해 아쉽습니다."

단 네 문장만으로 간결하면서도 명료하게 거절을 잘했다. 분명히 점잖은 미소도 잊지 않았을 것이다. 주의할 사항은 미안한 마음에 "다음에는 꼭 도와드리겠습니다"라는 말은 굳이 하지 말라는 것이다. 다음에 또 거절할 상황이 생기면 약속을 지킬 수 없기 때문이다. 미래는 결코 알 수가 없다. 그러니 못 지킬 가능성이 0.1%라도 있는 약속은 하지 않는 것이 좋다. 약속 안 지키는 사람보다는 거절하는 사람이 더 신뢰감이 쌓인다는 것을 기억하자.

친한 친구가 돈을 급하게 빌려달라고 하면 어떻게 할까? 자신이 감당할 수 있는 소액이라면 자유롭게 판단해도 좋다. 주의할 것은 큰 금액이다. 만약 빌려주었다가 친구가 갚지 못하는 경우에 문제가 될 정도의 액수라면 돈이 없다고 정중하게 말하고 거절하는 것이 좋다. 잠깐의 불편함을 감수하는 것이 친구 관계를 지키는 것이기 때문이다. 친구는 돈을 갚고 싶어도 갚지 못할 상황이 생길 수 있다. 그럴 때는 그 친구가 미안함 때문에 관계를 끊을지도 모른다. 돈을 빌려달라는 부탁에 소중한 친구를 지키고 싶다면, 위에서 언급한 철학자 쇼펜하우어의 말을 반드시 기억하자. 친구를 지키기 위해서 먼저 지켜야 하는 것은 우리의 돈이다.

셋째, 평소와 같은 자신감 있는 목소리로 거절해야 한다는 것이다.

간혹 거절에 대한 미안함 때문에 지나치게 자신감 없는 목소리로 거절할 때가 있다. 죄인 같은 목소리는 죄인처럼 여겨지게 만든다. 자신감 없는 목소리 때문에 상대방은 거절한 사람이 잘못했다고 생각한다. 그리고 그에 대한 부정적인 평가를 무의식에 박아 넣는 것이다. 가슴을 편 자세와 당당한 목소리 톤은 우리의 정당함과 자신감을 표현하는 중요한 요소다. 사람은 자신의 눈에 보이는 대로 상대를 평가하기 쉽다. 아무런 잘못 없이 상대에게 잘못한 사람의 인상을 줄 필요는 없다.

워런 버핏은 우리의 시간을 소중하게 활용하기 위해서는 반드시 거절을 연습하라고 강조하면서 이렇게 말했다.

"성공한 사람과 진짜 성공한 사람의 차이점은 한 가지다. 진짜 성공한 사람은 거의 모든 일을 거절한다는 것이다."

많은 성공한 사람들은 자신을 지키기 위해서 거절은 필수라고 말한다. 그리고 그들은 정말 그렇게 하고 있다. 자신을 지키는 것이 결국 관계를 지키는 결과가 되기 때문이다. 게다가 성공한 사람들의 거절을 아무도 비난하지 않는다. 왜냐하면 거절은 나쁜 것이 아니기 때문이다.

거절의 명수 찰리 채플린(Charles Chaplin)은 자신의 영화에서 다음과 같은 대사를 말했다.

"거절하는 법을 배워라. 그러면 당신의 삶이 아름다워질 것이다."

우리에게 가장 귀중한 존재는 바로 우리 자신이다. 자신이 귀한 줄 아는 사람은 타인 또한 귀하게 여긴다. 그리고 그들과의 관계 역시 귀하게 여기고 지키려고 애쓴다. 인생은 짧다. 남은 생을 더욱 가치 있고 행복하게 살고 싶다면 '거절'은 선택이 아닌 필수가 되어야 한다.

거절을 위해서 필요한 것은 용기가 아니다. 거절의 의미를 정확하게 바라보는 지혜가 필요하고 거절할 상황을 판단하는 통찰이 필요할 뿐이다. 나와 타인을 존중하는 마음이 내면 깊숙이 자리하고 있다면 거절은 타인에게 상처를 주지 않을 것이다. 그리고 소중한 우리의 관계 역시 제대로 지켜질 것이다.

연봉을 올리는 TIP

거절을 못 하는 2가지 이유

1. 거절이 힘든 첫 번째 이유는 '거절'이 타인에게 상처를 준다고 생각하기 때문이다.
거절은 좋은 것도 나쁜 것도 아니다. 단지 상황과 필요에 따라서 우리가 자유롭게 선택할 수 있는 의사 표현일 뿐이다.

2. 거절이 힘든 두 번째 이유는 우리가 스스로 허용 가능한 경계를 설정하지 않았기 때문이다.
경계란 우리에게 가장 중요한 것을 중심에 두고 지키는 것이다. 그것은 바로 자신이 귀중한 존재라는 것을 스스로 인식하는 것이다.

당당한 거절을 위한 3가지 방법

1. 거절할 때 상대의 의견에 대한 존중과 공감을 먼저 표현한다.
2. 거절의 이유를 되도록 간결하고 명료하게 설명한다.
3. 평소와 같은 자신감 있는 목소리로 거절한다.

16
지적과 질문, 지적은 사이를
멀어지게 하고 질문은 사이를 좁혀준다

"소중한 사람에게 중요한 사실을 알려주고 싶다면, 가르치듯이 지적하지 마세요.
위하는 마음으로 한 말이지만, 소중한 그 사람은 자신이 틀린 것을
인정하기 싫어할 겁니다. 대신에 상대방이 원래 가지고 있던 생각인 것처럼
은근히 알려주세요. 은근히 알게 하는 가장 좋은 방법은 바로 질문입니다."

참견하기 좋아하는 친구, 부모님, 상사, 선생님, 이들에게는 공통점이
있다. 그것은 가까운 사람, 지인들에게 지적을 잘한다는 것이다. 물론
이들의 지적은 진심으로 소중한 사람들을 위한 사랑의 표현이다.

"너 잘되라고 하는 말이야. 그러니까 꼭 참고해."

"김 대리 생각해서 해주는 말이니까 기분 나쁘게 듣지 마."

"박 과장, 나니까 이런 말 하는 거야. 박 과장 잘되라고. 알지?"

묻지도 요구하지도 않은 문제를 지적하고 가르치려 한다면 누가 흔쾌히 받아들일까! 사람은 자신을 향한 지적을 좋아하지 않는다. 타인의 의견이나 생각, 행동을 지적하기 좋아하는 사람들은 늘 "널 위해서 딱 한마디만 할게. 오해 말고 들어"로 시작하지만 절대로 한마디로 끝나지 않는다. 줄줄이 자신의 의견을 늘어놓으면서 상대방이 자신의 의견에 동조하기를 원한다. 상대가 동조하지 않거나 반응이 별로라면 상대방이 동조할 때까지 거듭 강조한다. 말로만 강조하는 것이 아니라 표정, 눈빛, 몸짓 등 모든 비언어적 의사소통을 총동원하기도 한다. 이런 경험은 누구에게나 한 번 이상은 있다. "오해 말고 들어"는 말 그대로 오해를 만들어내고 그동안 쌓아온 관계에는 금이 가기 시작한다.

가까운 친구가 최근에 승진했다. 하지만 기쁨도 축하도 잠시, 친구는 예전보다 더 많은 스트레스에 시달리면서 괴로워하고 있다. 친구는 한탄한다. 자신은 팀장이고 회사를 위해서 밤낮없이 일하는데 제대로 인정받지 못한다는 것이다. 사실 가까운 친구이기에 그가 무엇을 잘못하고 있는지 잘 알고 있다. 친구는 완벽주의자고 스포트라이트를 받기를 원하는 타입인 데다가 자신의 업무를 쉽게 팀원이나 동료에게 부탁하지도 않는다. 혼자 돋보이기를 원하는 사람을 좋아할 사람은 없다. 친구를 위한답시고 지적하는 대화는 이렇다.

친구 : 요즘 힘들어 죽겠어. 팀원들은 조금도 손해 보지 않으려고 해. 팀을 위한 열정? 그런 게 전혀 없어. 도대체 일할 의욕이 있는지도 모르겠다니까. 상사는 아무것도 모르면서 나한테 팀 관리를 잘하라고 들들 볶지. 말이 되니?

나 : 팀원들은 너랑 생각이 다를걸. 넌 완벽주의자라서 남한테 일을 믿고 맡기지 못하는 경향이 있잖아. 팀원을 진심으로 믿고 일을 맡겨야 팀원들이 열심히 하지. 안 그래?

친구 : 넌 뭘 안다고 그렇게 말하니? 내가 언제 그랬다고. 나도 팀원들 충분히 인정하고 존중해. 다만 업무처리가 완벽하지 못하니까 못 맡기는 거잖아. 누구나 그래.

나 : 아냐, 네가 몰라서 그렇지. 넌 은근히 혼자 돋보이는 거 좋아해. 능력 없으면 은근히 무시하고. 팀원에게는 너 같은 팀장이 힘들 수 있지. 왕따 되기 전에 이젠 좀 바꿔. 이런 말 안 하고 싶었는데 너 생각해서 말해주는 거야. 알지?

친구 : 너, 친구 맞아? 넌 얼마나 잘났다고 함부로 말하니?

나 : 너도 네 모습을 객관적으로 알아야지. 난 널 오랫동안 봤잖아. 다른 사람이 널 어떻게 생각하는지 객관적으로 알 수 있어. 나니까 솔직하고 정확하게 말해주는 거야.

결국, 친구와의 대화는 다툼을 불러왔다. 다툼으로 변질된 대화는 관계의 손절을 만들어낼지도 모른다. 모든 관계를 끊어내고 싶지 않다면 지적질은 멈추는 것이 좋다. 위 대화에서 지적의 출발은 친구를 비난하고 싶었던 부정적인 마음이었다. 약간의 질투심이나 친구의 투정을 듣고 싶지 않았던 마음도 보인다. 누구나 그런 감정을 느낄 수는 있다. 하지만 한 번의 잘못된 감정의 선택으로 오랜 시간 쌓아온 우정을 무너뜨리는 것은 안타까운 일이다. 우리는 긍정의 감정을 선택할 내적 힘이 있다. 관계를 굳건히 지킬 힘 또한 있다.

같은 상황이지만 친구의 마음을 이해하고 배려하는 질문을 한다면 상황이 바뀐다.

친구 : 요즘 너무 힘들어. 팀원들은 자신이 맡은 업무만 하고 팀 성과에는 관심이 없어. 너무 소극적이야. 상사는 팀 성과와 팀원 관리를 철저히 하라고 엄청난 압박을 주고.

나 : 나라도 힘들 것 같아. 팀원들이 좀 더 적극적으로 일하게 할 방법이 없을까?

친구 : 글쎄, 없을 것 같은데. 그들은 정말 자신의 업무 말고는 생각 안 해. 이기적이거든.

나 : 사람의 마음은 같지 않을까? 네가 팀원이었을 때를 생각해 보면 어때? 너는 정말 적극적으로 열심히 했잖아? 그래서 인정도 받았고. 네가 적극적으로 업무에 임했던 마음을 생각해 봐. 어떻게 했을 때 그런 마음이 들었어?

친구 : 음…. 상사가 나를 인정하고 내가 책임질 수 있는 업무를 정확하게 믿고 맡겼을 때. 그땐 그 마음이 감사해서 정말 열심히 했지. 성취감과 보상도 한몫했고.

나 : 그럼, 네 팀원에게도 그렇게 해보면 어때? 분명히 팀원들도 너처럼 마음의 열정이 살아날 거야. 팀 성과가 오르면 그때 팀원들이 너를 더욱 멋진 팀장으로 생각할 거야.

친구 : 그럴까? 네 말 들어보니 그러네. 알았어. 고마워. 네 조언이 도움이 됐어.

176

친구와 적당한 질문을 통해서 말을 주고받다 보니 별것이었던 문제가 나중에는 별것 아닌 사소한 일이 되었다. 전달하고 싶은 것을 은근히 전달했더니 상대방은 아무런 부담 없이 편하게 받아들였다. 질문은 생각하게 만든다. 문제에 대한 질문은 해결책을 고민하게 만든다. 위 대화에서처럼 지혜로운 질문은 친구를 진심으로 아끼고 존중하는 마음의 배려가 있었기에 가능했다. 친구가 해결책에 접근하게 만들었던 질문은 친구를 향한 우리의 사랑이다. 지적이 비난하고 싶은 마음에서 출발한다면 질문은 존중과 배려, 사랑의 마음에서 출발한다.

지적하는 당사자는 지극히 옳은 말이라 생각하고 상대방에게 의견을 건넨다. 하지만 받아들이는 사람은 불쾌하거나 거북한 감정이 생긴다. 아무리 좋은 말들이고 상대를 위한 의견이라 하더라고 생각을 바꾸라고 강조하면 상대는 거부감이 생긴다. 자존심에 대한 공격으로 인식하기 때문이다. 설사 자신의 신념이 잘못됐다는 것을 알면서도 자존심을 지키기 위해서 신념을 끝까지 고수하는 사람도 있다. 사람은 자신의 신념을 쉽게 바꿀 수가 없다.

사람의 믿음을 바꾼다는 것이 얼마나 힘든 일인지 보여주는 연구가 있다. 미국의 조지아 주립대학교와 미시간 대학교에서 수행한 연구다. 연구자들은 참가자에게 정치적 이슈와 관련된 가짜 뉴스를 먼저 제공했다. 가짜 뉴스를 충분히 읽게 한 후에 가짜 뉴스의 잘못을 지적한 진짜 뉴스를 다시 제공했다. 진짜 뉴스가 매우 논리적으로 가짜 뉴스의 거짓을 지적했지만, 참여자들은 그것을 믿지 않았다. 처음 받아보았던 가짜 뉴스를 더 강하게 신뢰했다.

이 연구가 보여준 결론은 매우 흥미로웠다. 결국, 사람은 자신이 믿기로 한 신념을 누군가가 반박하면, 그 신념에 대한 신뢰가 더욱 강해진다는 것이다. 그것이 잘못된 신념이라는 것을 알면서도 자신이 틀렸다는 사실을 인정하고 싶지 않기 때문에 오히려 더욱 집착한다. 이것은 자신도 모르게 무의식적으로 발현되는 현상이다. 그릇된 신념을 지키려는 고집은 타인에게 받은 심리적 공격에서 자신을 보호하는 일종의 방어기제일 수도 있다.

의견을 효과적으로 전달하는 방법은 질문이다. 상대방의 자존심을 공격하지 않으면서 은근히 의견을 전달하기 때문이다. 질문을 통해 생각하고 의견을 주고받으면서 서로의 관계는 더욱 친밀해진다. 지적과 질문은 한 끗 차이다. 말 속에 상대를 탓하는 의미가 스며들었다면 지적이고, 효과적인 해결책을 찾도록 유도한다면 질문이다. 생각을 유도하는 질문은 누군가에게 책임을 지우지도 탓하지도 않는다. 상대방이 더 나은 해결책을 찾을 수 있는 사고를 하도록 유도한다. 질문을 통해 생각하고 해결책을 찾으면 사람은 한 단계 성장한 것을 알게 된다. 성장할 수 있는 질문을 해준 사람이 고맙다. 지적과 질문의 차이는 이렇다.

• 업무처리 속도가 느린 직원에게

지적 : 김 대리, 업무처리 속도가 다른 사람보다 느린 거 알지? 남들은 이틀이면 끝낼 일인데, 김 대리는 일주일 걸려. 이럴 땐 잘하는 동료한테 물어보고 배우는 자세도 필요해.

질문 : 김 대리, 결산이 조금 늦는데, 잘 진행되지 않는 원인이 뭘까? 진행이 늦어지는 원인을 생각해 보고 어떻게 할지 고민해 보자.

● 업무 실수를 많이 하는 직원에게

지적 : 지원 씨, 이달 신제품 출시 기획안 제대로 작성한 것 맞아? 보고 전에 꼼꼼하게 점검해야지. 금방 확인되는 실수만 해도 여러 개야. 실수는 결국 실력으로 평가되는 법이야.

질문 : 지원 씨, 이달 신제품 출시 기획안 보고서에 몇 가지 틀린 것이 있어. 설득력 있는 기획안을 작성하기 위해서 가장 중요한 것은 뭘까?

● 회의 때 아이디어를 내지 않는 직원에게

지적 : 모두 꿀 먹은 벙어리인가요? 항상 아이디어를 내는 사람만 내는 것 같군요. 나머지는 조용해요. 아이디어는 그 사람의 실력이고 열정입니다. 결국, 아이디어 많이 내는 사람이 성장도 빠르고 인정을 받게 되는 경우가 많아요. 회사가 원하는 인재상이기 때문이죠.

질문 : 회의시간이 조용하네요. 어떻게 하면 자유롭게 아이디어를 낼 수 있을까요? 여러분이 열정적인 사람이란 것을 믿어요. 회의 진행 방식이 문제일 수도 있으니까 효과적인 회의 진행 방법부터 생각해 볼까요?

● 업무성과를 내게 하기 위해서

지적 : 이번 프로젝트는 정말 중요한 거 알죠? 우리 팀은 항상 성과에서 뒤졌잖아. 여러분은 성과에 대한 욕심이 너무 없어. 적극적이지도 않고. 이번에는 반드시 성과를 내야 해요.

질문 : 이번 프로젝트가 여러분에게 어떤 의미가 있나요? 이번 프로젝트에서 성공하면 여러분은 어떤 성과를 만들어낼 것 같아요? 이번 성과의 의미를 함께 곰곰이 생각해 봐요.

미국의 정치인이자 건국의 아버지로 널리 알려진 벤저민 프랭클린도 젊은 시절에는 주변 사람들을 향한 지적과 비판을 즐겼다고 한다. 젊은 벤저민 프랭클린은 자신의 의견이 옳다는 것을 주장하기 위해서 논쟁을 마다하지 않았다. 하지만 지적과 논쟁을 통해서 자신의 옳음을 증명하는 노력을 할수록 소중한 관계들이 무너졌다. 젊은 벤저민 프랭클린이 오늘날 존경받는 인물이 된 것은 지적과 논쟁을 멈추었기 때문이다. 대신에 타인의 의견에 관심을 가지기 시작했고 의견을 물어보고 생각을 나누었다. 대화의 방식과 사람을 대하는 태도를 바꾸자 그를 둘러싼 모든 것이 변하기 시작했다. 먼 훗날 그의 정치 인생에도 긍정적인 영향을 미쳤다.

벤저민 프랭클린은 말했다.

"대화의 태도를 바꾸자 사람들이 나를 신뢰하기 시작했다. 내가 새로운 법률을 제정하거나 낡은 제도에 대한 개혁법안을 제안하면 많은 이가 찬성한다. 이 모든 것은 나의 바뀐 성격 덕분이다."

타인을 위한 지적은 표현되는 순간 타인을 향한 공격으로 바뀐다. 우리 주변에 적이 아닌 친구를, 경쟁자가 아닌 협력자를 두고 싶다면 무심코 내뱉던 지적은 멈추고 질문을 시작하자. 평범한 질문이 아니다. 문제에 대한 해결책을 모색하도록 사고를 유도하는 질문이다.

정말로 지혜로운 사람은 자신이 모든 것을 아는 것처럼 지적하거나 충고하지 않는다. 상대방에게 질문해서 스스로 생각하고 답을 찾게 유도하고, 상대방의 문제에 진심으로 관심을 가진다. 그렇게 상대방이 자신의 힘으로 문제를 해결할 수 있도록 지지하고 믿어주는 사람이 진짜 지혜로운 사람이다.

소중한 관계를 멀어지게 하는 것은 참견과 지적이고 멀어진 관계를 회복하는 것은 그의 마음을 이해하기 위한 질문이다. 몽골 격언에 이런 말이 있다.

"자신의 외모가 어떤지 모르는 사람은 거울을 나쁘게 말하고, 자신의 마음을 모르는 사람은 다른 사람을 나쁘게 말한다."

현명한 사람은 남을 향한 지적과 충고를 하기 전에 자신의 모습을 먼저 들여다본다. 우리는 소중한 관계를 지켜내는 방법을 이미 알고 있다. 그건 바로 질문이다.

올바른 질문 VS 잘못된 지적

올바른 질문	잘못된 지적
• 회의가 끝나면 보고서를 작성하는 본질적 이유가 뭘까?	• 보고서는 회의가 끝나는 대로 즉시 작성해야 해. 절대 늦어지지 않게 잘 챙겨.
• 여러분이 상사라면 이 상황을 어떻게 해결했을까요?	• 상황이 엉망이 되어버렸잖아. 이렇게 되기 전에 미리 잘 챙겼어야지.
• 이 업무의 본질을 찾아볼까요? 뭐가 가장 중요해 보여요? 그것이 우선순위가 되겠죠?	• 업무처리 순서가 잘못됐어요. 순서를 제대로 숙지해서 앞으로는 틀리지 않게 해요.
• 회사에서 중간 업무보고를 하도록 강조하는 이유가 뭐라고 생각해요?	• 중간 업무보고를 제때 하지 않는 것이 가장 큰 문제예요. 아주 중요하니 명심해요.
• 오늘 퇴근 전에 반드시 처리해야 할 업무가 무엇인지 생각해 볼래요?	• 중요한 업무부터 해야죠. 그건 나중에 하고 이것부터 퇴근 전에 끝내요.

꼭 기억하기

1. 지적은 나를 드러내고 싶거나 상대를 비난하고 싶은 마음에서 출발한다.

2. 질문은 상대방이 스스로 해결책을 찾을 수 있도록 배려하는 마음에서 출발한다.

17
감정통제, 감정통제를 잘하면
상처를 주는 대화에서 벗어날 수 있다

"내가 한 말 때문에 당신도 아팠습니까?
저는 당신의 말 때문에 많이 아픕니다.
그러니 이제는 우리 서로 말로 아프게 하지 말아요.
말로 서로를 행복하게 해주세요."

모로코 속담에 "말로 입은 상처는 칼로 입은 상처보다 깊다"는 말이 있다. 누구나 살면서 한번쯤은 타인의 말로 상처를 받은 적이 있다. 들었던 말로 상처를 받을 수도 있지만, 우리가 했던 말로 타인에게 상처를 주는 일도 종종 발생한다. 다만 말로써 상처를 주었던 경험은 우리의 기억 속에서 금세 사라진다. 정말 중요한 것은 우리가 잊었을지 모를 상처를 주었던 말들이다. 탈무드에서 "남의 입에서 나오는 말보다 자기의 입에서 나오는 말을 잘 들어라"라고 한 것도 그런 이유 때문이다.

사람은 누구나 말로써 상처를 주었거나 받았던 경험이 있다. 진심은 상처의 말을 주거나 받기를 원치 않는다. 그럼에도 우리가 서로를 향한 상처의 말을 내뱉는 이유가 있다. 그것은 우리의 마음이 이미 아프기 때문이다. 상대방을 향한 우리의 마음속 욕구가 무시되거나 거절되었던 것도 이유 중 하나다. 마음이 아픈 사람은 자신도 모르게 공격태세를 갖추고 온갖 상처 주는 말들을 쏟아낸다. 시간이 조금만 지나면 금세 미안해지고 후회할 것을 알면서도 그 순간은 참을 수가 없다. 참을 수 있는 마음의 여유가 없으니 그렇다.

과거에는 나 또한 가족과 친구들에게 상처가 될 수 있는 말들을 제법 했다. 대화 중에 나의 말이 상대의 기분을 상하게 만든다는 사실을 알면서도 모른 척 내뱉었다. 그 이유는 상대방이 마음의 상처를 받기를 원했기 때문이다. 내 마음이 아프니 당신 또한 마음이 아파야 한다는 일종의 보복심리였던 것 같다. 물론 짧은 시간이 지나면 곧 후회하고 사과했지만, 그 순간은 그냥 지나칠 수가 없었다. 그렇게 일을 저질러야 속이 후련하다고 착각해서였다. 하지만 타인의 마음에 상처를 입히고 정작 속이 후련할 사람이 얼마나 될까? 홧김에 한 말은 그 순간 상대는 물론 자신에게도 큰 상처를 입힌다.

자신도 모르게 툭 튀어나오는 상처의 말을 어떻게 참아낼까? 말은 억지로 참는다고 참아지는 것이 아니다. 상처 주는 대화에서 벗어나는 방법은 따로 있다. 감정통제를 하는 것이다. 사람은 감정이 통제되어야 바르고 긍정적인 말을 할 수 있다. 말은 감정의 영향을 절대적으로 받기 때문이다. 인간관계는 우리의 삶 속에서 매우 중요하다. 인간관계를 현명하게 하기 위한 처세술을 담은 책들이 여전히 인기 있는 이유는 이 때문이다. 우리는 의외로 가까운 사이일수록 대화 예절을 무시하는 경향이 있다. 소중한 인간관계를 지키기 위한 바른 대화법은 선택이 아닌 필수다. 바른 대화를 위해 필요한 것은 아픈 감정의 치유와 건강한 감정의 회복이다.

사람은 가만히 있을 때 긍정적인 감정보다 부정적인 감정을 더 많이 경험한다. 멍하게 있을 때 자신도 모르게 부정적인 감정이 스멀스멀 올라온 경험이 있을 것이다. 그 이유는 감정을 나타내는 언어 중에서 부정적인 감정의 언어가 훨씬 많기 때문이다. 감정의 언어는 대략 3,000개 정도다. 그중 부정의 감정 언어는 2,000개가 조금 넘고 긍정의 감정 언어는 1,000개가 조금 넘는다. 이 수치는 영어 단어 기준이므로 한국어와 약간 차이가 날 수는 있다. 부정의 감정 언어가 두 배나 많으니 부정적인 감정이 많이 생기는 것은 너무도 당연한 일이다.

감정이 만들어지는 몸의 환경이 있다. 몸의 환경에 변화를 주는 것만으로도 감정은 충분히 변한다. 예를 들어, 밤에 숙면을 취하지 못해 피로감을 느낀다면 몸은 스트레스로 가득 찬 환경이 된다. 스트레스 지수가 높아지면 사람의 감정은 불안감과 우울감에 사로잡힌다. 반대로 충분한 수면은 몸에서 세로토닌이라는 호르몬을 만들어낸다. 세로토닌은 활력을 주는 행복 호르몬이다. 우울감에서 벗어나게 하고 부정적인 감정 상태를 조절할 수 있게 한다. 감정이 변하는 메커니즘을 안다면 원하는 감정을 선택할 수도 원치 않는 감정을 바꿀 수도 있다. 감정이 마음대로 안 돼서 힘들어하는 사람이 많다. 감정을 통제하기 위한 5가지 방법이 있다.

첫째, 밤에는 숙면을, 아침에는 건강한 식사를 하자.

앞서 언급했듯이 숙면을 취하는 동안에 뇌에서는 세로토닌이라는 신경물질을 만들어낸다. 세로토닌은 신체의 균형을 깨뜨릴 수 있는 특정한 호르몬이 과하게 생성되는 것을 막아주는 역할을 한다. 부정적인 감정 상태에 빠지면 세로토닌이 감정을 조절할 수 있게 도와준다. 강한 중독성을 유발하는 호르몬을 조절하고 공격성과 충동성을 일으키는 호르몬을 조절하기도 한다. 또한, 충분한 숙면은 신체의 스트레스를 완화해서 불안과 우울감에서 벗어날 수 있게 도움을 준다.

건강한 아침 식사는 몸과 마음을 건강하게 만든다. 건강한 아침 식사는 현미나 잡곡 같은 복합 탄수화물, 생선이나 콩, 두부 등의 단백질, 각종 야채 속에 함유된 비타민과 질 좋은 지방이 골고루 함유된 식단이다. 건강하고 맛있는 아침 식사는 우리의 몸을 건강하게 만든다. 꼭꼭 씹는 동안에 세로토닌의 분비가 증가하고 마음까지 즐거워진다. 단 아침 식사에서 피해야 할 식단이 있다. 달콤한 빵이나 케이크 등의 밀가루 음식은 생체리듬을 무너뜨리는 식단이므로 피하는 것이 좋다. 하루 2리터 정도의 충분한 수분 섭취도 잊어서는 안 된다.

둘째, 당당한 자세를 취하자. 어깨와 허리를 곧게 펴고 똑바로 서자.

어깨와 허리를 곧게 펴는 자세는 모두가 알고 있는 당당하고 바른 자세다. 자세를 당당하게 취함으로써 우리의 감정 상태를 충분히 바꿀 수 있다. 하버드와 토론토 대학교에서 심리학을 가르쳤던 조던 피터슨 (Jordan B. Peterson) 교수는 저서 『12가지 인생의 법칙』에서 바른 자세의 중요성을 강조했다.

사람은 지금 취하고 있는 자세가 어떤가에 따라서 뇌에서 인지하는 정보가 달라진다는 것이다. 구부정하게 움츠린 자세는 뇌가 우리를 패자로 인식하게 만든다. 패자로 인식한 뇌는 거기에 어울리는 감정 상태를 만들어낸다. 우리를 바라보는 주변의 인식 역시 마찬가지다. 당당하게 어깨를 편 자세는 뇌가 우리를 승자로 인식하게 만든다. 뇌는 승자에 알맞은 감정 상태를 만들어낸다. 우리를 바라보는 주변의 시선 역시 마찬가지다. 자세에 따라서 감정 상태가 달라질 수 있다는 말이다. 조던 피터슨 교수는 『12가지 인생의 법칙』에서 이렇게 말했다.

"패자처럼 움츠리면 사람들은 당신을 그런 사람으로 대한다. 승자처럼 똑바른 자세를 취하면 사람들은 당신을 그런 사람으로 대한다. 그러니 허리를 펴고 당당한 자세를 취해라."

우리의 감정은 스스로 만들어지지만 외부 사람들의 시선에 많은 영향을 받기도 한다. 하버드 대학교 비즈니스 스쿨의 에이미 커디(Amy Cuddy) 교수는 자세가 심리에 어떤 영향을 미치는지 연구했다. 2분간 가슴을 펴고 승자의 자세를 취했을 때와 움츠린 패자의 자세를 취했을 때의 호르몬 변화를 발표했다. 승자의 자세를 취했을 때는 테스토스테론이 20% 증가하고 코르티솔 호르몬은 25% 감소했다. 반대로 움츠린 패자의 자세를 취했을 때는 테스토스테론이 10% 감소하고 코르티솔이 15% 증가했다. 테스토스테론은 긍정적인 사고와 자신감, 행동력 등 좋은 감정 상태를 만들어주는 호르몬이고, 코르티솔은 스트레스 호르몬으로 심리적으로 초조함과 긴장감, 불안감을 만드는 호르몬이다. 자세에 따라 감정에 영향을 주는 호르몬의 분비가 확연히 달라졌다. 좋은 감정은 좋은 자세에서 나온다.

셋째, 상상으로 뇌를 속이면 원하는 감정을 만들 수 있다.

감정은 마음이 아닌 뇌에서 만들어진다. 감정 조절에 절대적인 세로 토닌 역시 뇌에서 만들어지는 호르몬이다. 뇌는 치명적인 단점이 한 가지 있다. 상상과 현실을 구별하지 못한다는 것이다. 행복하고 멋진 상상을 하면 뇌는 우리가 행복하다고 착각한다. 더 많은 행복을 느낄 수 있게 하려고 행복 호르몬을 만든다. 반대로 우울한 상상을 하면 뇌는 우리가 우울하다고 착각한다. 당연히 우울한 감정에 알맞은 상태가 되어버린다. 행복 호르몬이 줄어든다. 상상만 지혜롭게 잘해도 우리는 뇌를 속이고 원하는 감정을 만들 수 있다. 지금 우리가 느끼고 있는 감정은 결국 우리가 선택한 감정이다.

화장품계의 거장인 에스티로더는 "원하는 모습을 강력하게 시각화하라"고 말했다. 호텔계의 제왕인 콘래드 힐튼은 "나와 보통사람의 차이점은 강력하게 상상할 수 있는가 없는가다"라고 했다. 상상은 감정을 만들어내기도 하지만 인간의 잠재력을 무한으로 끌어내는 강력한 도구도 된다. 마음이 행복하고 여유로운 사람은 타인에게 쉽게 상처 주지 않는다. 불안한 대화가 오가는 상황에서도 여유롭게 대처할 수 있다. 사람은 아프고 지칠 때 자신도 모르게 타인에게 말로써 상처를 입힌다. 감정적 여유는 행복한 상상을 통해서 충분히 가능하다.

넷째, 화가 났을 때 부드러운 말로 감정을 누그러뜨릴 수 있다.

같은 상황에서 "화가 나서 미칠 것 같아"라고 말하면 감정은 더욱 격해진다. 대신 "화가 좀 나" 혹은 "좀 불편해졌는데"라고 말하면 감정이 고조되는 것을 막을 수 있다. 감정 상태에 따라서 하는 말이 달라지지만, 반대로 하는 말을 먼저 바꿔도 감정이 변할 수 있다. 분하고 억울할 뻔한 하루가 말 한마디 때문에 꽤 괜찮은 하루가 되는 것이다. 행복함에서 오는 여유는 우리의 대화에서도 좋은 영향을 미친다. 상대를 향한 상처의 말 대신 격려와 위로의 말, "괜찮아"라는 안심의 말을 자신도 모르게 사용하게 된다. 말하는 대로 감정이 만들어진다.

예를 들어 아침에 출근하려는데 차량의 배터리가 소진되어서 시동이 걸리지 않는다. 이 상황에서 A는 이렇게 말하고 행동한다.

"아침부터 재수 없게 이게 뭐야. 화나 미치겠네."

바닥에 침을 뱉고 엄청난 분노를 폭발시킨다. 하루 종일 재수 없을 거라는 부정 암시를 거는 것도 잊지 않는다. 부정적인 감정 상태는 종일 계속된다. 덕분에 그날 만난 모든 사람과의 대화에서 자신도 모르게 상처가 되는 말을 내뱉는다. 보고서가 엉망이라며 김 대리에게 비난을 퍼붓고, 사소한 일로 애꿏은 팀원에게 잔소리를 해댄다. A에게 이날 하루는 최악이다.

같은 상황에서 B는 다른 말을 한다.

"조금 불편해졌지만, 괜찮아. 간만에 택시 타고 드라이브하는 거지."

조금 불편한 상황으로 인식한 B는 전혀 다른 하루를 보낸다. 택시 뒷좌석에 편하게 앉아서 거리의 풍경을 바라보니 모처럼 여유로운 생각이 든다. 여유의 감정은 타인과의 대화에서도 그대로 묻어난다. 김 대리의 보고서가 조금 못마땅해도 너그럽게 넘어가고 팀원의 사소한 실수는 문제도 아니다. 차가 없으니 퇴근길에 모처럼 친구를 만나 맥주도 한잔한다. 친구는 미모의 여성과 함께 나온다. 매사에 긍정적인 B에게 소개해 주고 싶어서다. B에게 이날 하루는 최고였다.

다섯째, 매일 30분씩 걷자.

걷는 것은 몸을 건강하게 만든다. 매일 걸으면 몸은 물론 감정까지도 건강해진다. 걷다 보면 문득 건강한 두 다리에 감사한 마음이 생긴다. 건강한 신체로 맑은 공기를 마시면서 주변을 돌아볼 수 있음에 또다시 감사하다. 숨이 차오르면 혼자 힘으로 공기를 들이마시는 것조차 고마워진다. 시원한 바람, 때로는 차가운 바람에 정신이 맑아지니 감사하다. 따사로운 햇살에 눈이 부시고, 두 눈으로 세상을 바라볼 수 있음이 감사하다. 이 모든 감사는 걸음을 시작하면서 생겨나는 감정이다. 이 역시 우리를 행복하게 만들어주는 행복 호르몬 덕분이다. 매일 30분 걷기는 하루의 행복을 위해서 가장 필요한 순간이다.

정신과 의사이자 작가인 이시형 박사의 저서 『세로토닌 하라』에는 감정 조절에 대한 좋은 방법들이 소개되어 있다. 걷는 것도 그중 하나다. 단 5분만 걸어도 세로토닌이 분비되기 시작하면서 우리가 전보다 행복해진다는 것이다. 이시형 박사는 저서에서 이렇게 말했다.

"5분만 걸어도 우리는 행복해집니다. 책상 앞에 움츠리고 앉아 있다면 잠깐만 밖으로 나가서 걸으세요. 단, 그냥 걷지 말고 주변을 느끼면서 걸어요. 시원한 바람, 눈부신 햇살, 푸른 하늘, 주변에서 들려오는 소리까지 느끼면서 걸어요. 새로운 환경과 새로운 자극은 어느새 우리의 뇌 속에 새로운 회로를 만듭니다. 우리를 행복하게 하는 세로토닌을 만들면서요."

20세기 영국의 유명한 철학자 비트겐슈타인은 말했다.

"나의 언어의 한계는 나의 세계의 한계를 의미한다."

언어는 한 사람의 인격을 그대로 표현한다. 우리가 어떤 말을 사용하는가는 우리가 어떤 사람인가를 정확하게 보여주는 것이다. 우리의 언어는 감정의 영향을 분명히 받고 있다. 의식적인 노력을 하지 않으면 자신도 모르게 부정의 감정에 빠져버린다. 낙담, 우울, 분노 등의 부정적인 감정으로부터 자신을 지키기 위한 의식적인 노력은 필수다. 소개된 5가지 방법은 감정적인 건강은 물론 몸의 아름다움도 선물한다.

이 순간의 감정이 무엇인지 알고, 원하는 감정을 선택하려는 노력은 우리를 지혜롭게 만든다. 불안, 분노, 좌절, 우울 대신에 행복, 기쁨, 충만, 감사를 선택한 우리는 지혜로운 사람이다. 지혜는 우리가 나누는 대화의 품격을 높이고 대화를 나누는 소중한 사람의 품격을 높여준다.

말은 우리에게 보이지 않는 영향력을 분명히 행사한다. 말로 입은 마음의 상처는 우리를 매우 아프게 하고 오랫동안 치유되지 않는다. 칼은 사람을 구하면 무기가 되지만 사람을 해치면 흉기가 된다. 우리가 소중한 사람에게 하는 말은 그에게 희망을 주고 그를 힘듦에서 구해주고 그를 지키는 무기가 되어야 한다.

꼭 기억하기

1. 상처 주는 말에서 벗어나려면 감정을 통제하자.

2. 감정통제를 위한 비법 5가지를 기억하자.
- 밤에는 숙면을, 아침에는 건강한 아침 식사를 한다.
- 어깨를 펴고, 허리를 곧게 세워서 당당한 승자의 자세를 취한다.
- 행복한 상상은 행복한 호르몬을 분비한다.
- 화가 났을 때 부드러운 말로 감정을 누그러뜨린다.
- 매일 30분씩 걸으면 행복해진다.

3. 기타 감정통제를 잘하기 위한 비법
- 언제나 함부로 말하지 않겠다고 다짐한다.
- 부정적인 감정이 올라오면 긍정적인 방향으로 돌리기 위해 노력한다.
- 의식적인 노력을 하지 않으면 부정적인 감정에 휩싸이게 된다는 사실을 알자.
- 내가 지금 느끼는 감정에 대해 정확히 알아차리는 것이 중요하다.
- 화가 났을 때 부드러운 말을 쓰면 감정을 누그러뜨릴 수 있다.
- 감정을 우리에게 무언가를 알리려는 일종의 신호로 받아들여야 한다.
- 극단적으로 감정조절이 되지 않는다면 병원의 도움을 받아야 한다.

18
해결, 문제보다 해결책 중심의 대화는 관계를 변화시킨다

"문제가 생겼을 때 잘못을 추궁하면서 책임 소재를 따진다고 상황이 좋아지지 않아요.
오히려 마음속에 불안과 불평, 좌절의 씨앗만 심는 꼴입니다.
나를 향한 말이든 타인을 향한 말이든 문제보다는 해결책에 집중해 볼까요?
문제에 집중하는 것이 과거에 대한 집착이라면 해결책에 집중하는 것은
미래에 대한 설계입니다. 우리에게 귀한 날은 앞으로 살아갈 날입니다."

세상에 문제없는 사람은 없다. 문제없는 가정도 없다. 우리가 경험하는 모든 세상과 삶에는 크든 작든 문제가 꼭 있기 마련이다. 무언가 문제를 발견했을 때 첫 마디는 대체로 이렇다.

"이거 왜 이래? 어떻게 된 거야? 누가 이랬어? 넌 제대로 하는 게 뭐니?"

책임 소재를 먼저 밝히고 책임을 추궁하기를 원한다. 만약 자신에게 문제가 발견되면 이렇게 말한다.

"난 도대체 왜 이럴까? 왜 제대로 하는 게 없지? 모든 게 내 탓이야. 난 정말 멍청해. 살 가치가 없어. 미치겠다."

이렇게 자신을 향한 추궁과 비난을 쏟아낸다.

문제 상황만 바라보고 있으면 우리의 마음은 긍정보다는 부정으로 가득 차버린다. 보이는 것이 온통 문젯거리뿐이라서 좋은 생각을 할 수가 없게 된다. 문제에 대한 책임 소재를 찾기 바쁘고, 그 사람을 찾아서 추궁하기 바쁘다. 이렇게 분풀이라도 해야 그나마 마음이 안정된다고 착각해서다. 그럴수록 우리의 마음은 더욱 시궁창으로 빠져들 수 있다. 어지럽고 퀴퀴한 시궁창에서 마음을 끌어내기 위해서는 우리의 시선이 문제가 아닌 해결책에 가 있어야 한다. 우리의 몸과 마음은 언제나 우리가 바라보는 시선 끝에 머물기 때문이다. 마치 운전을 할 때 시선이 가는 방향으로 핸들을 돌리는 것과 같은 이치다.

문제 상황에 집중하는 것은 과거에 일어난 일을 철저히 분석하는 것이다. 문제가 왜 발생했고 누구 때문에 발생했는지, 책임 소재를 분명히 할 필요가 있다면 그렇게 해야 한다. 단, 이 모든 행동은 앞으로의 발전에 필요한 정도까지만으로 충분하다. 비난과 추궁으로 누군가의 마음에 상처를 내는 정도까지는 필요하지 않다. 우리의 목적은 사람에 대한 비난이 아니라 문제를 올바르게 해결하는 것이기 때문이다. 책임자는 이미 충분히 자책하고 뉘우치며 더 나은 발전을 위해서 단단히 마음먹고 있을 것이다. 추궁보다 그를 향한 믿음이 더 좋을 수 있다.

문제가 아닌 해결책에 집중하는 것은 과거가 아닌 미래에 집중한다는 의미다. '어떻게 하면 상황이 좋아질 수 있을까?' '어떻게 하면 문제를 극복할 수 있을까?' '어떻게 하면 서로가 더 행복해질 수 있을까?'

더 나은 미래를 꿈꾸는 사람이라면 '왜 그것밖에 안 됐을까?'를 고민하지 않고 '어떻게 하면 더 좋아질까?'를 고민한다. 과거에 대한 고민과 후회보다는 미래를 향한 기대와 계획이 더욱 의미 있기 때문이다. 우리가 살아갈 세상은 지나버린 과거가 아닌 지금 이 순간과 곧 다가올 미래이기 때문이다.

문제 상황을 탐구하기 좋아하는 사람은 과거지향적인 사고를 할 가능성이 있다.

"문제는 이거야. 이랬다면 더 좋았을 텐데."

이 말은 우리의 정신을 과거에만 머물게 하고 후회와 아쉬움만 남긴다. 대신 해결책을 탐구한다면 우리의 사고는 미래지향적일 수 있다.

"이런 방향으로 해보면 어떨까? 더 좋은 해결책은 뭐가 있을까?"

이 말은 우리의 정신을 지금과 미래에 머물게 한다. 미래에 대한 기대감과 희망은 우리의 마음을 꿈으로 채운다.

우리가 아쉬움과 후회 속에 있다면 인간관계는 불평불만으로 가득 찰지도 모른다. 우리가 기대와 희망 속에 있다면 인간관계는 웃음과 행복으로 가득 차게 될 것이다. 우리는 우리의 소중한 관계를 지킬 의무가 있다. 자신을 위해서뿐 아니라 주변 사람을 위해서라도 현명한 선택이 필요하다. 우리의 시선과 정신이 과거에 머물러야 할지 미래를 계획해야 할지 선택은 온전히 우리의 몫이다. 매 순간의 선택이 우리의 삶을 만들어간다. 현명한 선택의 순간들은 우리의 삶을 행복으로 채우지만 반대의 선택은 우리의 삶을 후회와 아쉬움으로 채운다.

자신의 정신을 '문제 상황'에서 '해결책'으로 바꾸자 인생이 달라진 사람이 있다.

끊임없이 자살 충동에 시달리던 청년이 있었다. 이제 겨우 스무 살인 그는 세상을 향한 원망과 절망, 고통으로 매 순간 죽고 싶었다. 고층건물에 가면 뛰어내리고 싶었고, 기차역 주변에 가면 달려오는 기차에 미친 듯이 뛰어들고 싶었다. 마음속에 자신에 대한 믿음과 사랑보다는 저주와 미움이 가득했다. 자신을 향한 반복적인 질책과 비난은 자신을 없애고 싶은 갈망을 만들어내고 있었다.

청년의 아버지는 유명한 정치가였다. 하지만 어린 아들을 향해서 하는 말은 늘 가슴을 갈가리 찢어놓는 아픈 말들이었다.

"넌 쓰레기야. 넌 내 인생의 찌꺼기지. 너 따위는 아무것도 할 수 없어. 도대체 네가 할 수 있는 것이 뭐니?"

청년의 어머니는 소문난 바람둥이였다. 자녀를 돌보는 따뜻하고 온화한 어머니가 아니었다. 심지어 어린 시절에는 어머니와 함께 보낸 시간이 턱없이 부족했다. 도색잡지의 가십난은 어머니에 대한 수많은 스캔들 기사로 장식되기 일쑤였다. 청년은 아버지와 어머니가 너무나 밉고 원망스러웠다.

어린 시절부터 아버지와 어머니의 따뜻한 사랑을 제대로 받아보지 못한 청년은 심각한 문제아로 자랐다. 부모의 정신적인 학대와 무관심은 청년에게서 많은 재능과 열정을 꽃피울 수 없게 만든 것이다. 학창 시절에는 낙제를 3번이나 했고, 선생님과 친구들은 청년을 '인간 말종'이라고 불렀다. 전교생이 모인 곳에서 청년을 향해 온갖 비난의 소리를 공개적으로 했다.

"너는 정말 수치 덩어리야. 우리 학교에서 가장 멍청한 사람이 바로 너거든."

이런 상처 속에서 점점 피폐해진 영혼으로 변해갔기에 청년은 매 순간 자살을 원했다. 죽음만이 유일한 해결책이라고 믿었던 청년은 죽기 전에 마지막으로 자신에게 가장 힘든 것들을 노트에 적었다. 죽기 전에 마지막으로 곰곰이 생각했다. 나에게 죽음 말고 다른 해결책이 정말로 없는 것일까? 나를 가장 힘들게 하는 것들은 뭐지? 날 미워했던 아버지, 어머니, 그들을 향한 원망, 나를 바라보는 세상 사람들의 부정적인 시선과 비웃음, 나 자신을 향한 나의 불신에 대해 생각하고 또 생각했다. 벗어날 방법이 무엇인지. 조금씩 생각이 떠올랐다.

죽음 말고도 청년이 선택할 수 있는 해결책은 분명히 있었다. 가장 먼저 부모님에 대한 원망과 적개심을 사랑과 존경의 감정으로 바꾸는 것이다. 자신에 대한 부정적인 판단을 하는 사람들에게 앞으로는 좋은 모습을 보여주는 것이다. 자신을 향한 불신은 믿음으로 바꾸면 그만이다. 청년은 자신의 정신을 현재의 '문제 상황'이 아닌 '해결책'에 집중하기로 했다. 해결책에 집중하기로 마음먹은 순간부터 어떻게 해야 할지 방법들이 서서히 떠올랐다. 죽음 대신 선택한 해결책은 세상을 다른 시각으로 바라보게 했다. 충분히 할 만하다는 희미한 믿음마저 생겨났다.

유명 정치인인 아버지의 과거 연설문을 모두 찾아 일일이 필사했다. 아버지의 연설문은 많은 사람들에게 멋진 영감을 주는 훌륭한 연설문이었다. 청년의 마음속에 아버지에 대한 존경심이 조금씩 싹트기 시작했다. 그동안 멀리했던 어머니를 찾아가서 진심으로 화해하고 싶은 마음을 전했다. 그러자 청년의 어머니는 청년을 지지하는 따뜻한 어머니로 변해갔다. 청년의 마음속에 오랫동안 쌓였던 부모를 향한 원망은 서서히 사라지고 존경과 따뜻한 사랑이 피어났다.

자신을 향한 세상 사람들의 부정적인 시선을 바꾸기 위해서 청년은 매일 5시간씩 독서를 하고, 2시간씩 운동을 했다. 장교로 임명되고 전쟁터에 배치된 후에도 매일 5시간씩 꾸준히 독서를 했다. 전투 중에 어깨 부상을 당했을 때도 독서와 운동을 빼먹지 않았다. 뼛속까지 가득했던 모든 부정적인 감정을 씻어내고, 긍정적인 감정으로 서서히 채워 나간 것이다. 그런 노력으로 청년은 어느새 다른 사람이 되어 있었다. 지혜롭고 명석한 두뇌를 가졌으며 탄탄한 근육의 건강한 사람, 누구보다 밝고 유머 감각이 뛰어난 사람이 된 것이다.

우울증에 자살 충동으로 삶을 놓으려고 했던 청년은 해결책에 집중하고, 자신을 변화시키기 위한 노력을 끊임없이 했다. 그리고 24세 젊은 나이에 호소력 있는 연설로 하원의원에 당선되는 기적을 선물로 받았다. 어린 시절 '인간 말종'으로 비난받았던 그는 훗날 멋진 군인, 화가, 노벨문학상 작가, 나아가 영국 최고의 지도자가 된 것이다. 이 청년은 바로 영국을 대표하는 총리 윈스턴 처칠(Winston Churchill)이다.

문제가 발생했을 때 우리가 가장 쉽게 할 수 있는 선택은 바로 추궁과 비난이다. 그렇게 하는 것을 해결책이라고 생각한다. 왜냐하면, '추궁과 비난'만이 앞으로 같은 문제가 발생하는 것을 막을 수 있다고 오해하기 때문이다. 타인이든 자신이든 추궁과 비난은 결코 사람에게 이로울 수 없다. 우리의 잠재력은 '네 탓이야'라는 부정의 목소리에 더욱 움츠러들기 때문이다. 사람의 내면이 움츠러들고 마음을 닫으면 우리의 관계는 영원히 닫힌다.

문제가 발생했을 때 우리가 해야 할 선택은 바로 온 정신을 해결책에 집중하는 것이다. 그렇게 함으로써 누군가를 향한 추궁과 비난을 멈출 수 있다. 해결을 위해서 마음을 한데 모은다면 우리는 서로를 더욱 믿고 신뢰하게 된다. 우리의 소중한 관계들이 지금 옆에 있는 이유는 과거에 시작되었지만, 미래를 향해 함께 나아가기 때문이다. 문제없는 세상이 없듯이 해결책이 없는 문제도 없다. 문제에 직면한 우리가 소중한 사람들에게 할 수 있는 한마디는 이것이다.

"괜찮아, 함께라면 충분히 해결할 수 있어. 이제부터 어떻게 할까?"

꼭 기억할 대화, 문제가 아닌 해결책에 집중하기!

해결책에 집중하는 대화	문제에 집중하는 대화
• 어떻게 하면 상황이 좋아질 수 있을까?	• 왜 상황이 이렇게 나빠진 걸까?
• 어떻게 하면 문제를 극복할 수 있을까?	• 왜 이렇게 됐지? 누가 이랬어?
• 어떻게 하면 더 행복해질 수 있을까?	• 내가 왜 이랬을까? 그렇게 하지 말걸.
• 어떻게 하면 매출을 다시 회복하지?	• 왜 매출이 이렇게 하락한 거야?
• 이번에 큰 손실이 났는데, 어떻게 회복할 수 있을까?	• 이번에 큰 손실이 났는데, 왜 그렇게 된 거지?
• 거의 성공한 계약인데 취소됐군, 다시 계약을 성사시킬 방법이 뭘까?	• 거의 성공한 계약인데, 갑자기 취소된 이유가 뭐야?
• 이번 실수를 만회할 방법이 뭐가 있을까?	• 도대체 무슨 실수를 어떻게 저지른 거야?
• 해결을 이런 방향으로 해보면 어떨까? 더 좋은 해결책은 뭐가 있지?	• 문제는 이거야. 처음부터 이렇게 했으면 더 좋았을 텐데.

우리가 잘라먹지 말아야 하는 것은 라면 면발만이 아니다. 남의 말도 잘라먹으면 안 된다. 우리의 소중한 관계마저 잘려나갈지도 모르기 때문이다. 우리가 세상에서 가장 싫어하는 사람은 우리 말을 멋대로 잘라먹는 사람이니까.

PART 04

사용할수록 마음이
멀어지는 대화

19
독점, 대화를 독점하면
관계가 무너진다

"마지막 한마디를 10분이나 하는 당신! 누군가에게 10분은
책 10페이지를 읽는 시간이고, 1.5km를 달린 시간이며, 중요한 계약서에
서명하는 시간입니다. 대화는 혼자 하는 독백이 아니라,
서로 주거니 받거니 하는 게임 같은 겁니다."

경제 체제 속에서의 독점은 특정 자본이나 상품을 극소수가 차지하
는 것을 말한다. 인간관계에서의 대화독점은 어느 1인이 대화를 독차
지하는 것이다. 경제 체제에서의 독점은 사회경제를 무너뜨리기 때문
에 법적으로 규제한다. 마찬가지로 인간관계에서의 대화독점은 관계를
무너뜨린다. 하지만 대화독점을 규제할 방법은 없다. 골고루 나누어 가
져야 할 대화의 시간이 한 사람에게 '몰빵'되면 나머지 사람은 어떨까?

그들은 아마도 소중한 시간을 도둑맞은 기분이 들 수도 있다. 대화가 독점되는 상황이라면 그것은 더 이상 대화라고 할 수 없다. 한 사람을 위한 독백의 무대일 뿐이다.

유독 대화를 독점하는 사람을 본 적이 있을 것이다. 혹은 자신이 그런 사람일 수도 있다. 상대를 즐겁게 해주거나 좋은 말을 해주고 싶었던 선한 의도에서 시작된 말이 조금 길어졌을 뿐이다. 하지만 듣는 사람의 입장을 고려할 필요가 있다. 그들도 자신의 좋은 이야기를 해주고 싶은 마음이 가득했을 것이다. 조용히 자신의 차례를 기다렸을지도 모른다. 한 사람에 의한 대화의 독점은 다른 사람들의 이런 숨은 의도를 그 순간 영원히 사라지게 할 수 있다. 다 함께 먹은 식사비를 1/N 하듯이 대화 역시 1/N 해야 공평하지 않을까?

우리가 인간관계에서 기피하는 부류의 사람들이 있다. '나르시시스트'와 '꼰대'가 대표적이다. 그들의 대화에는 2가지 공통점이 있다. 하나는 지극히 자기중심적이라는 것이고 다른 하나는 언제나 충고가 뒤따른다는 것이다. 타인에게 충고하고 가르치기 좋아하는 사람의 숨은 심리는 그들을 통제하고 싶은 마음이다. 자기중심적인 시각에서 타인을 가르치면서 대화의 시간을 독점한다. 이들의 대화방식을 우리가 의식적으로 절제하는 것만으로도 우리의 소중한 인간관계를 지킬 수 있다. '나르시시스트'와 '꼰대'의 공통적인 대화방식은 이렇다.

첫째, 대화가 지극히 자기중심적이다.

자신이 우위에 있다는 무의식적인 권위의식은 자신의 의견이 무시되는 것을 원치 않는다. 자신의 주장은 당연히 옳기 때문에 상대방에게 거의 질문을 하지도 않는다. 자연스럽게 대화의 독점이 일어나는 것이다. 심지어 상대방이 특정 주제에 대해서 말을 하더라도 곧 대화의 흐름을 자신이 원하는 방향으로 완전히 틀어버린다. 이들은 상대방의 말을 듣는 것이 힘들다. 자신에게 가장 중요한 사람은 자신이다. 다른 사람의 생각을 들어야 자신의 사고가 확장될 수 있음을 인정하지 않는다.

둘째, 대화의 중심에 언제나 '충고'가 있다.

나르시시스트는 타인의 말에 공감하지 못하는 경향이 있다. 타인의 의견을 바르게 받아들이지 못하고 자주 반박한다. 대화 속에서 충고가 잦다. 꼰대 역시 마찬가지다. 직장에서 부하 직원에게 의견을 가장한 충고를 적지 않게 한다. 직장 경험, 인생 경험이 풍부하기에 자신의 경험을 나누어 주고 싶은 것이다. 자신의 경험을 늘어놓는 것으로 이야기가 시작되고 자랑으로 이야기의 정점을 찍는다. 마무리는 충고다. 거의 독백에 가까운 이 대화는 아마도 상대에게 흡수되기 힘들 것이다.

대화의 본질은 소통이다. 우리는 소통을 통해서 소중한 관계를 더욱 돈독하게 할 수 있다. 관계란 나와 타인의 쌍방향 소통의 결정체다. 관계라는 결정체를 지키기 위해서 대화란 일방통행이 아닌 쌍방향의 통행이 되어야 한다. 탁구나 테니스 경기에서 한쪽 선수의 일방적인 서브만으로는 경기가 진행되지 않는다. 축구 혹은 농구 경기에서 서로에게 공을 패스하지 않으면 좋은 경기가 될 수 없다. 대화 역시 마찬가지다. 공을 서로에게 패스하듯이 대화는 왔다 갔다 해야 한다. 주고받기식 대화로 우리의 관계가 좋아질 수 있는 3가지 방법이 있다. 이 3가지 방법으로 상대방은 우리와 함께하는 대화에 중독될지도 모른다.

독점을 예방하는 첫 번째 대화법, "당신 생각은 어때요?"라고 묻는다.

상대방의 의견만 잘 물어봐도 대화 잘하는 사람으로 인식될 수 있다. 전설의 토크왕 래리 킹은 저서 『대화의 신』에서 대화를 잘하는 사람으로 전 미국 국무장관 헨리 키신저를 꼽았다. 헨리 키신저는 대화할 때 주제가 자신의 전문분야일 때조차 이 말을 꼭 했다고 한다.

"당신 생각은 어때요?"

단, 의견을 묻는 것으로 끝이 아니다. 상대방이 자기 생각을 말할 때 잘 들어야 한다. 가끔 자신이 다음에 할 말을 생각하느라 의견을 물어 놓고는 듣지 않는 경우가 있다. 이것은 의견을 물어보지 않은 것보다 못한 일이다.

직장 생활에서 대화의 품격이 가장 잘 드러날 때는 회의 시간이다. 회의 시간에 한 사람이 지나치게 독점하면 다른 팀원들의 정신은 어느새 다른 곳에 가 있다. 어제저녁 친구들과 즐거웠던 순간을 떠올리거나 스마트폰을 들여다보거나 낙서를 하기도 한다.

회의는 팀원의 생각을 주고받으면서 더 좋은 아이디어를 찾고 문제의 해결책을 모색하는 시간이다. 누군가의 참신한 아이디어가 우리에게 도움이 되는 좋은 생각이 되기도 한다. 말의 독점은 한 사람이 주인공인 가짜 회의를 만든다. 반대로 팀원의 생각을 물어보는 질문은 진짜 생각들로 가득한 아이디어의 장이 된다. 살아 있는 회의를 위해 한마디만 하자.

"당신 생각은 어때요?"

독점을 예방하는 두 번째 대화법, 여럿이 말할 때 말 못하는 사람을 도와준다.

대한민국 국민 MC 하면 떠오르는 사람이 있다. 바로 MC 유재석이다. 그는 프로그램을 진행하는 동안 남다르게 특별한 모습을 보여준다. 그것은 한 사람이 대화를 독차지하지 않게 조절하는 것이다. 참석한 게스트들에게 발언할 기회를 골고루 분배해서 소외되는 사람이 없게 한다. 그래서 그가 진행하는 프로그램은 더욱 인간적이고 따뜻한 매력이 있다. 여러 사람이 모인 자리에서 우리도 이 정도의 노력은 해볼 수 있을 것이다. 대화에 끼지 못하는 사람이 있다면 그에게 한마디 던져보자.

"당신 생각은 어때요?"

시간이 지날수록 우리는 친구가 점점 더 소중해진다. 오랜 친구라면 더욱 그렇다. 동창회는 소중하고 오랜 친구들이 모여서 추억을 나누는 자리다. 따뜻했던 추억을 나누면서 웃고 떠드느라 한쪽 구석에 말없이 소외된 친구를 간과할 때가 있다. 조용한 성품이거나 쑥스러워서 말을 하지 않는 친구가 있다면 그 친구에게 말을 걸어보자.

"민지야, 넌 어떻게 지내고 있어?"

"민지야, 우리 오랜만이잖아. 옛날 추억 중에서 뭐가 가장 기억에 남아?"

가장 조용한 친구에게 보인 관심과 질문 덕분에 다음 모임에서 그 친구를 다시 볼 수 있다. 혼자만의 독백은 잠시만 멈추고, 친구의 생각을 묻는 것은 사라질 뻔한 친구를 다시 보게 만든다.

독점을 예방하는 세 번째 대화법, 자기 생각은 되도록 짧게 말한다.

구체적으로 말하는 시간이 1분을 넘기지 않는 것이 가장 좋다. 1분 스피치의 위력을 보여주는 것이 있다. 일명 '엘리베이터 스피치'라는 것이다. 이미 많은 대화법 저서 혹은 매체를 통해서 알려진 스피치 기술이다. 1분 안에 거물급 고객을 설득하는 전략으로 성공할 경우 그 위력은 상상을 초월한다. 자신의 의견을 1분 안에 매력적으로 전달하는 것이 쉬운 일은 아니다. 하지만 꾸준한 노력으로 가능해진다면 우리는 그 누구보다도 매력적인 대화 상대가 될 수 있다. 1분간 하고 싶은 말을 다 했으면 이제 상대방의 의견을 물어보자.

"당신 생각은 어때요?"

짧게 말할수록 빛을 발하는 순간이 있다. 바로 설득의 순간이다. 설득하기 위해서 길게 설명을 늘어놓은 경우가 있다. 이런 설득은 대체로 실패한다. 길게 설명하는 동안 상대방은 이미 마음의 문을 닫거나 반박할 구실을 찾아내기 때문이다. 짧은 말로 상대를 설득한다는 것은 충분히 준비됐다는 것을 의미하고 완벽한 계획을 세웠다는 것을 의미한다. 준비된 완벽한 말로 간단명료하게 말하면 짧은 순간 상대의 집중력을 확실하게 끌어낼 수 있다. 짧게 말하는 동안 상대방은 반박할 구실을 생각해 내지 못한다. 설득의 순간에 가장 빛을 발하는 말이란 길고 지루한 설명이 아닌 철저하게 준비된 짧은 말이다.

사람들이 기억하는 세계적인 명연설은 짧다. 1863년 11월 에이브러햄 링컨이 게티즈버그에서 했던 연설은 5분 만에 끝났다. 하지만 사람들이 받은 감동은 훨씬 오래갔다. 대통령 취임사 중 가장 짧았던 것은 1961년 1월 존 F. 케네디 대통령의 취임사다. 이날의 취임사는 15분이 채 걸리지 않았다고 한다. 역사상 가장 짧은 연설은 바로 윈스턴 처칠의 연설이다. 1941년 10월 윈스턴 처칠은 자신의 모교인 해로 스쿨에서 학생들을 위한 연설을 했다. 그 연설은 짧은 한 문장으로 끝났고 그 어떤 연설보다도 강력한 감동을 선사했다.

"Never give up! Never, never, never, never give up!"

길게 늘어놓는 말들이 상대방을 설득하거나 감동을 주는 것은 결코 아니다. 어쩌면 자신의 의견을 짧게 전달하는 기술이 부족해서 부연설명을 길게 늘어놓는지도 모른다. 이미 많은 사람이 알고 있는 국민 MC 유재석이 한 말이다.

"말을 독점하면 적이 많아진다. 적게 말하고 많이 들어라. 들을수록 내 편이 많아진다."

언제나 기분 좋게 만들어주는 사람, 나를 인정해 주는 사람, 그래서 더욱 대화를 나누고 싶은 사람이 되고 싶다면 우리의 말은 줄이고 상대의 말에 귀를 기울여보는 것은 어떨까? 대화의 독점은 관계를 무너뜨리고 1/N식 대화는 나와 상대를 함께 빛낸다.

꼭 기억하기!

1. 비호감 대화 상대의 공통점 2가지
• 자기중심적인 대화를 즐긴다.
• 대화의 중심에는 언제나 충고가 있다.

2. 대화의 독점을 예방하기 위해 지켜야 할 3가지
• "당신 생각은 어때요?"라고 질문하자.
• 여럿이 대화할 때 말없이 조용히 있는 사람에게 질문하자. "네 생각은 어때?"
• 자기 생각은 되도록 짧게 말하자.

20
자르기, 남의 말 자르기는
관계에 흠집을 낸다

"우리가 잘라먹지 말아야 하는 것은 라면 면발만 있는 것은 아닙니다.
남의 말도 잘라먹으면 안 돼요. 우리의 소중한 관계마저 잘려나갈지도 모릅니다.
우리가 세상에서 가장 싫어하는 사람은 우리 말을 멋대로 잘라먹는 사람이니까요."

초등학교 시절 수업시간에 토론 수업을 해본 경험이 있을 것이다. 편을 나누어서 한 가지 주제로 찬성과 반대의 주장을 펼친다. 발언할 때는 손을 들고 말하고, 상대방의 말이 끝날 때까지 기다렸다가 자신의 주장을 말해야 한다. 우리는 이미 어린 시절에 토론이라는 것을 어떻게 해야 하는지 그 규칙을 잘 배웠다. 토론에서는 자신의 의견은 물론 상대방의 의견도 중요하기 때문에 서로의 의견은 존중되어야 한다. 토론에서 보여주는 존중의 규칙은 대화에서도 사용될 수 있다. 우리는 대화에서 서로를 존중하고 있을까?

국정 청문회 영상 중에서 짧게 편집된 영상을 본 적이 있다. 질문과 응답을 주고받는 과정에서 감정 싸움으로 번져가는 모습들이 꽤나 있었다. 질문이 끝나기도 전에 답변하고, 답변이 끝나기도 전에 질문하는 등 서로의 말이 엉켜서 감정 싸움이 되는 것이다. 우리는 타인의 말이 끝나기도 전에 끼어들어서 자신의 말을 하는 것이 무례하다는 것쯤은 잘 안다. 그런데도 대화를 나눌 때 그 무례함을 범하는 경우가 종종 있다. '말 좀 끼어들면 어때, 괜찮겠지' 하고 별일 아닌 것처럼 여기기 때문이다.

대화란 마주 보고 이야기를 주고받는 것이다. 그래서 'talk with'라고 표현한다. 'with'는 '함께'라는 의미다. 무엇인가를 함께할 때 가장 중요한 가치는 무엇일까? 여럿이 함께할 때 가장 중요한 가치는 어느 한쪽으로 치우침이 없는 조화가 아닐까? 대화에서도 조화로움은 지켜져야 한다. 그 조화를 지키는 첫걸음은 타인의 말을 잘라먹지 않는 존중의 태도다. 우리가 잘라먹지 말아야 하는 것은 라면 면발만이 아니다. 다른 사람의 말도 마음대로 잘라먹으면 안 된다. 일상에서 흔히 발생하는 '말 자르기 유형'을 안다면 본의 아니게 말을 자르는 상황을 조금씩 피해갈 수 있다. 대표적인 '말 자르기 유형' 4가지만 살펴보자.

첫째, 대화 중에 끼어들기 유형이다.

누군가의 말을 자르겠다는 생각 없이 자신도 모르게 자르는 경우가 있다. 두 사람이 대화를 나누고 있는 상황에서 다른 사람이 대화에 끼어드는 경우가 그렇다. 엄마가 어린 아들과 대화를 나누고 있는데, 옆에 있던 할머니가 엄마에게 무엇인가를 물어보셨다. 엄마는 할머니의 말씀에 즉시 답을 하느라 아들의 말에 대꾸할 수가 없다. 할머니와 엄마 사이의 질의응답이 계속 이어지는 바람에 아들과의 대화는 어느덧 중단되어 버렸다. 아들은 자기 말이 무시당했다고 느껴서 토라져 버렸다. 이 순간 어린 아들의 마음은 얼마나 상했을까?

할머니는 대수롭지 않게 모자의 대화를 중단시켰다. 이 또한 엄밀하게 말하면 말을 자른 경우라고 볼 수 있다. 이런 모습은 가족 간의 대화에서 흔히 발생한다. 우리는 가끔 가족이기 때문에 대화 속에서 예절을 생략한다. "가족인데 뭘 그렇게까지 해?"라고 말한다. 너무 가까운 사이라서 새삼스럽게 예절을 지킬 필요가 없다고 생각하기 때문이다. 윗사람은 아랫사람에게 대화 예절을 굳이 지킬 필요가 없다고 생각하기도 한다. 어린 자녀와의 대화는 분명히 존중받아야 마땅하다. 가족 간의 대화 예절 또한 중요하다. 윗사람의 아랫사람을 향한 대화 예절도 지켜져야 한다.

둘째, 대화를 통해서 인정받기를 원하는 유형이다.

대화에서 유독 말을 가로채는 사람들이 있다. 많은 국내 심리학자들은 말을 가로채는 사람들에 대해서 이렇게 설명한다.

"대화를 통해서 자신의 가치를 인정받기를 원하는 사람들이 있어요. 그들은 자신의 말을 반드시 해야 합니다. 타인의 말을 중단시키면서요."

다른 사람의 말을 가로채는 사람은 자신의 존재감을 그 순간 증명하고 싶은 것이다. 하지만 중요한 사실이 있다. 타인은 자신의 말을 자른 사람을 인정하지도 존중하지도 않는다. 진심으로 인정받고 싶은 사람은 말 자르기 대신 타인의 말을 듣는 것이 좋다.

대화를 통해서 인정받기를 원하는 사람은 마음의 여유가 없다. 자신이 쌓아온 지식과 경험, 내면의 가치를 빨리 보여주면서 인정받고 싶다. 그들은 상대방의 말을 듣고 있는 것이 힘들다. 즉 자신의 조급함 때문에 거의 무의식적으로 타인의 말을 자르는 것이다. 이런 와중에도 대화의 순간이 즐겁게 마무리되는 이유는 어느 한 사람이 말을 잘해서가 아니다. 타인의 말을 잘 들어주는 사람들의 따뜻한 배려 덕분이다. 배려하는 사람들은 소중한 대화의 순간을 망치기 싫어서 굳이 자신의 기분 나쁨을 드러내지 않는다. 그동안 받아온 따뜻한 배려를 이제는 베풀 때이다. 그러다 보면 어느새 타인은 우리를 인정한다.

셋째, 말이라는 수단을 통해서 타인을 통제하고 싶은 유형이다.

직장에서 타인의 말을 중단시키는 사람들이 있다. 직장 상사들이다. 독일의 커뮤니케이션 전문가이자 작가인 코르넬리아 토프는 저서 『침묵이라는 무기』에서 다음과 같은 내용을 전했다.

"상사들은 말이라는 수단을 통해서 그 순간의 통제력을 행사하기를 원한다. 그래서 상사는 부하 직원에게 말할 기회를 주지 못하고 회의 시작 1분 만에 자신이 발언하는 것이다. 상사들은 '말'이 곧 '통제'라고 믿기 때문이다."

부하 직원의 말, 팀원의 말을 듣고 수용한다면, 자신이 권력이 없는 무능한 사람처럼 보일 거라고 생각한다. 힘이 없으니 부하 직원의 의견을 들어준다는 것이다.

코르넬리아 토프는 이런 직장 상사들을 두고 이렇게 표현했다.

"계속 떠들어야 통제력을 가진다고 생각하는 사람은 사실 통제력이 없다. 부하 직원들은 제대로 의사를 전달하는 상사와 통제력을 잃을까 봐 떠드는 상사를 정확하게 구분한다."

통제력을 잃고 권력을 놓칠 것이 걱정되어 계속 말하는 상사들을 안 타깝게 표현한 것이다. 자신의 권력을 얻고자 부하 직원의 말을 자를 필요는 없다. 사람을 향한 진정한 존중이 그런 가짜 권력에서 나오는 것은 아니기 때문이다. 존중받고 싶다면 존중하는 것이 원칙이다. 사람 은 윗사람이든 아랫사람이든 상관없이 존중받을 수 있고 존중받아야 하는 존재다.

넷째, 상대가 말하는 도중에 전화받는 유형이다.

예전에는 대화를 나누는 당사자는 오로지 대화에만 집중하기가 쉬웠 다. 대화를 방해받는 경우가 거의 없었기 때문이다. 요즘은 스마트폰이 라는 것이 시시때때로 울리면서 서로 간의 대화를 방해한다. 깊은 대화 가 오가는 도중에도 전화가 울리면 곧장 전화를 받는다. 중요한 전화라 면 받아야겠지만, 자신에게 속 깊은 말을 하는 상대방보다 중요한지 생 각해 볼 일이다.

"앗! 잠깐만, 지금 걸려온 전화 먼저 받을게요. 잠시만 기다려줘요."

이 말을 하는 순간 눈앞에 있는 상대방은 일시 정지 버튼이 눌린 상 태가 된다.

18세기 영국의 시인이자 평론가인 새뮤얼 존슨(Samuel Johnson)은 말 했다.

"침묵은 스스로 퍼지기 때문에 대화가 오랫동안 중단될수록 할 말을 찾기가 더 힘들어진다."

맛있는 식사를 중단했다가 먹으면 입맛이 사라지는 것처럼 중단되었던 대화는 할 말을 사라지게 한다. 사실은 '입맛'과 '할 말'이 아닌 '먹고 싶은 마음', '말하고 싶은 마음'이 사라진다. 식사와 대화를 하는 것은 입이지만, 식사와 대화의 순간을 느끼는 것은 마음이기 때문이다. 마음은 한번 중단되면 다시 찾기 힘들다. 꼭 받아야 할 중요한 전화는 받아야겠지만, 대화 중의 전화는 무음이 가장 이상적이다.

사람은 한 번에 한 가지만 할 수 있다. 듣는 동안에는 말할 수 없고 말하는 동안에는 들을 수 없다. 자신이 떠드는 동안에는 어떤 배움도 일어나지 않는다. 자신을 증명하고 싶은 욕구, 대화의 통제력을 가지고 싶은 욕구는 잠시만 내려놓아도 좋다. 완벽하게 말해야 완벽한 사람이 되는 것은 아니다. 완벽하지 않은 사람이 오히려 인간적이고 매력적인 경우가 많다. 사람은 덜 완벽한 사람에게 끌린다. 이를 잘 보여주는 한 가지 실험이 있다.

미국의 심리학자 앨리엇 애런슨(Elliot Aronson)의 실험이다. 성공한 인사 두 사람의 인터뷰 영상을 준비했고 그들의 인터뷰 내용은 비슷했다. 첫 번째 사람은 자연스럽게 말을 잘했으며 표현력 또한 매우 고급스러웠다. 실수가 없는 완벽한 모습을 보여줬다. 두 번째 사람은 다소 긴장했으며 부끄러워하는 모습이었다. 인터뷰 역시 완벽하지 않았고 심지어 실수로 물컵을 엎었다. 두 사람의 인터뷰 영상을 지켜본 후 피실험자들은 더욱 호감 가는 사람을 선택했다. 결과는 놀랍게도 95% 이상의 피실험자들이 두 번째 인사를 선택했다.

뛰어난 사람일수록 자신의 불완전한 모습을 보여주는 것으로 오히려 사람들로부터 더 많은 호감을 받을 수 있다. 대화의 자리에서 타인의 말을 잘라가면서까지 자신의 완벽함을 어필할 필요는 없다. 말하고 싶은 욕구, 대화를 통제하고 싶은 욕구를 잠시 뒤로한 채 다른 사람에게 기회를 넘겨주는 것이 어떨까? 그동안 많은 말을 해왔으니 이제는 타인의 말을 듣는 것도 괜찮다. 듣는 속에서 또 다른 기쁨과 깨달음의 순간이 다가올지도 모르니까.

사람은 자신의 이야기를 귀담아 들어주는 사람을 더욱 존중한다. 타인의 말을 듣는 것은 배려이고 베풂이기 때문이다. 말하는 것보다 위대한 행위는 듣는 행위라는 것을 기억하자. 독일의 작가이자 의사인 한스 카로사는 말했다.

"잘 알면 세 마디로 족하다. 반면에 잘 모르면 서른 마디가 필요한 법이다."

자신의 진정한 훌륭함을 증명하기 위해서는 여러 말이 필요하지 않다. 단 세 마디면 충분하다. 우리가 몰랐던 사소한데 치명적인 대화습관 하나만 바꿔도 우리의 관계는 그 어느 때보다도 좋아질 수 있다. 의식적으로든 무의식적으로든 이제껏 타인의 말을 잘랐다면 오늘부터 그들의 말을 진심으로 존중해 보면 어떨까? 우리의 소중한 관계를 위해서.

꼭 기억하기!

자신도 모르게 상대의 말을 자르는 4가지 유형, 이것은 피해가자.

• 대화 중에 끼어들기 유형이다.

• 대화를 통해서 인정받기를 원하는 유형이다.

• 말이라는 수단을 통해서 타인을 통제하고 싶은 유형이다.

• 상대가 말하는 동안에 전화를 받는 유형이다.

21
못된 말 습관, 못된 말 습관은
소중한 관계를 적으로 만든다

"오늘 하루는 어땠나요? 직장에서 동료들과 보낸 시간,
카페에서 친구와 대화를 나눈 시간, 저녁 식사자리에서 가족과의 대화시간이
즐겁고 행복했나요? 아니면 원치 않은 마찰로 불편함을 느꼈나요?
만약 불편했다면 우리가 무심코 던진 나쁜 말 때문일지도 모릅니다."

우리는 서로 존중하고 아끼는 관계를 만들어가기를 원한다. 하지만
자신도 모르게 내뱉는 못된 말투 하나 때문에 우리의 관계가 파국으로
치닫는 경우가 종종 있다. 원치 않는 비호감의 사람으로 낙인찍혀 버리
는 불상사가 발생한다. 최근에 갑자기 대인관계가 불편하고 힘들어졌
다면 이런 자신을 한번쯤은 의심해 봐야 한다. 나도 모르게 하고 있었
던 말 습관이 우리 관계를 적으로 만들고 있기 때문이다.

치명적인 말 습관을 바꾼다면 적이 될 뻔한 우리 관계가 다시 좋은 관계로 변할 수 있다. 못된 말 습관은 가까이 있는 소중한 관계를 적으로 만든다. 『명심보감』에 이런 구절이 있다.

"사람을 이롭게 하는 말은 따뜻하기가 솜과 같고 사람을 상하게 하는 말은 날카롭기가 가시 같다. 한마디 말로써 사람을 이롭게 하는 것은 소중하기가 천금 같고 한마디 말이 사람을 속상하게 하는 것은 아프기가 칼에 베이는 것과 같다."

소중했던 사람들이 어느 날 문득 멀어졌다면 그동안 칼에 베이는 듯한 아픔이 있었을지도 모른다. 그들에게 아픔을 주지 않으려면 모르고 했던 말 습관을 돌아보는 시간이 필요하다. 소중한 관계를 적으로 만드는 치명적인 말 습관은 여러 가지가 있다. 사소한데 치명적인 4가지 말 습관을 살펴보자.

소중한 관계를 적으로 만드는 첫 번째 말 습관, '면죄부형' 말 습관이다.

상대방과 다툼이 발생하면 그것을 대화로 해결하기보다는 이 한마디로 퉁치고 벗어난다.

"난 원래 그래. 그래서 어쩌라고."

바로 이 말이다. '나, 이런 사람이야~ 알아서 기어, 아니면 쉬어, 알았으면 뛰어, 그래, 내가 원래 그래, 그래서 뭐 어쩔래, 나, 이런 사람이야' DJ. DOC의 「나, 이런 사람이야」라는 곡의 가사다. "난 원래 이런 사람이니까 알아서 맞춰주세요"라는 말은 자신은 어떤 상황에서도 비난받으면 안 된다는 의미를 담고 있다.

우리는 대화 중에 자신도 모르게 특정 상황에서 "난 원래 그래"라고 말할 때가 있다. 이 말의 숨은 뜻은 이렇다. '내가 원래 그런 성향이니 기분 나빠도 당신이 이해하고 넘어가 주세요.' 자신의 잘못에 대한 면죄부를 말 속에 숨겨놓는 것이다. 자신을 향한 비난이 듣기 싫고, 자신의 잘못이 타인에게 아픔을 줄 수 있다는 인식이 약하다. 실제 관계에서도 갑의 위치를 선점하고 있는 경우가 많다. 연인 관계, 친구 관계, 직장 관계, 가족 관계에서 영향력을 행사하는 사람은 특별대우를 받기를 원한다. 그래서 말한다.

"난 원래 그래, 어쩌라고."

예를 들어 직장 상사가 이렇게 말한다.

"제가 원래 직설적이고 솔직하게 표현을 합니다. 그래도 뒤끝은 없어요. 제 표현이 너무 직설적이더라도 오해하지 마세요. 원래 그렇다고 생각해 주시면 고맙겠습니다."

이 말의 속뜻은 이렇다. '앞으로 내가 어떤 말을 하더라도 여러분은 아니꼽게 듣지 마세요. 이런 일로 나 없는 곳에서 날 욕하지 말아요. 내 말에 상처받을 필요도 없습니다. 난 잘못이 없어요.' 상사는 대화 속에서 정말 자신이 하고 싶은 말을 마음껏 떠든다. 설사 상처가 될 수 있는 말이라도 개의치 않는다. 왜냐하면, 이미 "난 원래 그래"라고 면죄부를 주었기 때문이다.

연인 사이 혹은 부부간의 다툼을 살펴보자. 사소한 다툼으로 싫은 말이 오갈 때 문제를 해결하기보다 이 한마디를 던지고는 상황을 종결하기를 원한다. 대화를 통해서 문제를 해결하는 동안 자신이 듣게 될지도 모를 비난을 미리 피하기 위해서다.

여자 : 자기 왜 그래?

남자 : 내가 뭘? 알잖아. 나 원래 그렇잖아.

여자 : 원래 그런 사람이 어딨어? 그건 사람을 배려하지 않는 거지.

남자 : 새삼스럽게 왜 그러냐, 나 원래 그래. 됐어. 그만해.

대화로 문제를 해결하고 싶어도 대화가 되지 않으니 당사자는 속이 타들어 갈 것이다. '원래 그래'라는 말을 '난 너에게 상처 줘도 괜찮아'라는 의미로 쓰면 안 될 일이다. 세상에 원래부터 그런 사람은 없다. '면죄부형 말 습관'은 불편한 상황을 자기 식대로 편하게 넘기고 싶어서 사용하는 이기적인 대화방식이다. 대화는 우리가 해결해야 할 문제를 의논하고 서로 맞지 않는 생각들을 조율하기 위한 수단이다. 관계를 소중하게 지키고 싶은 우리라면, 서로에게 득이 되는 좋은 뉘앙스의 대화를 나누는 것이 좋다.

소중한 관계를 적으로 만드는 두 번째 말 습관, '말꼬리 잡는 꽈배기형' 말 습관이다.

평범한 대화에서 모든 말을 유독 자신에 대한 비난으로 받아들이는 사람을 본 적이 있다. 순수한 칭찬조차도 비난으로 받아들인다. 평범한 상황을 객관적으로 판단하기보다는 지극히 주관적으로 판단하기 때문이다. 예를 들어, 사무실 밖에서 동료 두 사람이 대화를 나누다가 나를 보고 멈추었을 때 그들이 날 비난하고 있었다고 생각한다. 언제나 공격받고 있다는 주관적인 생각은 언제나 공격할 마음의 준비를 하게 한다. 칭찬에도 공격으로 받아치는 이유는 이것 때문이다.

오늘따라 잘 차려입은 과장님에게 박 대리가 칭찬했다. 하지만 과장님은 칭찬을 공격으로 대응한다. 박 대리와 과장님의 대화는 이렇다.

박 대리 : 과장님, 오늘따라 스타일이 굉장히 멋져요. 중요한 약속이 있나 봐요.

과장 : (뚱하게 대꾸하기를) 박 대리, 내가 평상시에는 그렇게 구리게 하고 다녔나?

박 대리 : (당황스럽지만 티 내지 않고 멋쩍게) 네? 무슨 그런 농담을요. 오늘 정말로 멋져 보이십니다, 과장님.

박 대리는 과장님의 꼬는 말에 기분 나빠도 아닌 척, 최대한 여유로운 척, 아무렇지 않은 척 말해야 한다. 박 대리는 당황했지만 티 내지 않고 마지막을 미소로 장식한다.

팀장의 프레젠테이션이 끝나고 김 주임은 당연한 한마디 칭찬을 했다. 하지만 역시나 팀장님은 아니꼽게 대응한다. 기분 좋은 칭찬이 공포와 당황으로 가득 찬 순간이 되어버렸다.

김 주임 : 팀장님, 오늘 프레젠테이션에서 멋진 활약 보여주셨어요. 오늘 말씀하신 아이디어는 정말 좋은 아이디어라고 생각합니다.

팀장 : (좋게 넘어가면 좋을 것을 꼬면서 대꾸하기를) 어떤 점이 그렇게 좋다고 생각했어? 내 아이디어가 오늘만 괜찮았어? 난 평소에도 괜찮다고 생각하는데, 안 그래?

김 주임 : 네? 아, 그렇죠, 팀장님의 아이디어는 언제나 멋집니다. (휴)

당황한 김 주임은 어떤 대꾸를 해야 할지 몰라서 이렇게 말하고는 서둘러 회의실을 나간다. 좋은 의미로 했던 칭찬을 꼬아서 받아들이면 상대방은 어떤 말을 해야 할지 난감하다. 앞으로 어떻게 말해야 할지 매 순간 긴장하게 된다. 칭찬에 익숙하지 않아서 그럴지도 모른다. 하지만 이제는 칭찬에 대해 조금은 여유롭게 반응해도 좋다. 왜냐하면 우리는 칭찬을 받을 정도로 충분히 괜찮은 사람이기 때문이다. 상대방의 칭찬을 꼬지 말고 순수하게 받아들이면 우리의 관계는 더욱 좋아질 것이다.

우리는 다툼의 상황에서도 상대방의 말에 꼬아서 반응하는 경우가 많다. 사실은 마음이 아프고 상한 것인데 그런 마음을 들키기 싫어서 말을 꼬아버린다.

여자 : 네가 그렇게 기분 상할지 몰랐어. 기분 나쁘게 할 의도는 없었어.
남자 : 뭐? 그럼 넌 기분 좋게 말한 걸 내가 '쫌생이'라서 기분 나쁘게 들었다는 거야?
여자 : 아니, 그런 뜻이 아니야. 너무 예민하게 받아들이지 마.
남자 : 뭐? 예민하다고? 난 '쫌생이'인 데다 예민하기까지 한 사람이라는 거구나.

이들의 관계는 어떻게 됐을까? 처음에는 별것 아니었던 다툼이 나중에는 별것이 되어버렸다. 사소한 다툼에서 본질은 피하고 말꼬리에 집중하면 다툼이 해결되지 않는다. 오히려 더 큰 다툼으로 변해가기 마련이다. 서로의 갈등은 점점 깊어진다. 심할 경우 소중한 사람을 영원히 잃고 외로운 삶을 살게 될지도 모른다.

꽈배기처럼 꼬인 말꼬리는 함께 대화하는 상대방을 지치게 한다. 서로의 마음에 지울 수 없는 큰 상처를 남긴다. 좋은 관계는 좋은 대화를 통해서 만들어진다. 좋은 대화는 좋은 생각에서 나오는 것이다. 매 순간 좋은 생각으로 채우려는 간단한 시도만으로 우리의 대화는 달라질 수 있다. 좋은 생각과 좋은 대화는 소중한 사람의 마음을 지켜주지만, 가장 먼저 우리의 마음을 건강하게 지켜준다.

소중한 관계를 적으로 만드는 세 번째 말 습관, '비난형' 말 습관이다.

우리는 가끔 타인을 위한답시고 이렇게 말한다.

"이건 너를 생각해서 하는 말이야. 오해하지 말고 들어. 너는 성격이 예민하고 고집스러운 부분이 있어. 나는 너를 잘 아니까 이해하지만 다른 사람은 이해하겠니? 오히려 너를 욕할 수 있어. 욕 안 먹으려면 고쳐야 해. 정말 너를 위한 거야."

때로는 당사자가 없는 곳에서 이런 말을 한다.

"정 팀장님이 하는 말씀 중에 80%는 거짓말이라는 거 아세요? 심지어 오늘 들고 오신 가방도 지난번에 명품이라고 하셨는데, 사실 짝퉁이거든요. 왜 뻔한 거짓말을 하는지 이해가 안 돼요. 그냥 사실대로 말씀하셔도 모두 이해할 텐데요. 아마 자신감 부족이겠죠? 참 안됐어요."

타인을 생각해서 한다는 비난의 말들은 생각해 주는 것이 아니라 그냥 비난하고 싶은 마음이다. 비난의 말을 하기는 쉽지만, 상대가 그런 말을 쉽게 받아들일 수 있을까? 이 세상에서 비난을 좋아할 사람은 없다. 미국의 저명한 심리학자 윌리엄 제임스는 말했다.

"인간의 기본 성향 가운데 가장 강한 것은 다른 사람에게 인정받고 싶어 하는 갈망이다."

타인으로부터 인정받고 싶은 마음은 인간의 가장 강력한 욕구다. 누구나 중요한 존재가 되기를 원한다.

"나는 젊은 시절 대부분을 사람들에게 즐거움을 주고 재미있는 시간을 갖게 해주려고 애써왔다. 그런데 지금은 어떤가? 내가 얻은 것이라곤 사회의 차가운 냉대와 전과자라는 낙인뿐이다."

미국 전역을 떠들썩하게 만들고 암흑가를 주름잡던 흉악한 갱단의 두목인 알카포네가 한 말이다. 시대의 살인마조차도 자신은 원래 좋은 사람인데 범죄를 저지를 수밖에 없었다고 말했다. 사람은 자신을 향한 비난을 인정하지 않는다. 비난받아 마땅하다고 생각되는 죄인조차 자신이 괜찮은 사람이라고 생각하는데 평범한 우리는 오죽할까?

상대방 앞에서 직접 말하든, 당사자 없는 곳에서 간접적으로 말하든 비난의 말은 피해야 한다. 우리는 비난의 말을 쉽게 피할 수 있다. 고대 그리스의 철학자 아리스토텔레스(Aristoteles)는 말했다.

"비난은 쉽게 피할 수 있다. 아무것도 말하지 말고 아무런 행동도 하지 마라. 나 자신이 아무 존재가 아닌 것처럼 행동하면 된다."

오늘 무심코 던진 비난의 말은 우리를 '비호감 1위'로 만들 수 있다. 비난의 말을 피할 가장 좋은 방법은 잠깐의 침묵이다.

소중한 관계를 적으로 만드는 네 번째 말 습관, '뒷북치기형' 말 습관이다.

'뒷북친다'는 것은 이미 끝난 일에 대해서 왈가왈부하는 것을 말한다. 영어 표현은 'beat a dead horse'로 '죽은 말에게 채찍질한다'는 의미다. 가까운 사람이 실수나 잘못을 저질렀을 때 이런 말을 무심코 한다.

"거봐, 내가 뭐랬어? 그러게 하지 말라고 했잖아."

"그럴 줄 알았어. 그러게 하지 말았어야지."

"내 말 안 들어서 실수했잖아. 진작 내 말 들었으면 좀 좋아?"

이미 문제가 발생한 후에는 이런 말은 아무 소용이 없다. 엎질러진 물 앞에서 "~했어야지"라는 말보다는 "어떻게 도와줄까?"라는 말이 배려 와 위로의 말이다.

팀에 신입사원이 들어왔다. 전산시스템을 작동하는 것에 서툴렀던 신입사원은 그만 실수를 하고 말았다. 프로그램을 다루다가 컴퓨터에 문제가 생긴 것이다. 아직 저장되지 않은 데이터까지 삭제되었다. 상황 은 잘 마무리되었지만, 팀장은 그냥 지나칠 수가 없었다.

팀장 : 정민 씨, 업무처리가 서툰 것은 알겠어요. 모르는 것은 모른다고 했어야지. 프로그램이 이상하면 다른 사람에게 도움을 청하는 것이 맞 잖아요? 안 그래요?

정민 : 죄송합니다. 팀장님. 앞으로는 조심하겠습니다.

팀장 : 이번에는 잘 해결돼서 다행이지만, 앞으로는 항상 선배에게 물어 보고 되도록 빨리 익힐 수 있게 노력해요.

정민 : 네, 팀장님. 노력하겠습니다.

신입사원은 이번 실수를 통해서 충분히 자책하고 느낀 부분이 많다. 프로그램을 원상복구하기 위해서 팀원들이 노력할 때 자신도 있는 힘 껏 도왔다. 자신의 실수에 자책하고 두 번 다시 실수하지 않기 위한 다짐을 수도 없이 했을 것이다. 지나버린 일, 해결까지 된 일에 "~했어야지" 하면서 뒷북치는 것은 서로에게 도움이 되지 않는다. 위로와 격려를 했다면 신입사원은 팀장에게 더 고마워했을 것이다. 깨진 컵 앞에서 "컵이 깨졌잖아. 조심했어야지"라는 말은 의미 없다. "괜찮아. 치우면 돼지. 안 다쳐서 다행이야." 이런 말이 필요하다.

　팀원을 배려하고 스스로 발전할 수 있게 마음으로 응원하는 팀장은 이렇게 말한다.

　팀장 : 정민 씨, 이번 일로 아마 깨달은 점이 많을 거예요. 이번 일을 통해서 뭘 배웠어요?
　정민 : 저의 사소한 실수가 큰 문제를 만들고, 팀원들을 힘들게 할 수 있다는 걸 알았어요. 모르면 물어보는 것이 중요하다는 것도요. 팀을 위해서 철저히 공부하고 준비하겠습니다.
　팀장 : 멋진 깨달음이네요. 좋아요. 우린 한 팀이죠? 함께 열심히 할 거라 믿어요.
　정민 : 감사합니다. 팀장님. 무엇보다도 저를 인간적으로 존중해 주셔서 감사드려요.

　톨스토이가 말했다.
　"인생에서 가장 중요한 때는 지금이다. 인생에서 가장 중요한 사람은 지금 옆에 있는 사람이다. 인생에서 가장 중요한 일은 지금 하는 일이다."
　지금 이 순간 가장 소중한 인연을 지키기 위해서 우리가 해야 할 일은 우리의 대화를 좀 더 아름다운 말로 채우는 일이다. 그것을 위해서 필요한 것은 작고 사소한 노력이다. 하지만 그것으로 우리가 인생에서 얻게 되는 것은 가장 크고 소중한 것이 될 것이다. 작은 씨앗들이 크고 거대한 숲을 이루듯 말투를 바꾸는 작은 노력들은 크고 거대한 관계를 만든다.

소중한 관계를 적으로 만드는 못된 말 습관 4가지

면죄부형	말꼬리 잡는 꽈배기형
• 난 원래 그래.	• 오늘 멋지네요.
• 나보고 어쩌라고.	→ 언제는 별로였나요?
• 전 항상 이렇게 해왔어요. 바꿀 수 없어요.	• 오늘 아이디어 정말 좋은데요.
	→ 오늘만요? 전 항상 괜찮은데요.
• 난 원래 이런 성격이야. 네가 이해해.	• 기분 상하게 할 의도는 없었어.
• 전 원래 거짓말을 못 해요. 직설적인 말에 상처받을 필요 없어요.	→ 넌 좋은 의미로 말했는데 내가 나쁘게 받은 거네.
• 전 원래 예민해요. 그러니 맞춰주세요.	• 너 요즘 예민한 거 아냐?
• 완벽주의가 제 신조예요. 그러니 참고 하세요.	→ 내가 예민해? 넌 쿨하고 난 괴상한 성격이야?

비난형	뒷북치기형
• 널 위해서 하는 말이야. 거친 성격 좀 고쳐.	• 거봐 내가 뭐랬어?
• 넌 매사에 지나치게 예민한 것이 문제야.	• 그러게 하지 말았어야지. 어쩔 거야?
• 너 요즘 살찐 것 같은데, 좀 빼는 게 어때?	• 진작 내 말 들었으면 좀 좋으니?
• 우리 과장님은 항상 인상 쓰고 있어. 그런 얼굴에 복이 들어오냐?	• 모르면 미리 물어봤어야지.
	• 늦기 전에 메일을 보냈어야지.
• 팀장님 지난번에 선본 거 차였대. 저 깐깐한 성격에 결혼은 하겠니?	• 컵이 깨졌잖아. 조심했어야지.
	• 미리 확인했어야지.
• 넌 공주병이야.	• 실수할 것 같더라.

소중한 관계를 적으로 만드는 못된 말 습관을 개선하자

1. '면죄부형' 말 습관은 불편한 상황을 자기 식대로 편하게 넘기고 싶어서 사용하는 이기적인 대화방식이다.
대화를 퉁치지 말고 끝까지 성의 있게 하자.

2. 칭찬조차도 공격으로 받아치는 '꽈배기형' 말 습관을 고치고 싶다면,
매 순간 좋은 생각을 하면 된다.

3. 죄인도 비난을 싫어한다.
'비난형' 말 습관에서 벗어나고 싶다면, 비난하고 싶은 순간에 잠깐 침묵하는 것이 답이다.

4. '뒷북치기형' 말 습관은 이미 지난 일을 탓하는 것이다.
과거는 바뀌지 않는다. 앞으로의 일만 생각하자.

22
험담, 험담은 말하는 사람과
듣는 사람 모두를 병들게 한다

"타인에 대한 말이 칭찬이 아니면 그건 험담입니다.
있었던 일을 이야기하는 것도 험담입니다. 사실을 전했다 해도
당사자의 진실이 왜곡될 수 있어요. '사실'과 '진실'은 엄연히 다르니까요.
우리가 험담을 하지 않는 길은 하나입니다. 대화에서 자신의 이야기만 하거나,
부득이 타인의 이야기를 할 때는 칭찬만 하면 됩니다."

미국 역사상 가장 활동적인 영부인이었던 애나 엘리너 루스벨트(Anna Eleanor Roosevelt)는 이런 말을 했다.

"위대한 정신을 가진 사람들은 생각을 논한다. 평범한 사람들은 사건을 논한다. 그리고 마음이 좁은 사람들은 사람을 논한다."

우리는 사람에 대해서 논하는 것을 즐긴다. 사람에 관해서 논할 때 사회적 혹은 인간적으로 유대감을 느끼기 때문이다. 사람을 논하면서 유

대감을 만드는 것은 우리의 본능이다. 하지만 주의할 것은 논하는 대상이 남의 흠을 들추는 일이어서는 안 된다는 점이다. 타인의 흠을 들추는 것은 '험담'이 되어 타인을 아프게 만든다.

루스벨트 영부인의 격언 중 "마음이 좁은 사람들은 사람을 논한다"는 구절은 사람을 논할 때 험담을 경계하라는 의미다. 좋은 말로써 논한 것은 칭찬이지만, 그 외의 말은 험담이 될 수 있기 때문이다. 유대인의 율법이 기록된 『탈무드』는 험담에 대해 다음과 같이 경고한다.

"험담은 살인보다 위험하다. 살인은 한 사람을 죽이지만 험담은 반드시 세 명을 해치게 된다. 험담하는 장본인과 그것을 제지하지 않고 듣고 있는 사람, 험담의 대상이 된 사람이다."

『탈무드』에 소개된 재미있는 이야기가 있다.

어느 마을에 수다쟁이라는 별명을 가진 여인이 있었다. 마을 사람들은 그 여인의 수다 때문에 입은 피해를 호소했다.

"그 여인은 내가 항상 잠만 자는 게으름뱅이라고 말하고 다녀요."

"그 여인은 내 앞에서는 내 아내가 아름답다고 말하고는 다른 곳에서는 아내가 사치스럽게 꾸민다고 말해요."

사람들의 이야기를 듣던 랍비는 그녀를 불러서 물었다.

"당신은 왜 사람들의 이야기를 부풀려서 함부로 하고 다니나요?"

여인은 대답했다.

"전 없는 말을 하지는 않아요. 다만 좀 더 재미있게 이야기를 꾸미다 보니 조금 부풀려질 뿐이에요. 그게 잘못인가요?"

랍비는 잠시 고민하더니 여인에게 자루 하나를 주며 말했다.

"이 자루를 가지고 광장으로 가서 자루 속의 물건을 모두 꺼내놓으세요. 그리고 내일 광장에 꺼내놓았던 물건을 다시 담아서 이리 들고 오세요."

여인은 자루를 받아 들고 광장으로 갔다. 자루 속에는 새털이 가득 있었다. 새털을 모두 꺼내놓은 뒤 다음 날 다시 광장으로 나갔다. 하지만 새털이 바람에 모두 날아가서 자루에 다시 주워 담을 수가 없었다. 그녀는 랍비에게 가서 그렇게 됐다고 말했다. 랍비는 여인에게 말했다.

"험담은 자루 속의 새털 같은 것입니다. 한번 입에서 나오면 다시 주워 담을 수가 없습니다."

이 가르침을 듣고 여인은 많은 깨달음을 얻었다.

요즘은 SNS 활동이 활발해지면서 대화를 나누는 규모가 엄청나다. 3~4명이 모여서 나누는 오붓한 대화보다는 단체 카톡이나 SNS로 더욱 많은 소통을 하고 있다. 그러다 보니 말의 전파력이 상상을 초월한다. 좋은 말이 퍼져나가면 괜찮은 일이다. 하지만 나쁜 말, 더군다나 진실이 아닌 말들이 진실인 양 퍼져나가면 그 피해는 상상만 해도 끔찍할 정도다. "말은 한 사람의 입에서 나오지만 천 사람의 귀로 들어간다"는 말이 있다. 요즘처럼 말의 전파력이 강한 시대에 더욱 와닿는 말이다.

험담의 모습도 시대의 흐름에 따라서 변해가고 있다. 과거에는 3~4명이 모여서 뒷담화를 주고받는 것이 험담이었다. 요즘은 모여서 나누는 험담을 넘어 SNS, 인터넷 매체를 통해서 순식간에 퍼져나간다. 카톡 단톡방을 만들어서 한 사람에 대한 험담을 주고받거나 많은 사람이 보는 인터넷 공간에 익명의 악플을 달기도 한다. 영화「가장 보통의 연애」에 단톡방 험담을 나누는 장면이 있었다.

광고회사 팀장인 재원과 광고회사에 새로 입사한 선영의 썸을 눈치 챈 직원들은 선영을 험담했다. 선영의 과거지사까지 찾아내서는 자기들끼리 단톡방에서 열심히 씹는다. 업무와 단톡방 험담을 오가다가 한 직원이 실수로 선영이 있는 단톡방에 선영의 험담을 올려버렸다. 덕분에 선영은 직원들의 민낯을 알게 된다. 영화의 마지막은 선영의 멋진 한 방으로 끝나서 속이 후련했다. 선영이 회사를 그만두면서 직원들 앞에서 자기들끼리 서로 험담했던 내용을 공개한 것이다. 알고 보니 서로를 향한 많은 험담이 있었다. 자기들끼리 남의 말을 할 때는 재미있다. 하지만 자신이 험담의 주인공이 된다면 얼마나 가슴 아픈 상처가 될지는 상상도 할 수 없다. 상처받기 싫으면 상처를 주어서는 안 된다.

많은 연예인이 가장 견디기 힘들어하는 것이 자신을 향한 악플이다. 공개적으로 비난하는 것은 사람의 영혼은 물론 육체까지도 죽일 수 있다. 실제로 자신에 대한 악플과 악성루머 때문에 괴로워하다가 스스로 목숨을 끊은 연예인들이 있다. 이 때문에 최근에는 악플과 악성루머를 중한 범죄로 생각하고 그 처벌 역시 무거워지고 있다. 재미로 던진 돌멩이에 개구리가 맞아 죽을 수 있듯이 재미로 나눈 험담은 사람의 영혼은 물론 육체까지도 죽일 수 있다.

이쯤 되면 우리는 타인에 관한 이야기를 할 때 한번쯤은 깊이 생각해야 한다. 지금 나누는 이야기를 통해서 얻는 것은 무엇이고 잃게 되는 것은 무엇인지. 잃게 되는 것이 한 사람의 자존감, 순수했던 영혼, 그와의 소중한 관계라면 그 이야기는 중단하는 것이 좋지 않을까? 험담 정도로 한순간 느낄 즐거움의 가치가 피해로 슬퍼할 사람의 상처보다 귀

할 수는 없다. 더욱이 기술 문명의 발달로 모든 것이 빠르고 거대해진 세상에서 소중한 우리는 보호받아야 한다.

소중한 우리를 보호하기 위해서 험담을 피해갈 수 있다. 험담을 피하는 3가지 방법이 있다.

첫째, 타인이 아닌 자신에게 관심을 가지는 것이다.

우리가 원하는 것에 집중하자. 드라마 「안나」에서 여학생 나래가 안나에게 말했다. 자신의 라이벌 가은은 실력은 없으면서 운만 좋은 아이라고. 안나의 대답이 마음에 와닿았다.

"나래야, 사람은 자신이 불행하면 타인에게 관심을 가져. 나도 불행하다고 느꼈을 때는 타인에게만 관심이 많았어. 남 생각 말고 너만 생각해."

남에게 관심을 가지는 동안 자신을 돌볼 시간이 없어진다. 자신이 좋아하는 것, 이루고 싶은 것에 집중하면 타인을 향한 관심은 어느덧 사라진다. 우리는 행복하다는 사실을 잊지 말자.

둘째, 타인이 험담을 시작하면 화제를 돌리자.

험담이란 우리가 하는 것뿐 아니라 듣는 것도 포함된다. 타인이 험담을 즐겁게 하는 이유는 우리가 들어주기 때문이다. 험담이 시작되면 상대방이 눈치채지 못하게 슬쩍 화제를 돌릴 수 있다. 최근의 이슈나 자신의 고민을 상담하는 것도 화제를 돌리는 좋은 방법이다. 사람은 생각보다 단순하다. 우는 아이에게 사탕을 주면 사탕에 집중하면서 울음을 그치듯 새로운 화젯거리가 생기면 우리의 집중력은 새로운 것을 향한다. 금세 화제를 돌리는 센스는 나, 험담하는 사람, 험담 대상 모두를 험담의 늪에서 건진다.

셋째, 험담을 피해간 나를 칭찬하자.

사람은 보상이 있어야 그 행동을 반복한다. 험담에 가담하고 싶은 위기의 순간에 잘 참고, 화제를 돌린 자신을 칭찬해야 한다. 험담의 늪에 빠질 뻔한 세 사람을 구했기 때문이다. 칭찬의 순간이 반복되면 어느새 우리는 험담과는 거리가 먼 사람이 된다. 타인 역시 우리에게는 더 이상 험담을 시도하지 않는다. 험담이 통하지 않는 사람이라는 인식이 그들에게 심어졌기 때문이다. 험담을 피하기 위한 3가지를 지키면 우리는 험담으로부터 자유로워진다.

사람에 관한 이야기를 하는 것 자체가 나쁜 것은 아니다. 사회적인 유대감을 형성하고 관계에 긍정적인 영향을 주므로 오히려 필요할 때도 있다. 다만 사람에 관한 이야기가 긍정적인 이야기였을 때 서로에게 좋은 영향을 줄 수 있다. 영국의 스태퍼드셔 대학교 연구팀은 영국 심리학회 콘퍼런스에서 의미 있는 설문조사 결과를 발표했다. 실험 참가자 160명에게 다른 사람의 이야기를 얼마나 자주 하는지를 조사했다. 또한, 그들의 자존감의 정도, 삶의 만족도, 사회적 유대감의 정도를 함께 조사했다.

설문조사를 통해서 2가지 의미 있는 결과를 확인할 수 있었다. 먼저 사람에 관한 이야기를 자주 할수록 사회적 유대감이 높았고 삶의 만족감과 자존감에도 영향을 주었다. 하지만 다른 사람에 관한 이야기가 좋은 것인지, 나쁜 것인지에 따라서 만족감과 자존감의 정도는 확연히 달랐다. 좋은 이야기를 많이 할수록 자존감과 삶의 만족감이 높았다. 나쁜 이야기를 할수록 자존감과 삶의 만족감이 현저히 낮아졌다. 심지어 다른 사람의 장점이나 단점이 자신에게는 없는 것이라 할지라도 자신의 자존감에 영향을 미친 것은 의미 있는 발견이다.

연구팀은 말했다.

"자신에게 없는 타인의 장점을 진심으로 칭찬하는 것만으로도 자신의 자존감은 높아집니다."

사람은 타인에 관한 말을 하더라도 그 말에 자신이 영향을 받는다는 것이다. 왜냐하면 스스로 한 말을 가장 가까이에서 먼저 듣는 사람이 자신이기 때문이다. 자신이 한 말은 반드시 자신을 향해 되돌아온다. 정유희 작가는 저서 『듣고 싶은 한마디, 따뜻한 말』에서 우리가 하는 말이 얼마나 중요한지 설명했다. 그리고 우리가 한 말은 반드시 자신에게 되돌아온다는 것을 흥미로운 이야기를 통해서 전했다.

옛날 어떤 신이 화살을 만들었다. 그 화살에 저주를 걸었다. 화살이 온 세상을 돌면서 사람들을 하나씩 차례로 쏘아 죽게 하는 저주였다. 신은 세상을 향해서 활을 쏘았고 화살은 사람들을 차례로 죽게 했다. 세상의 모든 사람이 그 화살로 죽게 되자 뜻하지 않은 일이 발생했다. 그 화살이 이제는 신을 향한 것이다. 그 이유는 화살에 숨어 있던 또 다른 저주 때문이다. 그것은 화살이 모든 사람을 죽게 하면 마지막에 화살을 쏜 사람을 향한다는 것이다.

그 저주의 화살이 바로 '험담'이다. 자신의 입에서 나간 험담은 세상

사람들을 다치게 하고 결국엔 자신을 향한다. 다른 사람에 관해서 말할 수는 있다. 하지만 이왕 하는 말이면 나쁜 말보다는 좋은 칭찬의 말을 하는 것이 좋다. 자신의 말에 영향을 제일 먼저 받는 사람은 자신일 것이고 또 말은 돌고 돌아 언젠가는 자신을 향하기 때문이다.

우리가 했던 험담이 세 사람을 죽였다면 우리가 한 칭찬은 세 사람에게 복을 줄 것이다. 말하는 사람이 가장 먼저 복을 받고, 듣는 이가 복을 받을 것이고 대상이 되는 사람이 복을 받게 될 것이다. 우리의 입에서 나가는 화살에 세상을 죽이는 저주가 아닌 세상에 복을 전하는 마법을 걸면 어떨까? 복을 전하는 화살은 세상을 돌고 돌아 복을 전하고는 우리를 향해서 달려올 것이기 때문이다.

험담을 피하기 위한 3가지 팁!

1. 타인이 아닌 자신에게 관심을 가지자.
자신이 불행하다고 느끼면 관심은 타인을 향한다. 자신이 행복하면 관심
은 자신을 향한다. 원하는 것에 관심을 가져야 그것이 이루어진다.

2. 타인이 험담을 시작하면 화제를 돌리자.
화제를 돌릴 수 있는 센스는 험담하는 자, 듣는 자, 대상자 셋 모두를 험담
의 늪에서 구한다.

3. 험담을 피해간 자신을 칭찬하자.
험담에 가담하고 싶은 위기의 순간을 잘 참았고, 화제를 돌린 자신을 칭찬
해야 한다. 칭찬이 반복되면 우리는 험담으로부터 자유로운 사람이 된다.

23
쿠션어, 사랑의 쿠션어를 쓰면 충고의 통증을 완화할 수 있다

"우리는 상대방을 위해서 어쩔 수 없이 충고를 합니다.
소중한 그들이 나쁜 길로 가지 못하게 하고 싶어서입니다.
하지만 그런 의도가 상대방에게 온전히 전해지는 것은 어렵습니다.
충고를 좋아할 사람은 세상에 없기 때문이죠.
우리도 충고를 들을 때 마음이 불편해지니까요."

사랑하는 사람이 우리를 위해서 했던 충고에 기분이 나쁠 때가 있다. 충고가 비난처럼 느껴졌기 때문이다. 충고로 드러난 잘못 때문에 자신을 자책하기도 한다. '내 잘못인가?' '내가 속이 좁은 거야.' 충고를 들었을 때 기분이 나쁜 것은 우리 탓이 아니다. 사람은 누구나 자신을 향한 충고에 기분이 나빠진다. 우리를 위한 충고라고 주장하지만, 충고와 비난의 차이는 정확하게 구분되지 않기 때문이다. 충고인지 비난인지 모를 말에 기분이 나쁜 것은 당연하다.

우리 역시 소중한 사람들에게 진심으로 그들을 위한 충고를 할 때가 있다. 진심이 담긴 충고는 사람의 마음속에 스며들고 그들의 마음을 변화시킨다. 그러기 위해서는 충고 앞에 그들을 보호하기 위한 쿠션이 필요하다. 충고 전의 쿠션어는 우리의 마음을 다치지 않게 감싼다. 쿠션어의 형태는 2가지가 있다. '호의'와 '칭찬'이다. 쿠션 없이 팩트만 날린 충고는 마음에 통증을 전하지만 쿠션으로 감싼 충고는 마음에 포근함을 전한다. 충고는 비난이 아니다. 마음의 'Yes'를 만드는 설득의 한 종류다. 효과적인 충고를 위해서는 포근한 쿠션어가 정답이다. 대표적인 쿠션어, 호의와 칭찬을 알아보자.

첫째, 호의는 충고를 부드럽게 감싸고 마음을 따뜻함과 편안함으로 채운다.

호의란 친절하고 따뜻한 마음을 말한다. 충고하기에 앞서 베푸는 호의는 우리가 사랑받고 존중받는 사람임을 느끼게 만든다.

"호의를 베풀어라. 당신이 만나는 대부분의 사람은 이미 힘든 전투 중이다."

영어 격언이다. 직장과 가정, 가까운 관계에서 우리는 행복한 것만은 아니다. 지치고 힘든 순간들을 누구나 경험한다. 그럼에도 충고가 필요한 순간이라면 호의로 감싼 충고가 우리를 덜 힘들게 할 수 있다. 호의는 사람을 향한 존중과 사랑이기 때문이다. 부드러운 충고를 위한 쿠션어로써 호의를 표현하는 방법은 3가지가 있다.

호의를 표현하는 첫 번째는 필요한 도움을 주는 것이다.

사람은 필요한 도움을 받았을 때 감사의 마음이 생긴다. 감사의 마음은 충고를 부드러운 조언으로 받아들이게 만든다. 업무의 마감기한을 자주 넘기는 직원이 있다면 한번쯤 도움을 주면서 충고할 수 있다.

대리 : 민정 씨, 재고 물품 정리를 내일까지 끝내야 되는 거지? 내가 도와줄게. (도움)

민정 : 대리님, 감사합니다. 사실, 재고정리 기준이 헷갈려서 헤매고 있었어요.

대리 : 그랬군. 재고정리 기준이 기록된 사내 매뉴얼이 있어. 재고정리를 할 때는 매뉴얼대로 하는 것이 좋아. 전 직원이 알아볼 수 있어야 하니까. 다른 헷갈리는 업무가 있으면 정리해서 알려줘. 빠르고 정확하게 업무 처리하는 방법을 알려줄게. (충고)

호의를 표현하는 두 번째는 배려하는 것이다.

배려는 짝 배(配), 생각할 려(慮), 마치 짝처럼 타인을 생각하는 따뜻한 마음이다. 배려는 따뜻한 담요가 되어 마음을 포근하게 감싼다. 최근 지각이 잦아진 직원이 있다면 따끔한 충고 대신 배려를 할 수 있다.

팀장 : 지원 씨, 최근에 지각이 잦은 이유가 뭐예요?

지원 : 어머니께서 수술하셨는데, 아침마다 병원에 들렀다가 출근하느라 지각했어요.

팀장 : 그랬군요. 어머니께서 퇴원하실 때까지 아침에 10까지 출근하도록 해요. 부장님께는 내가 보고 올릴게요. (배려) 대신 업무에 차질이 생

기면 안 돼요. 진행 중인 프로젝트는 기한 안에 완성해야 해요. 지원 씨 믿어요. (충고)

지원 : 감사합니다. 팀장님. 못다 한 업무는 남아서 모두 하겠습니다.

호의를 표현하는 세 번째는 충고를 편하게 받아들일 수 있게, 작은 관심을 가지는 것이다.

충고를 편하게 받아들일 수 있는 분위기를 만들려면 작은 관심이 필요하다. 생각지 못한 작은 관심은 우리의 마음을 편안하게 만든다. 마음의 편안함은 딱딱한 충고가 부딪히더라도 우리를 다치지 않게 보호한다. 업무처리가 꼼꼼하지 않고 실수가 많은 직원이 있다면 충고 전에 편안한 분위기가 우선이다.

대리 : (편안한 카페에서) 재인 씨, 실수를 줄이고 효율적으로 업무를 처리하려면 계획을 먼저 세우는 것이 좋아요. 업무에 중요한 순으로 번호를 붙여서 메모를 해봐요. 실수를 잘하는 부분은 메모로 확인하면 효과적이에요. (충고)

재인 : 감사합니다. 대리님. 사무실 들어가면 중요순으로 업무를 먼저 정리해 볼게요.

호의는 사람의 마음을 존중하는 따뜻함에서 나온다. 호의와 부드러운 충고로 상대를 변화시킨 사례가 있다. 찰스 슈와브의 이야기다. 찰스 슈와브는 1920년대에 서른여덟이라는 젊은 나이로 산업계 최초로 연봉 100만 달러를 받은 사람이다. 그가 당시에 업계 최고의 대우를 받왔던 것은 특별한 능력 때문이다. 바로 '슈와브식 사람 다루는 능력'이다. 사람을 다루는 그의 탁월함은 사람을 향한 진정한 존중감에서 나오는 것이었다. 그가 사람을 어떻게 대하는지 잘 소개된 일화가 있다.

찰스 슈와브가 점심시간에 공장 내부를 둘러보고 있었다. 그때 몇 명의 노동자들이 공장 내부에서 담배를 피우고 있었다. 그들의 머리 위에는 '금연'이라는 표지판이 버젓이 붙어 있었다. 보통 사람 같으면 그들을 향해서 온갖 비난의 목소리를 냈을지도 모른다. 하지만 찰스 슈와브는 달랐다. 그는 당황해하는 노동자들에게 다가가서는 자신의 담배를 나눠주며 말했다.

"담배 피우는 것은 괜찮지만 이왕이면 나가서 피우는 것이 어떤가?"

그는 노동자들이 스스로 잘못을 인지하는 것을 알고 있었다. 그래서 굳이 그들을 향한 비난을 하지 않았다. 스스로 반성할 수 있게 부드러운 언급만 했을 뿐이다. 자신의 담배를 건네면서. 이것이 그가 보여준 호의다.

둘째, 충고 전의 칭찬은 사람의 마음을 Yes로 만든다.

충고로 사람의 마음을 움직이고 싶다면 충고로 설득이 되어야 한다. 미국 애리조나 주립대학교의 심리마케팅 명예 교수인 로버트 치알디니(Robert Cialdini)는 저서 『초전 설득』에서 거절할 수 없는 설득의 기술을 전했다.

"아무리 좋은 씨앗도 돌밭에서는 뿌리를 내릴 수 없고 땅 고르기가 필요하다. 설득도 마찬가지다. 메시지를 전하기에 앞서 공감을 유도하는 준비가 필요하다. 메시지를 접하기 전에 미리 설득되는 단계, 그것이 초전 설득이다."

충고도 사람의 마음을 변화시킨다는 의미에서 설득의 한 형태다. "Yes"를 외치게 만드는 초전 설득처럼 "Yes"로 마음이 돌아서게 하는 초전 충고, 즉 칭찬의 쿠션어에 먼저 정성을 들여야 한다. 칭찬의 쿠션어는 3가지가 있다.

칭찬의 쿠션어 첫 번째는 연결어의 바른 사용이다. 칭찬과 충고 사이에 '그러나' 대신 '그리고'를 사용하자.

연결어에 따라서 전달되는 의미가 달라진다. '그러나'가 아닌 '그리고'는 충고도 칭찬이 되게 만든다. '그러나'는 앞뒤의 문장이 반대의 내용일 때 주로 사용한다. 뒷문장이 은근히 강조되기도 한다. '그러나' 뒤에 충고가 따라 나오면 앞서 했던 칭찬은 사라지고 충고만 기억에 남는다.

반면 '그리고'는 앞뒤의 문장이 비슷한 내용일 때 사용한다. '그리고' 뒤에 나오는 문장의 느낌은 자연스럽게 앞 문장을 따라간다. 칭찬 뒤에 '그리고'를 사용하면 뒤에 따라 나오는 충고도 칭찬처럼 들린다.

"넌 정말 똑똑해. 그러나 노력을 안 해. 노력을 더 해봐"와 "넌 정말 똑똑해. 그리고 노력도 덜 해. 좀 더 노력할까?"의 차이다.

• 칭찬과 충고 사이에 '그러나'를 사용할 때
친구와의 대화 : 넌 사람을 따뜻하게 배려하는 마음을 가지고 있어. (칭

찬) 그러나 너만의 정확한 기준으로 사람을 판단하는 경향도 있어. 사람들의 생각이 다양하다는 것을 인정한다면 네 대인관계가 지금보다는 더 좋아질 것 같아. (충고)

자녀와의 대화 : 국어 성적이 95점이구나. 참 잘했어. 이번에 국어공부를 정말 열심히 한 것 같아. (칭찬) 그러나 영어는 65점이야. 국어처럼 영어도 열심히 하자. (충고)

"넌 배려를 잘해." "국어 잘 했어."와 같은 칭찬의 쿠션어는 좋았다. 하지만 칭찬이라는 느낌이 들지 않는다. 오히려 반감이 생길 수 있다. '그러나' 뒤에 나오는 충고가 더욱 강하게 와닿기 때문이다.

- 칭찬과 충고 사이에 '그리고'를 사용할 때

친구와의 대화 : 넌 사람을 따뜻하게 배려하는 마음을 가지고 있어. (칭찬) 그리고 너만의 정확한 기준도 가지고 있어. 넌 그런 기준으로 사람을 판단해. 사람들의 생각이 다양하다는 것을 기억한다면 네 대인관계는 더 좋아질 것 같아. (충고).

자녀와의 대화 : 국어 성적이 95점이구나. 참 잘했어. 이번에 국어공부를 정말 열심히 한 것 같아. (칭찬) 그리고 영어는 65점이네. 국어처럼 영어도 열심히 하자. (충고)

충고 앞에 '그리고'는 반감을 줄인다. 좋은 충고를 자연스럽게 받아들인다. 거대한 바위를 움직이는 것은 거대한 힘이 아니라 작은 지렛대다. '그리고'는 작지만 큰 변화를 만드는 지렛대와 같다. '그러나' 대신

'그리고'를 사용하면 충고도 칭찬이 된다.

칭찬의 쿠션어 두 번째는 현재 노력하고 있는 것을 칭찬하는 것이다. 충고는 받아들여졌을 때 의미 있는 말이 된다. 반면, 외면된 충고는 비난이라는 꼬리표만 붙는다. 상대방을 위한 진심이 비난으로 낙인찍히지 않으려면 충고 앞에 마음을 여는 칭찬부터 하자. 효과적인 칭찬의 쿠션어는 현재 노력하고 있는 부분을 칭찬하는 것이다. 사람은 누구나 장단점이 있다. 충고가 필요한 단점을 보았다면 칭찬이 필요한 장점도 동시에 보아야 한다. 우리는 현재의 노력을 칭찬받았을 때, 능력을 인정받았다고 느낀다. 인정받은 사람은 더 많은 인정을 받기 위해 충고를 받아들이고 개선한다.

● 직장에서 업무적인 충고를 할 때

천 과장 : 정 대리, 요즘 업무할 때 노력하는 모습이 진심으로 느껴져. 출근 시간도 전보다 빨라졌고, 이번 기획안 만들 때 자료조사를 철저히 해서 많은 내용을 잘 기록했더군. 정 대리의 열정이 느껴지던데. (현재의 노력을 칭찬)

정 대리 : 칭찬 감사합니다. 과장님. 아직 많이 부족합니다. 더욱 노력하겠습니다.

천 과장 : 좋아. 기획안을 더 중요한 내용으로 간추릴 수 있겠나? 2페이지 분량으로 내용을 간추려서 핵심만 잘 볼 수 있게. 간단하면서 핵심을 한눈에 볼 수 있는 기획안이 최고의 기획안이지. 참고하면 정 대리의 업무 능력 향상에 도움이 될 거야. (충고하기)

정 대리 : 네, 과장님. 핵심만 볼 수 있는 기획안으로 다시 작성해서 보고 드리겠습니다.

칭찬의 쿠션어 세 번째는 상대방의 성품을 칭찬하는 것이다.

성품은 사람이 본래부터 가지고 있는 본성이다. 삶의 과정에서 더 많이 드러나는 성품이 있는가 하면 덜 드러나는 성품도 있다. 배려, 연민, 사랑 등의 따뜻한 성품도 있고 냉철함, 이기심, 비판적임 등의 차가운 성품도 있다. 따뜻한 성품은 물론 차가운 성품 역시 장단점이 있으므로 장점만 골라서 칭찬할 수 있다. 예를 들어, 비판적이고 냉철한 성품은 분별력 있고 정확하다고 칭찬할 수 있다. 성품을 칭찬하면 우둔한 아이도 최고의 천재로 키울 수 있다. 성품의 칭찬은 자존감과 성취감을 높여주고 충고를 자신의 발전을 위한 수단으로 활용하게 만든다.

● **친구에게 인간관계의 충고를 할 때**

나 : 넌 항상 웃는 모습이 보기 좋아. 주변 사람들에게도 참 잘하고. 언제나 사람을 기분 좋게 하는 힘이 있는 것 같다. 아마도 네 마음이 아주 따뜻해서 그런 걸 거야. (성품 칭찬)

친구 : 정말? 네가 그런 말을 하니까 괜히 부끄럽네. 그래도 기분은 좋다.

나 : 주변 사람을 향한 배려도 좋지만, 너 자신을 먼저 살피는 것이 좋지 않을까? 가장 중요한 사람은 자신이잖아. (충고하기)

친구 : 맞아. 그런데 나는 지금의 인간관계를 잃을까 봐 걱정돼. 나한테는 그것이 중요하거든.

나 : 모든 사람에게 사랑을 받을 순 없잖아. 다른 사람으로부터 받는 사

랑과 인정보다는 자신이 스스로에게 주는 사랑과 인정이 더 중요하다고 생각해. 널 가장 사랑할 사람은 네가 돼야 할 것 같아. (충고하기)

충고가 쿠션을 만나면 호의와 칭찬으로 감싸진다. 호의와 칭찬으로 포장된 충고는 사람의 마음을 안전하게 변화시킬 수 있다. 충고가 필요하다면 쿠션어로 충고를 부드럽게 감싸자. 도산 안창호는 이렇게 말했다.

"남의 결점을 지적하더라도 듣기 싫은 말은 반드시 사랑으로 해야 한다."

상대를 사랑하기 때문에 했던 충고의 말이 상대를 아프게도 한다. 소중한 그 사람의 마음을 지키는 것은 사랑의 쿠션어다. 충고를 감싼 쿠션의 의미는 '당신을 진심으로 아낍니다'라는 뜻이다. 칭찬은 고래의 자존감을 지키지만, 사랑의 쿠션어는 우리의 관계를 지켜준다.

부드러운 충고를 위한 쿠션어

1. 충고 전에 호의를 보여주자.
호의는 사람의 마음을 존중하는 따뜻함이다.
호의의 3단계.
- 도움 주기
- 배려하기
- 작은 선물 주기

2. 충고 전에 칭찬하자.
충고도 마음을 움직이는 설득이다. 칭찬은 마음에서 이미 "Yes"를 외치게
만드는 초전 충고와 같다.
칭찬의 3단계

'그러나'	• 보고서 정리가 깔끔해. 그러나 내용이 너무 길어.(×)
대신	보고서 정리가 깔끔해. 그리고 내용을 좀 더 짧게 줄여봐.(○)
'그리고'	• 넌 집중력이 참 좋아. 그러나 집중하는 시간이 짧아.(×)
	넌 집중력이 참 좋아. 그리고 집중하는 시간을 늘려봐.(○)
	• 당신은 정해진 업무를 완벽하게 해요. 그러나 자진해서 업무를 찾지는 않아요.(×)
	당신은 정해진 업무를 완벽하게 해요. 그리고 자신의 능력개발을 위해서 좀 더 업무를 찾아서 해봐요.(○)

252

최근의 노력을 칭찬	• 문제를 고민하고 해결책을 찾기 위해 노력하는 모습이 보기 좋아요. (칭찬) 혼자 해결하기보다는 선임한테 조언을 구하는 것도 도움이 될 거예요. (충고) • 최근 업무에 아주 열정적이에요. (칭찬) 실수가 열정을 가리는 것이 아쉽네요. 조금만 실수를 줄여보면 어때요. (충고) • 회의 때 참신한 아이디어가 많이 나오고 있어요. (칭찬) 아이디어에서 그치지 말고 기획서로 만들면 좋을 것 같아요. 행동이 중요하니까요. (충고)
상대의 성품을 칭찬	• 넌 아주 섬세하고 꼼꼼해. (칭찬) 조금만 더 속도를 내면 더 좋을 것 같아. (충고) • 당신은 매사에 철두철미하고 정확하게 일 처리를 잘해요. (칭찬) 팀 공동업무에도 당신의 철두철미함은 도움이 될 거예요. 공동업무도 신경 써주세요. (충고) • 넌 따뜻한 마음을 가지고 있어. (칭찬) 타인의 부탁을 거절해도 너의 따뜻함 때문에 상처받지 않을 거야. 무조건 들어주지 말고, 이젠 거절해. (충고)

24
분노, 분노를 다스리지 못하면 관계는 파괴된다

"당신의 마음을 불태워서 만들어지는 강한 불꽃은 분노의 감정입니다.
활활 타오르는 불꽃은 당신 주변에 있는 모든 것을 태워버리지만,
중심에 있는 당신마저 불타게 됩니다. 그러니 너무 자주,
소중한 관계를 불태울 목적으로 분노를 드러내지 마세요.
타고 남은 검은 그을음 속에는 회색빛으로 변한 눈물의 흔적만이 남을 뿐입니다.
그것은 당신의 후회입니다."

미국의 유명한 영화업계에 '마블 영화'가 있다. 수많은 마블 영화에 소재로 등장하는 특별한 힘을 가진 물체가 있다. 그것은 특별한 힘을 가진 6개의 돌(Stone) '인피니티 스톤(Infinity stone)'이다. 6개의 스톤 중에서 '파워 스톤(Power stone)'은 큰 행성을 파괴할 정도의 엄청난 힘을 가지고 있다.

단 '파워 스톤'을 손에 넣은 사람은 반드시 '파워 스톤'을 통제할 강력

한 힘을 가지고 있어야 한다. 그렇지 않으면 손에 닿자마자 자신을 포함하여 주변의 모든 것을 파괴해 버린다.

분노의 감정은 6개의 '인피니티 스톤' 중 '파워 스톤'과 똑 닮았다. 분노는 굉장한 파괴력을 가지고 있다. 그것을 더 강한 힘으로 제어하지 못하면 주변은 물론 주인인 자신마저도 파괴하기 때문이다. 물론, 분노 역시 사람이 가진 중요한 감정 중 하나다. 분노는 때에 따라서 우리를 위험으로부터 지켜주기 때문이다. 그 힘의 파괴력이 엄청나기에 분노를 사용할 때는 스스로 제어가 가능한 정도까지만 사용해야 한다. 그렇지 않으면 분노의 힘 때문에 지키고 싶은 관계는 물론 자신까지도 파괴되어 버린다. 마치 '파워 스톤'처럼.

'분노 게이지'라는 것이 있다. 분노의 단계를 나타내는 말이다. 처음부터 엄청난 분노가 폭발하듯이 일어나지는 않는다. 처음에는 짜증스러운 감정으로 시작해서 화가 나는 단계로 갔다가 점점 커지면서 분노가 극으로 치닫는다. 분노라는 감정은 처음에는 우리에게 무엇인가의 메시지를 전달할 목적으로 스멀스멀 올라온다. 분노의 메시지는 우리에게 중요한 어떤 것이 누군가에 의해서 침해당했다는 의미다. 자신만의 '원칙'일 수도 있고 반드시 지켜야 할 '기준'일 수도 있다. 이런 분노를 지혜롭게 다스리지 못하면 정작 다쳐서는 안 될 사람이 다치거나 자신이 다치게 된다.

지혜롭게 다스린 분노는 우리를 지키고 무분별한 분노는 우리를 상하게 한다. 분노는 2가지 특징이 있다.

첫 번째 특징은 분노를 품은 사람이 가장 먼저 다칠 수 있다는 것이다.

마하트마 간디(Mahatma Gandhi)가 남긴 유명한 말이 있다.

"분노는 산(acid)과 같아서 퍼붓는 대상보다는 담긴 그릇에 더 큰 피해를 준다."

우리가 분노의 감정을 만들어서 우리의 마음 그릇에 담아두면 정작 가장 상하는 것은 우리의 마음이다. 이런 사실을 가장 잘 알려주는 심리학 용어가 있다. '야생마 엔딩'이라는 것인데, 장원청 작가의 『심리학을 만나 행복해졌다』라는 책에 소개되어 있다.

아프리카 초원에 사는 야생마가 가장 무서워하는 것은 바로 흡혈박쥐다. 동물의 피를 빨아먹고 사는 흡혈박쥐는 야생마의 다리에 붙어서 피를 빨아먹는다. 야생마가 화를 내도 태연하게 피를 빨아먹고는 홀연히 사라진다. 흡혈박쥐가 떠나면 야생마는 결국 죽음을 맞이한다. 놀라운 사실은 흡혈박쥐가 빨아먹는 피는 아주 극소량이어서 야생마를 죽일 수 없다는 것이다. 야생마를 죽게 하는 것은 흡혈박쥐가 아니다. 피를 빨린 야생마의 분노가 그를 죽음으로 내몰았다. 그 뒤 심리학자들은 사소한 일로 크게 화를 내고 자신을 다치게 하는 현상을 일컬어 '야생마 엔딩'이라고 불렀다.

두 번째 특징은 분노는 최고 약자에게 전이된다는 것이다.

우리의 감정은 모두 전이된다. 그중에서 분노의 전이 방향은 언제나 최고 약자를 향한다. 누구나 한번쯤은 화가 났을 때 화풀이를 해봤을 것이다. 화풀이의 대상은 보통 편하고 만만한 상대다. 그 사람을 무시해서 화풀이하는 것이 아니다. 가장 안전한 곳을 찾다 보니 그렇게 되었을 뿐이다. 가장 편하고 약한 사람에게 분노가 전달되는 것을 심리학 용어로 '걷어차인 고양이 효과'라고 부른다.

이 이야기는 한 우화에서 유래했다. 어떤 기사가 군주에게 꾸중을 들었다. 화가 치민 상태로 자신의 성으로 돌아온 기사는 제시간에 맞이하지 못했다는 이유로 관리에게 불같이 화를 냈다. 화가 머리끝까지 난 관리는 집에 가서 아내에게 사소한 일로 소리를 질렀다. 아내 역시 화가 났고 아들이 침대에서 뛰어놀고 있을 때 야단치며 때렸다. 아들은 억울하고 분해서 밖으로 나갔다가 옆에서 놀고 있던 고양이를 걷어찼다. 이것이 '걷어차인 고양이 효과'다.

사람이 가진 분노가 표출되고 나면 그 방향이 결국은 최고의 약자를 향하게 된다. 우리가 유일하게 화풀이를 할 수 있는 상대란 자신보다 아래에 있는 존재이기 때문이다.

분노는 잘못 사용되면 자신을 해치고 주변인 특히 소중하게 지켜야 할 약한 존재를 먼저 해친다. 우리가 삶을 살아가면서 갈고닦아야 하는 것은 우리의 능력만이 아니다. 우리의 감정 통제력 또한 정교하고 꾸준한 훈련으로 갈고닦아야 한다. 우리가 훈련하고 익힌 감정의 통제력은 자신은 물론 소중한 관계를 지킬 수 있다. 감정을 통제하고 분노를 지혜롭게 조절하기 위해서 알아두면 좋을 4가지 방법이 있다. 소개될 4가지 방법은 효과적으로 분노를 가라앉힌다. 흙탕물에 흙이 가라앉으면 맑은 물이 되듯, 마음속 분노를 가라앉히면 맑고 깨끗한 마음이 된다.

분노를 지혜롭게 조절하는 첫 번째 방법은 분노를 살짝 무시하는 것이다.

분노를 무시하는 가장 좋은 방법은 시선을 다른 곳으로 돌리는 것이다. 시선을 돌려 보이는 것에 집중하면 생각이 달라진다. 주변의 그림이나 사물을 보면서 특징을 생각하거나 벽에 붙은 글을 읽어도 된다. 외부에 있을 때는 건물의 간판이나 상호를 읽어도 좋다. 집중하는 대상이 달라지고 생각이 달라지면 감정은 변할 수밖에 없다. 분노의 시작은 대체로 아주 사소한 일이다. 일상에서 극한의 분노를 표현해야 할 정도의 위험한 상황은 그리 많지 않다. 분노가 올라오면 '지금 감정이 그런가 보다' 하고 다른 곳으로 시선을 향하면 분노는 어느새 가라앉는다.

소설을 통해 인간 심리를 탐구했던 러시아의 대문호 도스토옙스키는 이런 말을 했다.

"북극곰을 떠올리지 않으려고 노력하라. 그러면 그 빌어먹을 북극곰이 머릿속에서 한시도 떠나가지 않을 것이다."

생각이나 감정은 지우려고 노력할수록 더욱 강하게 남아 있다. 북극곰을 머릿속에서 지우고 싶다면 지우려는 노력 대신에 새로운 대상을 떠올려야 한다. 분노의 감정은 다른 것을 보고 생각하면서 바꿀 수 있다. 분노를 자극하는 부정의 생각을 멈추면 검은 안개로 가득했던 감정은 서서히 걷히고, 진실되고 정갈한 우리의 마음이 모습을 드러낸다.

분노를 조절하는 두 번째 방법은 누군가 화를 낼 때 우리가 그 분노를 끊어주는 것이다.

심리학자 랭스 랭든(Reims Landon)이 자신의 블로그에 포스팅했던 이야기다.

식당에서 어떤 손님이 여자 종업원에게 화를 내며 큰 소리로 말했다.

"이봐! 우유가 상했잖아. 내 홍차가 엉망이야!"

이에 여자 종업원은 정중히 사과했다.

"정말 죄송합니다. 다시 드리겠습니다."

종업원은 새 홍차와 레몬, 우유를 내오면서 손님에게 조용히 말했다.

"손님, 홍차에 레몬을 넣으실 때 우유는 넣지 않는 것이 좋습니다. 레몬의 신맛이 우유를 덩어리지게 할 수가 있거든요."

손님이 부드럽게 웃으며 대답했다.

"고마워요."

랭스 랭든 교수는 손님이 떠난 후에 종업원에게 물어봤다.

"저 손님이 처음에 우유와 레몬을 함께 넣어서 오해한 것이죠? 왜 처음부터 솔직하게 말해주지 않았나요?"

그러자 그 여자 종업원이 대답했다.

"손님이 화낸다고 저도 정확하게 따지면서 함께 화낼 순 없죠. 그럼 손님이 더욱 화를 낼 테고, 저 역시 다른 사람에게 화를 냈을 겁니다."

여자 종업원은 '걷어차인 고양이 효과'에 대해서 정확히 알고 있었다. 자신이 다른 사람에게 분노를 전달하지 않으려면 자신의 선에서 끊어주는 것이 좋겠다고 판단한 것이다.

분노를 조절하는 세 번째 방법은 분노가 치밀어 오를 때 발을 먼저 움직이는 것이다.

우리는 분노를 마음으로 느끼지만, 사실은 뇌의 반응이다. 어떤 상황이나 말 때문에 화가 난다고 생각하면 뇌에서 반응이 시작된다. 편도체나 해마 등 감정 중추기관에서 "나, 지금 화났어"라는 메시지를 보낸다.

메시지를 받은 부신은 순간적으로 막대한 양의 아드레날린을 분비한다. 이 때문에 심장이 빨리 뛰고, 얼굴이 붉게 달아오르며 근육이 경직되거나 부들부들 떨린다. 과한 스트레스 상황이 되는 것이다. 평소에는 고차원의 사고를 담당하는 전두엽에서 합리적이고 이성적인 판단을 가능하게 한다. 하지만 짧은 시간 쏟아진 막대한 양의 아드레날린은 전두엽에 과부하를 만든다. 분노가 치밀면, 합리적이고 이성적인 판단이 되지 않는 것이다.

분노로 심장이 빨리 뛰고, 스트레스 상황이 되었을 때 우리가 할 수 있는 것은 2가지다. 도망가거나 공격하는 것이다. 발을 움직여서 분노로 물든 공간을 벗어나면 뇌는 도망가는 것으로 인식한다. 빠른 걸음으로 새로운 공간으로 이동하고, 새로운 주변 환경으로 시선을 돌리면 분노의 감정은 곧 사라진다. 뇌는 우리가 분노의 상황에서 도망갔다고 인식하기 때문이다. 새로운 공간에서 새로운 시각정보를 받아들이면 어느새 뇌는 평안을 되찾는다. 위급상황은 이미 끝났다. 분노에 현명하게 맞서는 방법은 공격이 아닌 도망이다. 사람에게 두 다리가 있는 이유는 분노의 상황에서 자신과 소중한 사람을 지켜야 하기 때문이다.

분노를 조절하는 네 번째 방법은 일단 노래를 한 곡 듣는 것이다.

우리는 인생을 최고의 순간들로 채우고 싶지, 최악의 순간들로 채우고 싶지 않다. 최고의 순간으로 인생을 채우기 위해서 분노를 통제하기로 마음부터 먹자. 그렇게 하면 분노의 순간에 '아, 지금 내가 분노가 치미는구나'라고 인식할 수 있다. 감정의 분노를 인식했을 때, 모든 행동을 멈추고 즉시 음악 한 곡 혹은 두 곡을 들어보자. 그러는 동안 분노는 놀랍게도 마음 깊이 가라앉아 있다. 노래 한 곡을 듣는 시간은 대개 3분 조금 넘는다. 3분은 분노를 가라앉힐 때 필요한 시간이다.

분노를 인식했을 때 대량의 아드레날린이 분비되면 이성과 논리적 사고를 담당하는 전두엽이 과부하된다고 했다. 전두엽이 제 기능을 할 수 없으니 분노의 순간에 이성적이고 논리적인 판단을 할 수 없다. 단, 전두엽이 영원히 기능을 잃는 것은 아니다. 3분이 지나면 전두엽의 기능은 정상으로 돌아온다. 사람에 따라서 차이는 있지만 적어도 5~10분 안에는 정상으로 회복한다. 우리가 듣던 음악이 끝나갈 때쯤이면 우리의 감정은 물론 상황을 바라보고 이해하는 분별력 또한 정상이 된다. 3분만 기다리면 최악으로 만들 뻔한 모든 것은 끝이 난다.

지혜로운 사람과 평범한 사람은 한 끗 차이다. '자신의 감정을 아는 가, 모르는가!' 그리고 '감정을 다스리기 위해 3분을 잘 활용하는가, 못하는가!'

분노의 감정은 '파워 스톤'처럼 자신은 물론 그 주변을 파괴하는 힘을 가졌다. 분노를 통제하지 못하면 야생마처럼 자신을 해치거나 주변의 약한 존재, 소중한 이들을 해친다. 서로의 안전을 위해서 할 수 있는 일이란 자신의 감정을 통제하는 연습을 하는 것이다. 감정통제라고 해서 무조건 참는 것을 의미하지는 않는다. 감정통제를 위해서 우리에게 가장 필요한 것은 지금이 분노를 표현할 상황인지 스스로 판단하는 지혜다. '내가 지금 느껴야 할 감정이 불편함인가 아니면 분노인가?' 이 질문을 먼저 자신에게 해본다면 상황을 판단하는 지혜에 한 발 다가설 수 있을 것이다.

고대 그리스의 철학자 아리스토텔레스는 말했다.

"누구나 화를 낼 수 있다. 따라서 화를 내는 것은 매우 쉬운 일이다. 하지만 적절한 사람에게, 적절한 시간에, 적절한 정도로, 적절한 목적으로, 적절한 방법 안에서 화를 내기는 대단히 어려운 일이다."

화를 내기 위해서 우리가 고려해야 할 상황이란 이처럼 복잡하다. 이 모든 상황을 정확하게 판단하고서 화를 내야 할 상황이라 판단되면 그때 화를 내라는 의미다. 화를 낼 때는 그만큼 많은 지혜로움이 필요하다는 것을 고대 철학자는 전하고 있다. 무식한 폭군이 될지 지혜로운 성인이 될지 그 선택은 감정의 주인인 당사자에게 달렸다.

세상에는 소중한 것이 많다. 우리 자신이 가장 소중하고 우리를 외롭지 않게 해주는 주변인들이 너무도 소중하다. 하지만 가끔 화가 치미는 상황에서는 이성의 끈을 놓고 감정이 솟구친다. 그 순간을 지혜롭게 판단하지 못할 때 우리가 치러야 할 대가는 가혹하다. 소중한 것을 완전히 태워버린다. 모두를 태워버린 검은색 그을림 속에 남은 것은 우리의 뺨에 흘러내리는 잿빛 눈물뿐이다. 그 눈물은 우리의 후회와 한탄을 의미한다. 분노로 모든 관계를 태우는 어리석음보다 감정을 다스리는 우리의 지혜가 소중한 관계를 지켜줄 것이다.

분노를 다스리는 4가지 방법으로 소중한 관계를 지키자.

1. 분노를 살짝 무시해 보자.

주변으로 시선을 돌려서 새로운 것을 바라보는 것만으로도 분노는 어느새 잠잠해진다.

2. 누군가 화를 낼 때 그 분노를 끊어주자.

상대의 화를 지혜롭게 끊어주면 상대는 물론 우리도 분노로부터 자유로워진다.

3. 분노가 치밀어 오를 때 발을 먼저 움직이자.

발을 움직여 분노의 공간에서 도망치면 뇌는 안전한 공간으로 도망쳤다고 인식한다.

4. 일단, 노래 한 곡을 듣자.

노래 한 곡이 끝나는 시간은 3분이다. 3분이 지나면 흙탕물에 흙이 가라앉듯 분노는 가라앉고 맑은 우리의 마음이 드러난다.

방긋 웃는 환한 미소가 우리의 마음을 따뜻하게 녹이는 이유는 미소 짓는 사람의 마음 속 따뜻함이 그대로 나타났기 때문이다. 있는 모습 그대로가 아름다운 것이고 그것을 온전히 받아들여서 더욱 감동적이다.

PART 05

관계의 회복을 위한
포용의 대화

25
경청, 상대의 말을 진심으로 들어주면 관계가 좋아진다

"당신이 진심으로 지키고 싶은 사람은 누구인가요?
그 사람을 지키고 싶다면 그의 이야기를 들어주세요. 그 사람의 목소리,
말하는 단어들, 감정의 느낌들, 표정까지도 귀 기울여 들어주는 겁니다.
진심 어린 당신의 경청에 그 사람은 마음을 열고 당신을 초대합니다."

한때 많은 사람의 눈시울을 붉히게 만들었던 짧은 영상이 있었다. 젊은 엄마가 생후 2개월 된 아기와 대화를 나누는 영상이었다. 엄마는 아기에게 "안녕, 아가"라고 말을 걸었고 아기는 엄마의 얼굴을 바라보면서 예쁘게 미소 짓고는 이내 울려는 듯 작은 입을 삐죽거렸다. 엄마가 "아가, 사랑해"라고 말하자 아기는 세상 행복한 표정을 지었다. 그리고 또다시 북받치는 감정을 감당하지 못한 듯 삐죽거렸다.

알고 보니 아기는 태어나자마자 청력에 문제가 있어서 소리를 듣지 못했는데, 이날 처음으로 특수 제작된 보청기를 귀에 착용하고 엄마의 목소리를 들었다고 한다. 세상에서 가장 아름답고 사랑스러운 엄마의 목소리를 태어난 지 2개월 만에 처음 들은 것이다. 소리가 없는 세상 속에 갇혀 있던 아기가 소리가 있는 세상 밖으로 첫발을 내디딘 순간이었다. 그 순간의 감동은 지켜보던 많은 사람들의 눈에 감동의 눈물이 흐르게 했다. 영상의 제목은 '엄마 목소리를 처음 들은 아기 반응'이다.

엄마의 목소리를 듣고서 아기는 처음으로 엄마의 눈을 제대로 바라봤다. "아가, 사랑해"라고 말하는 엄마의 입과 따뜻함을 전하는 엄마의 눈빛도 보았다. 엄마의 목소리를 듣고서 비로소 아기는 처음으로 사랑을 느꼈을 것이다. 듣는다는 것은 이처럼 누군가에게는 눈 맞춤이자 사랑이다. 미국의 철강왕 앤드루 카네기는 이런 말을 했다.

"타인의 이야기를 경청하는 것은 우리가 그들에게 보일 수 있는 최고의 찬사다."

경청은 "당신과 진심으로 소통하고 싶어요"라는 메시지를 전하는 최고의 '눈빛 언어'다. 소중한 사람들과 대화를 나눌 때 우리는 주로 말을 해야 한다고 생각한다. 만약 잠깐이라도 침묵이 흐르면 상대방이 그 침묵을 지루하게 느낄 것이라 판단하기 때문이다. 그래서 침묵의 시간을 남겨두지 않고 어떤 말이든 꺼내려고 노력한다. 이것이 우리가 하는 대화의 모습이다. 대화의 흐름이 끊겨서는 안 되고 잠깐의 침묵은 상대방을 지루하게 만든다는 착각이 쉴 새 없이 떠들어대게 만든다. 이것이 정말 대화에 집중하는 것일까? 이런 대화 속에서 우리는 상대방과 진정성 있는 소통과 관계를 맺어갈 수 있을까?

소통은 너무나 중요하다. 우리가 흔히 알고 있는 소통의 대화란 좋은 말들을 하면서 상대방의 마음 밭에 '행복의 씨앗'을 심는 것이다. 하지만 상대방의 말을 진심으로 들어준다면 그의 마음 밭에 더욱 소중한 것을 심을 수 있다. 그건 바로 자신의 마음을 알아준 '고마움의 씨앗'이다. 말을 들어야 그 마음을 알 수 있다. 그 마음을 알아야 위로할 수 있다. 진정한 위로는 절망에 빠질 뻔한 소중한 영혼에게 따뜻한 손을 내미는 것이다. 그러니 경청은 우리가 할 수 있는 최고의 찬사라고 할 수 있다.

사람이라는 존재를 진심으로 존중했던 심리학자 칼 로저스 교수는 경청에 대해서 이렇게 말했다.

"내가 인간관계에서 알고 있는 대부분은 경청을 통해서 배운 것들이다. 그들의 이야기 속에는 질서 정연한 심리 규칙이 숨어 있기 때문이다. 진심을 다해 들으면, 그들의 생각과 감정의 색깔 심지어 의식의 밑바닥에 깔린 의미까지도 알 수가 있다."

칼 로저스 교수는 저서 『사람 중심 상담』에서 경청의 중요성을 깊이 있게 설명했다. 교수는 내담자는 물론 가까운 사람과의 대화에서도 진심으로 경청했다. 칼 로저스 교수가 했던 진정한 경청의 사례가 있다.

친한 친구가 해결되지 않는 문제를 의논하려고 칼 로저스 교수에게 장거리 전화를 걸었다. 문제에 대한 의논을 마치고 전화를 끊었는데 무언가 마음이 이상했다. 그제야 친구의 목소리가 마음에 '쿵' 하고 울려 퍼진 것이다. 의논했던 문제와는 상관없이 친구의 목소리에서 절망과 칼로 베는 듯한 날카로움이 느껴졌다. 곧바로 친구에게 편지를 써서 자신의 감정을 솔직히 전했다. 친구에게서 답장이 왔고 내용은 이랬다.

"친구, 정말 고맙네. 나의 절망스러운 마음을 먼저 알아봐 준 것만으로도 살아갈 희망을 얻은 기분이야."

진심으로 상대방에게 관심을 기울이고 그의 말을 경청한다면 우리에게도 가능한 일이다. 다만 우리는 대화의 순간에 상대방이 하는 말에 오롯이 집중하고 있는지 되짚어 볼 일이다. 주변에는 화려한 말솜씨를 원하는 사람들이 꽤 많다. 그들은 중저음의 듣기 좋은 목소리와 유창한 말솜씨, 논리적인 설득력을 성공을 위한 기술쯤으로 생각한다. 더욱 완벽한 말솜씨를 위해서 연구하고 노력한다. 그런 노력 덕분에 세상에는 말 잘하는 사람들이 넘쳐난다. 그들은 기회가 있을 때마다 자신이 그토록 갈고닦은 말솜씨를 뽐내고 싶어 한다. 많은 모임과 대인관계에서 모두가 자신의 말을 하기를 원한다.

소크라테스는 웅변술을 배우고 싶어 하는 청년에게 이렇게 말했다.

"멋진 웅변가가 되기 위해서는 반드시 2가지를 알아야 하네. 하나는 자신의 말을 자제하고 듣는 법이고, 다른 하나는 자신의 말을 올바르게 하는 법이라네."

논리적인 전달력도 중요하지만, 그에 앞서 상대방의 말을 올바르게 경청하는 자세가 중요하다. 서로가 많은 말을 하다 보니 이제는 그 말을 들어주는 사람이 더욱 필요하다. 자신의 이야기를 진심으로 들어주는 사람이 내게 고마운 사람이 아닐까? 이제는 우리가 그 고마운 사람이 되어야 한다. 마르쿠스 아우렐리우스가 말했다.

"다른 사람의 말을 진심으로 듣는 습관을 길러라. 그리고 말하는 사람의 마음속으로 깊숙이 빠져들어라."

이왕 사람의 말을 듣는 것이라면 깊숙이 빠져들어 그 사람의 마음에 들어가 보는 것이 좋다. 마음을 정화하기 위해서는 자연으로 깊숙이 들어가고 마음을 안정시키기 위해서는 고요함으로 들어간다. 하지만 마음을 위로하기 위해서는 상대의 마음속으로 깊이 들어가야 한다. 그것이 경청이다. 진심 어린 경청의 모습은 4가지가 있다.

첫째, 진심 어린 경청은 들리는 대로 듣는 것이 아니라 '숨은 뜻'까지 듣는 것이다.

상대방의 말 속에 숨어 있는 '숨은 뜻'은 진실로 듣겠다는 마음의 태도를 통해서만 들을 수 있다. 가벼운 대화에서는 자유롭게 하고 싶은 말들을 곧잘 털어놓지만 속마음은 차마 털어놓지 못하고 빙빙 둘러댈 때가 있다. 진심 어린 경청이 필요한 순간은 자신의 속마음을 털어놓기 힘들어하는 사람과 대화할 때다. 차마 꺼내지 못하고 꽁꽁 숨겨둔 속마음은 우리의 눈과 귀, 마음까지도 그를 향했을 때 모습을 드러낸다.

우리의 시선이 가는 곳에 마음이 따라간다. 대화 중에 다른 곳을 바라보면 마음 또한 다른 곳을 향한다. 그러니 상대방의 마음은 보이지 않는다. 상대방이 말하는 동안에 스마트폰의 뉴스를 읽거나, SNS 혹은 카톡을 끊임없이 확인하는 경우다. 시선이 스마트폰을 떠날 수 없으니 마음도 스마트폰에 머물러 있다. 엉뚱한 곳에 시선을 두고 상대방의 말을 듣는 것은 "집중해서 너의 말을 들을게"가 아니다. 들리는 대로 듣겠다는 의미다. '들리다'와 '듣다'는 전혀 다른 의미다. 시선은 아래를 향하고 "듣고 있으니 말해"라고 한다면 사람은 쉽게 마음을 열지 못한다. 진심으로 상대방의 말을 듣고 싶다면 스마트폰과는 잠시만 이별하자.

둘째, 진심 어린 경청은 어떤 조언을 할까 고민하는 것이 아니라 어떤 마음이었을까를 고민하는 것이다.

경청을 위한 마음의 태도는 상대방의 말을 있는 그대로 수용하고 온전히 이해하려는 것이다. 어떤 조언을 할까 고민하는 것은 경청이 아니라 자신이 말할 순간을 찾는 것이다. 우리는 가끔 상대방이 말하는 동안 속으로 그 말이 끝나기를 인내하며 기다린다. 말이 끝나자마자 하고 싶었던 조언들을 늘어놓는다.

"이건 이렇게 하는 거야! 저건 저렇게 하는 게 좋아!"

자신의 속마음을 털어놓고 그 마음을 교정받고 싶은 사람이 얼마나 될까? 교정하려 하지 말고 그저 듣고 이해해 주자. '네가 어떤 마음이었을까'를 고민하는 것이 진정한 경청이다.

19세기 영국의 외교관이자 식민지 주지사였던 휴 엘리엇(Hugh Elliott)은 말했다.

"들어라. 들을 때는 당신의 의견은 없애고 들어라. 당신의 의견이란 당신의 세계를 벗어나면 중요하지 않다. 그러니 그냥 들어라. 젖은 수건을 비틀어 짜듯이 상대방이 하고 싶은 말들을 다 짜내서 온 바닥이 흥건해질 때까지 들어주어라."

상대방이 속내를 모두 털어놓는 동안에 진심으로 경청했을 때, 그들이 마지막으로 하는 말이 있다.

"오늘 정말 고마웠어. 네 덕분에 마음이 한결 편해졌어. 위로받은 기분이야."

마음의 위로를 받은 그들은 우리가 필요한 순간에 같은 방식으로 우리의 마음을 위로한다.

셋째, 진심 어린 경청은 질문으로 상대방이 자신에 대해 말하도록 하는 것이다.

때로는 상대의 말을 더욱 바르게 이해하기 위해서 "한 번 더 자세히 말해줄래요?"라고 확인할 필요도 있다. 핵심은 상대방이 말할 수 있게 배려해 주는 것이다. 사람은 자신의 깊은 이야기를 하면서 가끔 자신도 몰랐던 내면의 모습과 마주하기도 한다. 내면에 숨어 있던 자아와 마주할 때 해결하지 못하고 묻어두었던 문제들과 직면한다. 우리는 내면을 보아야 문제가 보이고 문제를 보아야 해결책을 찾을 수 있다. 이러한 과정을 부드럽게 이끌어 주는 것이 우리의 질문이다.

누군가가 마음을 물어봐 줄 때 진심으로 관심과 이해를 받는다고 느낀다. 마음을 묻는다는 것은 우리에게 마음껏 말할 기회를 준다는 의미다. 놀라운 것은 말하면서 얻는 쾌락이 상당하다는 것이다. 베스트셀러 작가이자 방송인 셀레스트 헤들리(Celeste Headlee)는 저서 『말센스』에서 흥미로운 실험 한 가지를 소개했다. 하버드 대학교 연구팀이 조사한 내용이다. 사람이 자신에 대해 말할 때 쾌락 중추가 활성화된다는 것이다. 즉, 사람들은 마약, 게임 등의 자극적인 활동을 하면 뇌의 쾌락 중추가 활성화되는데, 자신에 대해 말할 때도 같은 부위가 활성화된다.

자신에 대해 말할 때, 쾌락 중추가 활성화되면 도파민이 분비되면서 쾌감을 느낀다. 더욱 놀라운 사실은 피실험자들이 혼잣말로 하면서도 쾌감을 느꼈다는 것이다. 상대방에게 즐거운 감정을 갖게 하고 싶다면 그들 자신에 대해 말하도록 질문하면 된다. 사람들은 본능적으로 자신에 대해 말하는 것을 즐긴다. 그럼에도 쉽사리 자신에 대해 털어놓지 못하는 것은 우리가 상대방에게 말할 기회를 주지 않아서다. 들으려는 적극적인 태도를 보이지 않았으며, 질문조차 하지 않아서일 것이다. 상대방이 자신의 속내를 마음껏 말할 수 있게 진심으로 질문하고 그 말을 경청해 보자. 질문은 상대를 향한 경청의 배려 중 하나다.

넷째, 진심 어린 경청은 상대방을 평가하거나 바꾸려 하지 않는 것이다.
누군가가 나의 말을 들으면서 은근슬쩍 평가하고 내 행동을 바꾸려고 한다면 더 이상 대화하고 싶지 않을 것 같다. 우리는 자신을 향한 평가는 그토록 질색하면서 타인을 향해서는 끊임없이 평가한다.

"네 말 들어보니 네가 잘못했네. 너 그렇게 하면 안 돼. 네가 그렇게 했으니 이런 일이 생기지. 이젠 생각을 좀 바꿔봐. 그럼 도움이 될 거야."

누구나 이런 훈계를 듣고 싶어서 속마음을 털어놓지는 않는다. 답답하고 힘들어서 이야기를 들어줄 사람이 필요한 것뿐이다. 자신의 흠일지도 모를 일들을 솔직히 말하는 사람이 있다면, 평가하지 말고 그들의 태도를 바꾸려 노력하지 말자.

친구가 자신의 남자친구와 있었던 일을 말했다. 헤어질까 말까 고민하면서 힘들게 말을 꺼냈는데 듣는 사람은 이렇게 말한다.

"내 생각엔 네가 남자친구에게 너무 맞추는 것 같아. 그러면 상대는 결국 너를 쉽게 볼 수밖에 없어. 헌신하면 헌신짝 된대. 이젠 너를 좀 챙겨. 네가 소중해야 다른 사람도 너를 소중히 생각하는 거야."

친구를 끔찍이 생각해서 한 말인데 친구는 마음 한구석이 오히려 답답하다. 두 번 다시 같은 문제로 마음을 털어놓지 않을 것이다. 이날 친구에게 필요한 것은 우리의 판단이나 의견이 아니라 그저 그녀의 말을 정성껏 들어주는 것이었다. 상대를 위한답시고 했던 평가는 경청이 아닌 참견이다. 우리가 원하는 것은 참견이 아니라 마음을 알아주는 것이다. 그것이 진정한 경청이다.

우리는 대화 중에 선택적인 듣기를 할 때가 있다. 상대방이 몇 마디를 하고 나면 그 문제에 대한 결론을 마음속으로 미리 정해버린다. 자신이 내린 결론에 맞추어서 듣고 싶은 것만 골라서 듣는 것이다. 상대방이 말을 하는 동안에 어떤 말을 해줄지 생각하고 판단하느라 귀 기울여 듣는 순간이 점점 줄어든다. 그러니 상대방이 하고 싶었던 말이 본의 아니게 왜곡되어 전해진다. 사람의 눈과 표정, 목소리와 몸짓을 모두 듣지 않으면 상대방의 진짜 마음을 알아보기 힘들다. 선택적 읽기를 하면 정확한 국어 지문의 의미를 알 수 없듯이 선택적 듣기를 하면 정확한 상대방의 마음을 알 수가 없다.

처음으로 엄마의 목소리를 들었던 아기처럼 소리가 없는 세상에서 사람은 소외되고 외롭다. 하지만 소리가 있는 세상에서도 나의 말을 들어줄 사람이 단 한 명도 없다면 홀로 남겨진 느낌이 들 수 있다. 사람의 마음을 진심으로 들어주는 고마운 사람이 되는 기술은 간단하다. 하지만 그 위력은 상상을 초월한다. 지금 이 순간 소중한 그 사람의 말에 귀를 기울이면서 이 말을 해줄 수가 있다.

"당신은 혼자가 아니에요."

진정한 경청은 우리가 늘 함께 있다고 눈빛으로 말하는 '따뜻한 눈빛 언어'라는 걸 기억해야 한다.

작가 이해인 수녀의 시 한 편이 가슴에 와닿았다. 경청의 중요성을 아름다운 말로 표현한 시 「듣기」다.

귀로 듣고, 몸으로 듣고, 마음으로 듣고,

전인적인 들음만이 사랑입니다.

모든 불행은 듣지 않음에서 시작됨을 모르지 않으면서

잘 듣지 않고 말만 많이 하는 비극의 주인공이 바로 나였네요.

아침에 일어나면 나에게 외칩니다.

들어라! 들어라! 들어라!

하루의 문을 닫는 한밤중에 나에게 외칩니다.

들었니? 들었니? 들었니?

진심 어린 경청을 하는 4가지 방법

1. 들리는 대로 듣지 말고 상대방 마음의 '숨은 뜻'까지 들으려고 하자.
마음속 '숨은 뜻'은 우리의 시선이 스마트폰이 아닌 상대를 향했을 때 들린다.

2. 상대가 말하는 동안 어떤 조언을 할까 고민하지 말고, 어떤 마음이었을까 고민하자.
사람은 마음을 털어놓으면서 자신의 마음을 교정받기를 원하지 않는다.

3. 질문을 통해서 상대방이 자신에 대해 말할 수 있게 하자.
사람은 자신의 이야기를 하는 순간 쾌락을 느낀다.

4. 상대방을 평가하거나 바꾸려 하지 말자.
답답하고 힘든 마음을 들어줄 사람이 필요한 것이지, 자신을 훈계하고 바꾸려는 사람이 필요한 것은 아니다.

26
수용, 상대를 있는 그대로 받아들이며
대화하면 관계가 좋아진다

"우리는 사람에게서 좋은 모습은 받아들이고 원치 않는 것은 받아들이지 않습니다.
무엇을 수용할지 그 기준은 항상 우리 자신입니다. 이제는 마음을 열고
상대의 모습 그대로 받아들여 보세요. 그들은 우리에게 소중한 존재니까요.
받아들여짐은 인정과 존중의 다른 표현입니다."

어느 방송 프로그램에서 조금 황당한 이야기가 소개된 적이 있다. 다른 나라 여성의 사례였는데 그녀는 매력적인 외모에도 불구하고 최근 6개월 동안 30번의 성형수술을 받았다. 더 놀라운 것은 자신의 의사가 아니라 남자친구의 강요로 수술을 한 것이다. 자연스럽고 예쁜 모습이 점점 인위적으로 변해가는 와중에도 남자친구는 외모에 대한 지적을 계속하고 있었다. 여성은 결국 잘못된 사랑임을 깨닫고 남자친구와 이

별했다.

이와 비슷한 이야기가 우리나라에도 제법 있다. 연애를 시작한 남녀는 서로 사랑한다면서 상대방의 외모를 지적하고 자신이 원하는 모습으로 바꾸길 원했다. 다이어트를 강요하거나 수술을 강요하는 경우가 생각보다 많았다. 이런 남녀의 사랑은 서로의 모습을 온전히 수용하지 못한 잘못된 방식의 사랑이다. "어떻게 그런 사랑을 할 수가 있지?"라며 한심한 듯이 말할 수 있다. 하지만 사실 우리도 외모뿐 아니라 성격이나 취향에서도 우리가 원하는 방식으로 상대방을 바꾸고 싶어 한다. 대화 방식, 식사 모습, 심지어 옷 입는 스타일까지도 자신이 선호하는 방식으로 상대방을 세팅하려고 한다. 주변에서 흔히 볼 수 있는 광경이라 그저 평범하게 느껴질 정도다.

'수용'이란 상대방을 있는 그대로 온전히 받아들이는 것을 말한다. 외모뿐 아니라 말투, 습관, 성향, 기호, 그를 둘러싼 관계들까지도 온전하게 받아들이는 것이다. 인간관계에서 '수용'은 중요한 의미를 지닌다. 왜냐하면 우리가 관계 속에서 보여줄 수 있는 최고의 사랑 중 하나가 수용이기 때문이다. "당신을 둘러싼 관계 속에서 당신은 온전히 수용되고 있나요?"라는 질문에 많은 사람이 "아니요"라고 답한다. 자신의 마음을 온전히 이해받는다고 느끼는 경우가 많지 않기 때문이다. 오히려 마음을 너무 몰라준다고 섭섭해한다. 반대로 "당신은 소중한 그 사람을 있는 그대로 수용하나요?"라고 질문하면 "네, 그래요"라는 대답이 좀 더 많다.

많은 사람이 자신은 상대를 수용하지만, 상대로부터 그만큼 수용되지는 않는다고 느낀다. 이유는 대인관계에서 '수용 여부'를 판단하는 기준이 '나'이기 때문이다. 내가 보여주는 수용에는 후한 점수를 주고 내가 받는 수용에는 인색한 점수를 준다. '수용 여부'를 판단하는 기준은 '나'가 아닌 '당신'이 되어야 더욱 정확하지 않을까? '당신'을 변화시키지 않고 그대로 받아들이는 것이 진정한 수용이기 때문이다.

관계에는 상호성의 원칙이 작용한다. 상호성의 원칙은『설득의 심리학』의 저자인 로버트 치알디니 교수가 연구해 발표한 이론이다. 받은 만큼 갚는다는 의미다. 내가 상대를 존중하면 상대도 나를 존중한다. 내가 상대를 싫어하면 상대도 나를 싫어한다. 그리고 내가 먼저 상대를 수용한다면 상대도 나를 온전히 수용할 것이다. 우리는 그동안 수용하는 법을 몰라서 안 했을지 모른다. 온전한 수용을 제대로 받아본 적이 없다면 더욱 모를 수 있다. 그러니 우리가 먼저 수용의 방법을 알고 상대를 수용한다면 우리의 관계는 상상할 수 없을 정도로 행복해질 수 있다.

심리학자 앨리엇 애런슨(Elliot Aronson)은 이런 상호성의 원칙을 보여주는 재미있는 실험을 했다. 실험 참여자들을 A, B 두 그룹으로 나누어 각자 자신을 도와줄 동료들과 업무를 수행하게 했다. 한 가지 차이점이 있다. A그룹에게는 동료가 자신을 싫어한다는 이야기를 은근히 던졌다. 반대로 B그룹에게는 동료가 자신을 좋아한다는 이야기를 은근히 던졌다. 업무를 수행하는 과정에서 자신을 좋아한다는 말을 들은 그룹은 동료들에게 눈빛, 표정 등 비언어적으로 호감의 표현을 많이 했다. 반면 자신을 싫어한다는 말을 들은 그룹은 동료들에게 눈빛과 표정, 목소리까지 싫어하는 표현을 했다. 물론 당사자들은 자신이 그렇게 표현했다는 것을 모르고 있었다.

사람은 자신이 느낀 감정을 행동을 통해서 표현하기 마련이다. 이 실험의 핵심은 상대가 우리를 좋아하면 우리 역시 상대방을 좋아한다는 것이다. 만약, 상대가 우리를 좋아하게 만들고 싶다면 우리가 그들을 먼저 좋아하면 된다. '어떻게 받을까?'를 고민하기에 앞서 '어떻게 줄까?'를 고민하는 것이 순서다. 우리가 지혜롭게 잘 주었을 때, 잘 받은 상대는 필요한 순간에 갚아주기 때문이다. 먼저 상대를 수용하자. 오래 지나지 않아 수용을 받은 상대는 우리를 수용한다. 모든 관계에 일률적으로 적용할 수는 없지만, 많은 부분에 적용할 수 있다.

유명한 상담 프로그램 「금쪽같은 내 새끼」에 초등학생 여자아이가 출연했다. 이 아이는 심각한 불안장애를 갖고 있었다. 1층에서 혼자 엘리베이터를 타고 집까지 가는 것조차 두려웠고, 심지어 엘리베이터에서 내려서 복도를 지나 집 앞 현관까지 가는 길이 아이에게는 너무나 무서웠다. 생활에서 흔하게 발생하는 모든 사소한 것들이 두려웠고 아무것도 하지 않을 때조차도 참지 못했다. 다행히도 끊임없이 힘들어하던 아이가 어느 순간 조금씩 좋아지기 시작했다. 부모님이 보여준 수용적 태도 덕분이었다.

혼자 귀가하는 것이 힘든 아이에게 용기를 주기 위해 아빠는 아이의 역할을 하면서 귀가하는 영상을 찍었다. 엘리베이터를 타고 와서 복도를 걸어오고, 현관문을 열고 들어가는 장면이다. 아빠가 엄마의 역할까지 하면서 현관 입구에서 반기는 장면까지 영상으로 재미있게 담아냈다. 영상을 아이에게 보여주자 아이는 너무 기뻐했고 똑같은 도전을 하고 싶어 했다. 그리고 난생처음으로 도전에 성공했다. 이 모습을 지켜보던 엄마와 아빠는 감동의 눈물을 흘렸다.

처음에는 아이의 부모님 역시 어떻게 해야 할지 몰랐다. 그저 사랑으로 보살피기만 했다. 하지만 전문가에게 배운 솔루션 덕분에 아이를 올바르게 이해하고 소통할 수 있었다. 무엇보다 감동적인 것은 불안장애로 고통받는 아이의 마음을 온전히 받아들이는 모습이었다. 볼펜 잉크가 눈가에 살짝 묻은 아이가 불안해서 소리 지를 때도 아빠는 조금 기다려 주었다. 그리고 아이의 마음을 온전히 수용하되 감정의 한계는 알려주는 모습이 감동적이었다.

관계 속에서 상대방을 '수용'하는 모습을 갖추기 위해서 먼저 마음으로 해야 할 말이 있다. 그건 바로 '그래, 그럴 수 있지'라는 말이다. 상대방이 한 말이나 행동이 우리의 것과 다르다 할지라도 그것을 우리 뜻대로 수정하기보다는 이 말부터 하자.

"그래, 그럴 수 있지."

세계적인 비즈니스 컨설턴트이자 성공한 사업가 브라이언 트레이시(Brian Tracy)는 말했다.

"사람은 쉽게 변하지 않는다. 그러니 있는 그대로 대해줘라. 다른 사람들을 바꾸려 하지 말고 변화할 것이라고 기대하지도 마라. 그들을 무조건 수용하는 것이 행복한 인간관계의 관건이다."

'얼마나 많이 수용하는가'가 '얼마나 행복한 인간관계를 가지는가'를 결정한다. 수용은 우리를 행복한 관계로 이끈다. 상대를 존중하고 사랑을 표현할 수 있는 진정한 수용의 모습 3가지만 기억하자.

첫째, 상대방을 타인과 비교하지 말자.

비교란 둘 이상의 대상을 견주어서 비슷한 것과 다른 것이 무엇인지 찾는 것을 말한다. 하지만 우리가 일상에서 하는 비교는 두 사람을 견주어서 누가 더 우월한가를 찾는다. 우월하지 못한 사람이 우월한 모습으로 변화하기를 원해서다. 사람의 겉모습이 다르듯 내면의 모습도 모두 다르다. 잠재적인 능력은 물론 생각하는 방법, 기질, 선호도 등 그 어느 것도 같은 것이 없다. 비교는 상대를 있는 그대로 수용하는 것이 아니다. 다른 사람의 잘나 보이는 특성을 따라 하기를 바라는 마음의 표현이다. 타인과의 비교를 멈출 때 비로소 상대방의 진정한 모습이 보인다.

둘째, 대화에서 첫마디는 Yes로 시작하자.

대화에서 보여주는 수용의 태도는 상대가 말할 때 "그래"라고 먼저 말하는 것이다. 수용이 힘든 사람은 상대방이 생각이나 의견을 말할 때, 일단 "아니"를 외친다. "아니"라는 말의 의미는 "네 말은 틀렸어. 다시 생각해 봐"라는 뜻이다. 우리는 '다르다'와 '틀리다'를 구별해서 사용해야 한다. '다르다'라는 말은 '다양성'을 전제하지만 '틀리다'라는 말은 '잘못'을 전제한 말이다. 사람의 생각은 모두 다르다. 다른 생각들이 모여서 다양성을 이루는 것이다. 우리의 대화 역시 그렇다. 각자 다른 생각들을 모아서 더 멋진 생각을 만들어가는 것이 우리가 나누어야 할 대화의 모습이다. "그래, 네 말도 맞아." 이렇게 시작하는 대화가 다양성을 인정하는 수용의 대화다.

셋째, 감사함을 표현하자.

일상에서 상대에게 감사할 일은 많다.

"따뜻한 목소리로 말해줘서 고마워요."

"아침마다 식사 준비해 줘서 고마워요."

"나와 대화의 시간을 내줘서 고마워요."

"내 옆에 있어줘서 고마워요."

사소한 것 하나도 당연한 것은 없다. 상대방의 작은 행동과 말 속에는 언제나 우리를 향한 따뜻한 마음과 배려가 숨어 있다. 모르고 지나쳤던 숨은 배려에 감사를 표현한다면 감사받은 사람의 마음은 자존감으로 가득 차게 된다. '난 꽤 괜찮은 사람이구나.' '난 인정받는 사람이구나.' '난 소중한 존재구나.' 감사의 표현을 통해서 상대방은 있는 그대로 인정받고 존중받는다. 이것이 진정한 수용의 모습이다.

많은 인간관계가 조건부로 이루어질 때가 있다. 내 말을 잘 듣고 내가 원하는 행동을 할 때 자녀 혹은 가족을 좋아한다. 내가 원하는 대로 다른 모임은 뒤로한 채 나를 만나줘서 남자친구 혹은 여자친구가 좋다. 내가 원하는 대로 직장생활 잘하고 자기계발을 열심히 해서 남편 혹은 아내가 좋다. 만약 언젠가 내가 원하는 대로 주변 사람들이 하지 않으면 그때는 어떻게 될까? 내 말에 반대하고 더 이상 맞출 수 없다고 나를 피한다면, 그동안 노력하며 쌓아온 소중한 관계를 완전히 잃게 되는 것이다. 내가 원하는 조건부가 아닌 상대방을 있는 그대로 사랑해 줄 마음의 말, '그래, 그럴 수 있지.' 이 말을 잊어서는 안 된다.

넓고 푸르른 바다를 보면서 우리가 감동하는 이유는 우리가 원하는 모습으로 바다를 통제할 수 없기 때문이다. 찬란한 붉은빛의 태양이 떠오를 때, 환상적인 이유는 우리가 태양에게 어떤 빛깔을 띠어야 하는지 요구할 수 없기 때문이다. 새파란 하늘, 하늘 위로 치솟은 거대한 바위산이 경이로운 이유는 우리가 만들 수 없기 때문이다. 방긋 웃는 환한 미소가 우리의 마음을 따뜻하게 녹이는 이유는 미소 짓는 사람의 마음속 따뜻함이 그대로 나타났기 때문이다. 있는 모습 그대로가 아름다운 것이고 그것을 온전히 받아들여서 더욱 감동적이다.

사람을 있는 그대로 온전히 수용한다면 그들이 지닌 내적 위대함을 볼 수 있다. 완벽하게 멋지고 아름다운 사람은 없다. 하지만 사람이 가진 내적 잠재력은 그 사람을 충분히 멋지고 아름답게 만들 수 있다. 사람의 내적 힘은 우리가 그를 온전히 수용했을 때 기적을 만들어낸다. 우리가 통제할 수 없는 것은 넓고 푸른 바다 혹은 밝게 떠오르는 태양만 있는 것은 아니다. 사람의 마음속 무한한 잠재력도 우리가 함부로 통제할 수 없다.

영국의 전기 작가 제임스 보즈웰은 말했다.

"사람은 경험에 비례해서가 아니라 경험을 수용할 수 있는 능력에 비례해서 현명해진다."

우리에게 관계란 얼마나 소중할까? 딱 우리에게 소중한 만큼 그들의 모습을 그대로 수용하자. 우리의 수용은 상대방을 더욱 귀한 존재로서 빛나게 할 것이니. 그 속에서 얻는 우리의 현명함 또한 우리를 빛나게 할 것이다.

서로를 빛내는 마음속 그 말은 '그래, 그럴 수 있지'이다.

관계를 빛낼 수용의 말 VS 관계를 깨뜨릴 비수용의 말

수용의 말	비수용의 말
• 네 마음이 그랬구나. 이제 알겠어.	• 안 돼! 딱 내 말대로만 해.
• 왜 그렇게 생각하는지 물어봐도 될까요?	• 넌 도대체 왜 그러니? 그냥 하라는 대
• 그 이야기를 좀 더 해줄 수 있어요?	로 하면 안 돼?
• 그렇게 생각할 수도 있겠네. 미처 몰랐어.	• 정신이 있는 거야, 없는 거야?
• 네 말을 들으니 네가 왜 그랬는지 알겠어.	• 다 너 잘되라고 그러는 거야. 널 위해서.
• 말하고 싶을 때 말해도 돼. 기다릴게.	• 당신 위해서 내가 얼마나 고생했는데,
• 당신은 세상에서 가장 소중하고 귀한	왜 그걸 몰라요?
사람이에요. 이 사실을 잊지 말아요.	• 듣기 싫어. 쓸데없는 말 좀 그만해.

진정한 수용을 위한 3가지 팁

1. 상대방을 타인과 비교하지 말자.

타인과의 비교를 멈출 때 상대방의 진정한 모습이 보인다.

2. 대화에서 첫마디는 "Yes"로 시작하자.

"Yes"란 상대의 의견을 인정하는 말이다. "그래, 네 말도 맞아." 이렇게 시작하는 대화는 다양성을 인정하는 수용의 대화다.

3. 감사함을 표현하자.

감사의 표현을 통해서 상대방은 있는 그대로 인정받고, 존중받는다.

27
침묵, 느껴지는 언어인 침묵은
메시지를 더 효과적으로 전한다

"잠깐 침묵해도 될까요? 침묵할 때 진정한 소리가 들립니다.
침묵할 때 비로소 우리 안에서 속삭이는 내면의 소리가 들립니다.
침묵하는 동안의 소리를 들어보세요.
그 소리가 우리를 바른길로 안내할 겁니다."

임진왜란의 3대 대첩 중 하나인 한산도 대첩을 배경으로 한 영화 「한산」은 이순신 장군이 일본과의 수전에서 대승을 거둔 장면을 감동적으로 잘 표현했다. 이 영화는 일반적인 영화와 달리 주연인 이순신 장군의 대사가 많이 없다. 오히려 입을 굳게 닫은 침묵의 순간들로 장군의 카리스마가 절묘하게 묘사된다. 위엄 있는 목소리로 호통을 칠 법도 한데 그런 장면이 단 한 컷도 없다. 과묵함, 강렬한 시선, 사색에 잠긴 장면들이 영웅을 더욱 영웅답게 표현한 것이다. 진정한 카리스마의 힘이 침묵에서 나온다는 것을 영화는 증명이라도 하는 듯하다.

역사적으로 많은 위인들은 일찍이 침묵의 중요성을 강조해 왔다. 위엄 있는 모습으로 사람의 마음을 움직이기 위해서 그들이 한 것은 큰 소리의 호통이나 논리적인 언변이 아니다. 소리를 잠시 멈추고 상대를 응시하면서 보낸 그들의 눈빛과 몸짓이 사람의 마음을 움직였다. 고대 그리스의 철학자이자 수학자 피타고라스는 말했다.

"침묵하라, 아니면 침묵보다 더 가치 있는 말을 하라."

사람의 마음을 움직이는 힘 있는 말을 하고 싶다면 백 마디 말보다 5초간의 침묵이 더욱 효과적이다. 침묵은 들리는 언어가 아니다. 느껴지는 언어다. 때때로 사람은 보이지도 들리지도 않지만 강렬한 느낌으로 존재하는 것에 더욱 압도되는 경향이 있다. 두려움이나 공포를 극대화하기 위해 영화에서 주로 사용하는 도구가 바로 침묵이다.

2018년에 개봉한 공포영화 「콰이어트 플레이스(A Quiet Place)」는 제목 그대로 소리가 없는 공포영화다. 대화, 움직임 등 소리를 내면 괴물에게 목숨을 잃게 된다. 괴물은 소리를 통해서 사람을 찾기 때문이다. 침묵과 고요함 속에서 느껴지는 공포는 확실히 관객을 압도했다. 이것이 침묵의 힘이다.

영화가 아닌 일상에서의 침묵은 두려움이나 공포가 아닌 다른 메시지를 효과적으로 전할 수 있다. 침묵은 타인을 수용하고 인정하는 모습, 과묵하고 위엄 있는 모습을 전한다. 그래서 더 큰 신뢰감을 준다.

슬픔을 겪고 있는 사람과 함께할 때 침묵으로 더 큰 슬픔을 공감할 수 있다. 누군가가 기쁨의 순간을 전할 때 환한 미소와 축하의 눈빛, 따뜻한 포옹으로 그 감정을 전할 수 있다. 윌리엄 셰익스피어는 말했다.

"침묵이야말로 기쁨을 전하는 최고의 전령이다. 말로 할 수 있는 정도의 기쁨은 대수롭지 않은 기쁨이다."

우리가 말로 표현할 수 있는 언어는 한정적이다. 더군다나 감정을 나타내는 언어를 우리는 얼마나 다양하게 표현할 수 있을까? 극한 감정의 순간에는 백 마디 말을 쉬지 않고 하기보다는 잠시 멈추고 상대를 진심으로 응시해 보자. 그 순간 알게 되는 것이 있다. 잠깐 멈춤이 더 많은 것을 나누고 함께할 수 있는 시간이라는 것이다. 침묵은 사람의 마음을 더욱 파고든다. 잠깐의 침묵으로 듣는 사람들의 가슴을 더욱 뭉클하게 했던 연설이 있다.

2011년 1월에 애리조나에서 있었던 연설이다. 이날 총기 난사 희생자를 위한 추모행사가 있었고 오바마 전 대통령이 위로의 연설을 했다. 총기 난사로 세상을 떠난 8세 소녀를 추모하던 중 오바마 전 대통령은 차마 말을 잇지 못하고 잠시 멈췄다. 슬픔에 찬 눈빛으로 청중을 바라보다가 먼 곳을 바라보며 생각에 잠기기도 했다. 그렇게 멈춰진 시간은 정확히 51초였다. 아무 말이 없었지만 분명 표정으로 눈빛으로 그리고 여러 곳을 바라보는 동작들로 애도의 마음을 전하고 있었다. 아직 완전히 피어나지도 않은 어린아이가 세상을 떠난 슬픔을 침묵이 아닌 다른 말로는 도저히 표현할 수 없었을 것이다.

우리는 일상대화에서 자신의 의사를 말로 표현하는 것을 좋아한다. 자기 생각이나 의도를 반드시 말로 표현해야 한다고 생각한다. 한 번만 말해도 충분한데 같은 말을 여러 번 할 때도 있다. 가끔 쉼표나 마침표를 깜빡하기도 한다. 쉬지 않고 들리는 소리에 듣는 사람은 어떨까? 특히 그런 소리가 누군가의 험담이나 자랑 혹은 충고나 잔소리라면 더욱 힘들지도 모른다. 듣는 사람은 자신을 지키기 위해 대부분의 말을 흘려보낼 것이다.

말이 소통을 위한 언어이듯이 침묵 또한 소통을 위한 언어다. 소통으로 우리의 관계를 이어가기 위해서는 말과 침묵의 균형이 필요하다. 우리의 말이 관계를 맺게 하지만 침묵 또한 관계를 이어나가기 위한 수단이기 때문이다. 일상에서 좋은 관계를 만들기 위해 침묵이 꼭 필요한 순간들이 있다. 상대방의 마음을 읽어야 하는 순간 혹은 좋은 분위기를 위해서 나의 불편함을 살짝 가라앉혀야 하는 순간이다. 상대방의 질문에 성의 있게 답변하기 위해서 잠시 침묵하거나 내 마음의 휴식을 위해서 잠깐의 침묵이 필요하기도 하다. 하지만 침묵이 오해를 불러오는 순간도 있다. 침묵이 필요한 순간과 침묵이 갈등을 일으키는 순간에 대해서 알아보자.

첫째, 침묵이 필요한 순간은 소중한 누군가의 마음에 동기부여를 하고 싶은 순간이다.

요즘 세상에는 똑똑한 사람들이 많다. 그래서 소중한 사람들에게 자신이 알고 있는 좋은 것들을 말해주고 싶어 한다. 자신의 경험이나 덕담, 좋은 정보들을 말하고 또 말한다. 좋은 말들은 동기부여를 하는 데 분명히 도움이 된다. 단, 주의할 것은 너무 길면 안 된다는 것이다. 과유불급(過猶不及)이라는 한자성어를 들어봤을 것이다. 지나친 것은 모자라는 것과 같다는 의미다. 상대방을 위해 좋은 말을 한마디 해줬다면 그가 충분히 사색하고 받아들일 수 있는 시간이 필요하다. 그 시간을 기다리기 위해서 잠시만 침묵하자.

동기부여는 말 그대로 상대방의 내면에 좋은 싹이 틀 수 있도록 물과 거름을 주는 행위다. 하지만 너무 많은 물과 거름은 갓 올라온 새싹에 오히려 독이 된다. 그가 지닌 마음속 씨앗이 싹틀 수 있도록 따뜻한 태양을 비추는 것이 더 중요하다. 침묵이 그런 것이다. 어느 정도의 물과 거름을 줬다면 따뜻한 태양 빛을 비추면서 기다리는 시간이 필요하다. 싹은 기다림을 먹고 자란다. '난 널 믿어.' 그리고 이어지는 미소를 머금은 침묵의 기다림. 그것은 소중한 이를 향한 믿음이고 신뢰다.

둘째, 침묵이 필요한 순간은 마음에 불편함이 느껴지는 순간이다.

가끔 가족이 모여 식사를 하거나 대화를 하던 중에 마음에 탁 걸리는 사소함으로 불편할 때가 있다. 나를 향한 질문에서 약간의 비난이 느껴지거나 내가 원치 않는 이야기를 할 때도 있을 것이다. 혹은 별 뜻 없이 꺼낸 대화 소재가 자신의 좋지 않은 과거 경험과 연결될 때 불편함을 느낀다. 조금이라도 우리의 마음이 불편하면 좋은 말을 할 수가 없다. 이럴 땐 15초간 마음속으로 질문 하나를 던지면 좋다.

'내가 하고 싶은 말 속에 아주 작은 가시가 박혀 있지 않은가? 알면서 모르는 척 가시 박힌 말을 하고 싶은 것은 아닐까?'

잘 참은 15초는 소중한 사람과 우리의 마음을 지킨다.

나는 과거에 정말 그랬다. 친구와의 대화나 가족과의 대화에서 사소한데 말 못 할 불편함이 느껴지면 일부러 말에 약간의 가시를 담았다. 실수인 척 냉소적인 말을 하거나 티 안 나게 가시를 숨겼다. 잠깐만 참으면 될 것을 참지 못하고 소중한 사람의 마음에 생채기를 내는 것이다. 한두 번이야 참고 넘길 수 있지만, 대화의 매 순간이 상처뿐이라면 소중한 관계에 회복하기 힘든 금이 가게 될 것이다. 불편할수록 침묵하자. 할까 말까 망설여지는 말은 하지 않는 것이 좋다. 하고 싶더라도 나에게만 좋은 말이라면 덜 하는 것이 낫다. 해서 상대방이 기뻐할 말이라면 마음 놓고 해도 좋다.

셋째, 침묵이 필요한 순간은 누군가의 질문에 5초간 생각하는 순간이다.

보통 우리의 대화는 상대방의 말이 끝나기가 무섭게 반응한다. 혹은 상대방이 질문하면 지체 없이 답을 한다. 생각을 정말 빨리 하거나 상대방이 말하는 동안에 자신이 하고 싶은 말을 미리 생각해야 가능한 일이다. 상대방의 질문에 생각 없이 하는 말이 얼마나 깊이가 있을까? 그러니 누군가가 물어본다면 잠깐 생각할 시간이 필요하다. 상대방의 질문에 최선을 다해서 대답하고 싶다면 5초만 생각하자.

"당신은 어떻게 생각해요?"라는 질문을 받고 5초 동안 생각하면 처음에는 상대방이 당황할 수도 있다. 우리의 대답을 기다리느라 조금은 지루해할 수도 있다. 하지만 대화할 때마다 잠깐 생각하고 말을 이어간다면 나중에는 오히려 신중한 사람이라는 인상을 준다. 발언 전의 짧은 침묵은 사람의 주의를 집중시키는 효과가 있다. 발언 전 5초간의 침묵이 우리를 신중한 사람으로 만들고 듣는 이의 집중력을 끌어내니 효과적인 대화 수단이 된다. 생각하는 시간 5초는 '당신의 질문에 최선을 다해 답하겠습니다'라는 무언의 메시지다.

넷째, 침묵이 필요한 순간은 정서적 휴식이 필요한 순간이다.

문명의 발달로 우리는 소리 속에 파묻혀 산다. 생활 속에서 발생하는 생활 소음을 말하는 것이 아니다. 단 한 순간도 우리의 귀를 가만 놔두지 못해서 우리가 의식적으로 듣는 소리를 말한다. 버스를 타거나 길을 걸을 때면 많은 사람의 귀에 이어폰이 착용되어 있는 것을 볼 수 있다. 잠시라도 무엇인가를 듣지 않으면 견딜 수 없는 것처럼 보인다. 하지만 이런 우리에게 필요한 것은 소리가 아닌 휴식이다.

하루 중 단 20분 혹은 30분만이라도 자신을 위한 휴식의 시간을 가져 보자. 그 짧은 순간에 온갖 소리를 차단하고 고요한 정적을 느껴보면 어떨까? 침묵 속에서 어떤 생각은 떠올리고 어떤 생각은 걷어낼 수도 있다. 자신이 원하는 것은 무엇이고 피하고 싶은 것은 무엇인지 내면의 소리를 듣고 판단할 수도 있다. 생각에 생각이 더해지면 믿기 어려울 정도의 내적 에너지가 만들어진다. 함축된 내적 에너지는 우리가 해결하고 싶은 문제를 해결할 수 있는 지혜를 제공한다. 변화하고 성찰하고 성장하고 싶은 우리에게 하루 30분의 침묵은 꼭 필요한 시간이다.

다섯째, 침묵해서는 안 되는데 침묵해야 한다고 오해하는 순간도 있다.

바로 갈등이 발생하고 있는 순간이다. 갈등을 예방하기 위해서는 침묵이 도움이 될 수 있다. 하지만 이미 갈등이 발생하고 있는 상황에서는 침묵이 오히려 독이 된다. 갈등의 순간에 침묵으로 일관한다면 상대방은 울화통이 터지고 말 것이다. 갈등이 커지는 관계에서 상대방이 진심으로 바라는 것은 침묵이 아닌 수용의 대화다.

"네 생각이 그런 줄 몰랐어."

"네 말을 듣고 나니 충분히 이해해."

"몰라줘서 미안해."

이런 수용의 말을 상대는 원한다. 침묵도 잘 사용하면 약이 되지만 잘못 사용하면 독이 된다. 소중한 인간관계를 지키기 위해서 침묵이 약이 되는 상황과 독이 되는 상황을 구별하는 지혜가 필요하다.

마시멜로 이야기를 들어본 적이 있을 것이다. 아이들의 책상 위에 마시멜로를 올려놓고는 먹지 않고 기다리게 한다. 만약 참아내면 그 대가로 마시멜로를 두 배로 먹을 수 있다. 이렇게 아이들의 인내력을 테스트한다. 침묵하는 행위는 꼭 마시멜로를 먹지 않고 참는 것과 같다. 자신을 향한 일종의 수양 같은 것이다. 하나를 참고 두 개를 참고 수십 수백 개를 안 먹고 참으면 나중에 몇 배의 마시멜로를 가질 수가 있다. 나중에 우리가 갖게 될 마시멜로는 우리를 향한 존중이 될 것이고 믿음이 될 것이며 신뢰가 될 것이다.

첫 시작은 마음속 목소리를 참아내는 침묵이고 중간은 상대의 말을 귀담아듣는 경청이다. 그리고 그 마지막 열매는 진심을 터놓고 마음을 나누는 관계의 축복이다. 지금 우리가 참는 한두 번의 침묵을 알아봐 주는 이는 없다. 그럼에도 서로 다치지 않기 위해 내 안의 말을 살피고 또 살펴보자. 아이에게 생선살을 발라줄 때 아주 작은 가시 하나라도 숨어 있는지 살피는 관심과 사랑, 그것이 우리의 관계를 지키는 침묵이다.

침묵이 필요한 순간 VS 침묵하면 독이 되는 순간

1. 소중한 누군가의 마음에 동기부여를 하고 싶다면 좋은 말 한마디만 하고, 침묵하자.
좋은 말의 씨앗이 마음에 심어지면 싹트고 자라기까지 시간이 필요하다.

2. 대화하던 중 마음속에 불편함이 느껴지면 잠시만 침묵하자.
불편한 마음으로 하는 말 속에는 상대의 마음에 생채기를 내는 가시가 숨어 있다.

3. 상대방이 질문하면 5초간 생각하면서 침묵하자.
생각하는 시간 5초는 '당신의 질문에 최선을 다해 답하겠습니다'라는 무언의 메시지다.

4. 우리의 정서적 휴식을 위해서 하루 30분만 고요함 속에 있어보자.
고요함 속에 있을 때 우리가 성장할 수 있는 내적 에너지가 만들어진다.

5. 침묵이 독이 되는 순간이란 갈등이 발생했을 때다.
갈등이 있을 때 침묵으로 일관하면 상대방은 울화통이 터진다. 갈등의 순간에는 침묵이 아닌 수용의 대화가 정답이다.

28
조언, 좋은 조언은 상대를 인정하고 존중하는 마음에서 나온다

"소중한 그에게 조언하고 싶다면, '이러는 게 좋아. 저러는 게 좋아.
널 위해서 그러는 거야.' 이런 말은 하지 마세요.
이 말을 들으면 사람의 마음속에 숨어 있던 청개구리가 나타나서 반대로만 행동해요.
진심으로 따뜻한 조언을 하고 싶다면 상대방이 자신의 내면을
들여다볼 수 있게 도와주세요. 우리의 조언은 내면의 자아를 찾는 여정에서
이정표 역할로 충분합니다."

2016년 「멘토는 내 안에 있다」라는 다큐멘터리 영화가 개봉했다. 세계적인 동기부여 강연자 토니 로빈스 주연의 초대형 세미나 다큐는 아픔을 겪는 많은 사람에게 용기를 주었고, 힘든 삶을 바꾸는 기적을 만들었다. 세미나에 참석한 사람들은 토니 로빈스와의 단 몇 분간의 대화로 소중한 자신의 내면과 삶의 희망을 찾을 수 있었다.

이런 기적이 만들어진 이유는 마음이 아픈 사람들에게 희망을 주고

싶은 토니 로빈스의 간절함이 통했기 때문이다. 세미나에서 보였던 그의 진심은 청중의 아픔을 공감하면서 함께 흘린 눈물이었고 그들의 내면의 자아를 인정하는 따뜻한 말이었다. 이것이 청중을 향한 토니 로빈스의 진심 어린 조언이었다. 한 청년과의 감동적인 대화가 기억에 남는다.

자살 말고는 다른 삶의 방법을 찾을 수 없었던 한 청년이 토니 로빈스와 마주했다. 강연장 내부에서는 수많은 사람이 이들의 대화를 숨죽여 지켜보고 있었다.

강연자 : 왜 자살하려고 했죠?
청년 : (깊은 한숨을 쉬고) 인생의 힘든 시기를 겪었어요. 그리고 나라는 사람을 버리고 싶었어요. 나를 괴롭히는 혐오감에서 벗어나고 싶었지만, 출구를 찾을 수 없었어요.
강연자 : 무엇이 당신을 혐오하도록 만들었나요?

강연자의 질문에 청년은 어떤 끔찍한 감정을 기억해 내는 것처럼 보였고, 긴장과 불안으로 호흡이 거칠어졌다. 분위기를 읽은 강연자는 가벼운 농담으로 청년의 긴장을 풀어주었다. 청년이 불안감을 가라앉히고 가벼운 미소를 짓자 강연자는 소중한 아이를 대하듯 청년의 볼을 자연스럽게 터치했다. 강연자는 부드럽고 인자한 눈빛으로 청년의 눈을 바라보면서 진심으로 말을 이어갔다.

강연자 : 자신에게 가혹했군요. 기준이 높은 것은 좋습니다. 하지만 그

것은 기준이 높은 정도가 아니라 '완벽주의'입니다. 좌절을 겪는 많은 사람이 인생의 한 치 앞을 못 보고 자신을 버리려고 하죠. 20~30년 뒤에 무슨 일이 일어날지 모르는 일이잖아요.

강연자는 잠시 말을 멈추고 청년의 눈을 따뜻하게 바라봤다. 따뜻한 눈빛, '당신을 이해해요'라는 의미를 담은 작은 끄덕임은 청년의 얼어붙은 마음을 서서히 녹이고 있었다. 충분한 공감의 눈 맞춤 후에 강연자는 말을 이어나갔다.

강연가 : 아직 시간이 있어요. 시간이 지나 자신을 좀 더 사랑하게 된다면 자신이 꽤 좋은 사람이라는 것을 알게 될 겁니다. 난 그것이 느껴져요. 당신도 이미 느끼고 있죠?

사람의 심리를 이미 꿰뚫고 있는 그의 확신은 흔들림이 없어 보였다. 확신에 찬 어조로 그는 청년에게 말했다.

강연자 : 자신을 개선하고 인생을 즐길 방법을 알려줄게요. 그러니 약속 하나 합시다. 앞으로 살아가면서 내가 한 말을 기억하는 겁니다. 원하는 성장을 하기까지 시간이 걸리겠지만 세상을 즐길 방법을 반드시 찾게 될 겁니다. 전 당신이 그것을 해낼 것이라고 믿어요. 당신은 어때요?
청년 : …전 처음으로 마음을 열었어요. 그리고 이 모든 것을 받아들이고 믿을 겁니다.
청년은 마음을 열고 세계적인 강연자를 믿게 되었다고 말했다. 강연

자는 감동에 찬 표정으로 청년을 꼭 감싸 안았다. 청년의 눈에 눈물이 흘러내렸다. 그 눈물의 의미는 자신의 내면에 숨어 있던 아픈 자아를 세상 밖으로 이끌어준 강연자에 대한 고마움이었다.

강연장에서 숨죽여 지켜보던 사람들이 청년에게로 다가와 격려의 포옹을 해주었다. 강연장 안은 기쁨과 웃음 그리고 감동과 눈물로 가득 찼다. 이 모든 일은 불과 3분이라는 짧은 시간 동안 일어났다. 토니 로빈스는 자살을 원했던 청년에게 3분이라는 짧은 시간 동안 삶의 희망을 찾을 수 있게 했다.

이날 토니 로빈스가 청년에게 해주었던 말은 청년의 마음을 바꾸기 위한 설득이 아니었다. 청년의 내면에 있는 자아를 인정해 주었고, 그동안 힘들었을 내면의 자아를 위로해 주었으며, 누구에게나 있는 위대한 자아를 청년 또한 가지고 있다고 말해주었다. 그러한 그의 진정성이 청년의 마음을 열게 했고, 살아갈 의미를 찾아주었다.

우리는 상대를 위한답시고 충고와 조언을 한다. 안타까운 사실은 우리의 의도와 달리 상대는 그러한 말들을 자신을 괴롭히는 잔소리 혹은 지적질로 생각한다는 것이다. 한 방송프로에서 유명한 MC가 초등학생에게 잔소리와 충고의 차이를 질문했다. 학생은 대답했다.

"잔소리는 들으면 기분 나빠요. 그런데 충고는 더 기분 나빠요."

학생의 귀여운 이 한마디는 많은 사람의 웃음을 자아냈다. 이 학생의 대답은 어쩌면 대부분이 겪는 일반적인 감정이 아닐까?

사람이 동물과 다른 한 가지가 있다. 그것은 누구에게나 '타자공헌(他者貢獻)'의 심리가 내재해 있다는 것이다. '타자공헌'이란 타인을 위해서 선한 의도로 자신의 좋은 에너지를 나누는 것이다. 의도는 훌륭하지만,

방법적으로 오류가 있으면 타인을 불편하게 만들 수 있다. 우리가 대화를 나누면서 하는 '조언'은 일종의 '타자공헌'의 실현이다. 자신 앞에 있는 사람에게 좋은 말을 해주고 싶었던 의도였음에도 불구하고 방법이 잘못되어 상처를 준다. '내 앞의 소중한 사람'의 마음을 알아주고 그들이 행복할 수 있도록 돕고 싶은 것이 원래 우리의 진심이다.

우리의 선한 의도를 잘 전달할 수 있는 지혜로운 '조언'을 위해서 어떻게 해야 할까? 사람의 마음을 움직이는 진정한 조언의 모습 2가지를 알아보자.

첫째, 직접적인 행동을 요구하는 대신에 그들만의 고유한 모습을 인정하고 존중하자.

"남들도 하기 힘든 일을 네가 어떻게 한다는 거야? 실패할지도 몰라. 상처만 받을걸. 그러니까 나만 믿고 내 말대로 해. 알았지?"

소중한 사람에게 한 조언이다. 하지만 듣는 사람은 자신의 잠재적인 능력을 무시당한 느낌이 든다. 사람의 내면에 있는 고유한 자아를 인정하고 존중하는 조언은 이렇게 하는 것이다.

"네겐 그것을 해낼 힘이 있다는 것을 꼭 기억해. 넌 아직 네 능력의 반도 사용하지 않았는걸."

토니 로빈스는 자신이 믿는 전문적인 지식을 일방적으로 상대에게 주입하지 않았다. 그 순간에 앞에 선 사람의 감정에만 오롯이 집중했다. 상대의 눈을 바라보면서 내면을 들여다보는 노력을 함으로써 숨어있는 내면의 자아를 밖으로 끌어내고 상대방이 자신의 자아와 마주할 수 있게 했다. 모든 사람은 귀하고 존중받아야 할 존재라는 사실을 토니 로빈스는 뼛속까지 믿고 있었다. 그의 강력한 확신이 상대방의 내면에 꽁꽁 숨어 있는 귀한 자아를 밝은 세상으로 안내한 것이다.

죽음을 결심했던 청년에게 토니 로빈스가 한 조언은 이랬다.

"당신은 자신이 얼마나 괜찮은 사람인지 곧 알게 될 거예요. 난 사람을 잘 알아요. 당신은 멋진 사람입니다. 당신도 그것이 느껴지세요? 완성되기까지 시간이 필요할 뿐이죠."

우리가 흔히 하는 조언과는 확연히 다르다. 우리는 이렇게 말한다.

"널 너무 아끼는 마음에서 하나만 말해줄게. 이것 하나만 고치면 딱 좋아. 이것 하나는 꼭 고쳐야 해."

상대의 존재를 있는 그대로 인정하는 것이 아니라 자신의 주관적인 판단으로 무엇인가를 바꾸려고 한다. 일방적인 행동의 요구는 존재의 일부가 부정되는 느낌이 들어 거부감이 들 수 있다.

상대를 위한답시고 어떤 행동을 요구하는 대신 이런 말을 해보자.

"넌 너무나 소중한 사람이야. 너의 내면에는 네가 원하는 것을 해낼 힘이 숨어 있어. 찾아서 활용해 보는 거야. 난 널 믿어. 너도 날 믿지?"

이 말을 들은 상대방은 어떨까? '맞아. 나에게 이런 모습이 있었지, 난 괜찮은 사람이었지' 하고 자신의 잠재된 능력을 깨닫는다. 스스로 변화를 선택하고 행동을 시작한다. 변화는 스스로 선택할 때 강한 의지적인 힘을 낼 수 있다. 인간은 자신이 가진 내면의 자아를 자각하고 인정하는 순간 감동을 느낀다. 그 감동은 우리가 상상할 수 없는 결과물을 만든다. 인간은 누구나 대단한 무의식적 자아를 가지고 있다. 그런 내면의 모습을 찾아서 인정해 주는 것이 진정한 조언이다.

둘째, 진심이 담긴 질문으로 마음의 문을 열게 하자.

질문의 힘은 강하다. 앞서 질문이 우리의 관계에 어떤 역할을 하는지 충분히 밝혔다. 그 외에도 질문의 역할은 다양하다. 그중 한 가지가 사람의 마음을 여는 조언이다. 질문을 통해서 상대방이 자신의 내면을 보게 할 수 있다. 예를 들어 이런 질문이다.

"요즘 당신이 뭔가 힘든 일을 겪고 있는 것 같아요. 뭔지 말해줄 수 있어요? 어떻게 하면 당신이 예전처럼 편한 마음을 가질 수 있을까요?"

"일이 잘 진행되지 않는 원인이 분명히 있을 거예요. 자꾸 실패하는 근본 원인이 뭐라고 생각해요?"

"당신만이 가지고 있는 강점이 있을 거예요. 한번 찾아볼래요?"

질문을 통해서 사람은 자신을 생각하고 내면의 모습을 발견한다. 대화에서 질문을 통해서 상대방의 마음을 열었던 한 여성이 있다. 그녀의 질문은 상대방이 자신의 내면을 들여다볼 수 있게 했고, 힘듦 속에서 자신만의 해답을 찾게 했다. 질문이 조언이 되는 순간이었다. 그녀는 바로 토크쇼 진행자로 유명한 오프라 윈프리다.

오프라 윈프리가 세계적으로 사랑받고 존경받는 이유가 있다. 그것은 가슴 깊이 묻어놓았던 사람들의 진솔한 스토리를 끌어낼 때 탁월한 소통 능력을 발휘한다는 것이다. 그녀는 수십 년 동안 토크쇼를 진행하면서 많은 출연자들이 꽁꽁 숨겨두었던 내면의 이야기를 털어놓게 했다. 자신의 이야기를 하면서 사람들은 진정한 위안을 받았다. 출연자들이 솔직하게 자신의 내면을 보여줄 수 있었던 것은 그녀를 진심으로 신뢰했기 때문이다.

오프라 윈프리가 진행했던 쇼에서 가장 이슈가 되었던 이야기가 있다. 그것은 1990년 '트루디'라는 여성이 출연해서 자신이 양아버지로부터 받았던 성적 학대에 대해 이야기할 때였다. 그녀의 이야기를 듣던 오프라 윈프리는 힘들게 입을 열었다. 20년 동안 내면 깊이 숨겨두었던 가슴 아픈 스토리를 처음으로 말하고 눈물을 흘렸다. 9살 때 사촌오빠에게 처음으로 성폭행을 당하고 그 후 사촌오빠를 포함한 3명의 가족으로부터 6년간 성적 학대를 받았다는 이야기였다. 자신의 아픈 과거를 솔직하게 털어놓는 트루디 앞에서 가만히 듣고만 있을 수 없었던 것이다. 진심으로 공감하고 위로하고 싶었던 간절함이 아픈 과거를 말할 용기를 주었다.

그녀가 보여준 솔직하고 진솔한 태도는 더욱 많은 사람들에게 신뢰감을 주었고, 자신의 이야기를 편하게 털어놓을 수 있게 만들었다. 오프라 윈프리는 사람들에게 자신만의 조언을 멋지게 해주려는 노력 대신에 그들이 가슴속 이야기를 끄집어낼 수 있도록 많은 질문을 했다. 오프라 윈프리는 출연자가 자신의 이야기를 하는 동안 진정성 있게 반응했다. 그녀의 진실한 질문과 반응은 많은 출연자들에게 자신의 소중한 스토리에 새로운 꼬리표를 달게 했다. '소중한 당신의 이야기'라는 꼬리표다. 이 꼬리표는 그 무엇보다도 그들을 진심으로 인정해 준 따뜻한 조언이 되었을 것이다. 그 덕에 그녀의 쇼는 수십 년 동안 승승장구하며 전설적인 토크쇼가 되었다.

우리가 했던 조언은 상대의 행동이 지금 바로 변하기를 원하는 주관적 판단에서 시작되는 경우가 많다. 있는 그대로의 모습을 인정하고 그들이 자신만의 스토리를 써 내려가도록 하는 것에는 관심이 없다. 토니 로빈스와 오프라 윈프리는 처음부터 관심이 상대방에게 있었고 오직 그들의 이야기에만 귀를 기울였다. 진심으로 눈앞에 있는 상대방을 믿고 사랑했으며 존중했기 때문이다. 그들의 내면에 더 귀한 보석이 숨겨진 것을 조언의 달인 두 사람은 확실히 알고 있었다. 토니 로빈스와 오프라 윈프리는 상대방이 자신의 내면에 숨겨진 보석을 찾도록 안내자의 역할에 충실했다. 그것이 그들의 조언 방식이다.

충고처럼 여겨지는 조언은 타인의 내면 속 자아를 더욱 숨어들게 하고 인정과 질문을 통한 조언은 숨어 있던 자아가 밖으로 나올 수 있는 용기를 준다. 사람은 자신의 이야기를 할 때 그 속에서 진정한 가치와 소중함을 깨닫게 된다. 그 이유는 모든 사람은 내면에 소중한 가치를 가지고 있는 훌륭한 존재이기 때문이다. 자신을 들여다보고 탐구하고 스토리를 찾아내면서 그 사람의 의식 수준도 높아진다. 필요하다면 변화를 위한 선택을 한다. 거리의 이정표가 우리가 원하는 목적지를 향해 갈 수 있도록 도움을 주는 것처럼 우리의 조언은 사람들이 내면의 자아를 만나는 여정을 도와주는 '마음의 이정표'가 되어야 한다.

연봉을 올리는 TIP

마음을 여는 지혜로운 조언 2가지

1. 직접적인 행동을 요구하는 대신에 그들만의 고유한 모습을 인정하고
존중하자.
인간은 누구나 대단한 무의식적 자아를 가지고 있다. 그런 내면의 모습을
찾아서 인정해 주는 것이 진정한 조언이다.

2. 진심이 담긴 질문으로 마음의 문을 열게 하자.
질문을 통해서 사람은 자신을 생각하고 내면의 모습을 발견한다.

지혜로운 조언을 위한 말 VS 잘못된 조언의 말

지혜로운 조언의 말	잘못된 조언의 말
• 네가 그걸 할 수 있다는 걸 믿어.	• 너한테는 무리야. 그냥 내 말 들어.
• 넌 네 능력의 반도 사용하지 않았는걸. 지금부터 시작해 보는 거야.	• 안전한 길을 선택하는 것이 최고야. 지금 네 능력으로 가능한 것을 찾아.
• 당신은 자신이 얼마나 괜찮은 사람인지 곧 알게 될 거예요. 당신은 멋진 사람입니다.	• 당신을 위해서 한 가지만 알려줄게요. 이것 하나만 명심하세요. 도움이 될 거예요.
• 당신의 내면에는 뭐든 할 수 있는 능력이 있어요. 찾아서 사용해 봐요. 당신을 믿어요.	• 대인관계를 잘하고 싶으면 네 마음가짐부터 당장 바꿔야 해. 친구니까 하는 말이야.

29
다름, 서로가 다름을 인정하고 대화할 때 관계가 좋아진다

"상대의 다름을 인정하고 상대를 있는 그대로 받아들일 때
우리의 세계관은 비로소 완전한 모습을 갖추게 됩니다.
지금 우리가 알고 인식하는 모든 것은 세상의 지극히 작은 일부이기 때문입니다.
그것이 모두 절대적인 것처럼 상대에게 강요하지 마세요.
그러면 영원히 미완성의 삶을 살 뿐입니다."

"그녀에게 여자다움을 요구하지 마세요. 술은 세 잔 이상 주면 안 됩니다. 아무나 패거든요. 카페 가면 콜라나 주스 대신 커피를 드세요. 그녀가 때리면 아파도 안 아픈 척, 안 아파도 아픈 척해 보세요. 좋아할 거예요. 가끔 유치장 가는 것도 감수할 수 있어야 해요. 마지막으로 그녀는 글 쓰는 걸 엄청 좋아해요. 칭찬 많이 해주세요."

오래전 풋풋한 감동으로 우리를 설레게 했던 영화 「엽기적인 그녀」

의 후반부 장면이다. 남자주인공인 '견우'가 여자주인공인 '그녀'의 맞선남에게 말해준 규칙들이다.

첫 만남부터 매우 독특했던 '견우'와 '그녀'의 관계는 영화 내내 웃음을 자아냈다. 무엇보다도 기억에 남는 것은 남자주인공 '견우'의 연애 방식이다. 견우는 그녀가 하는 모든 행동과 제안, 부탁을 스스럼없이 들어준다. 심지어 그녀의 하이힐과 견우의 운동화를 바꾸어 신는 장면은 상상을 초월했던 것 같다. 견우가 그녀를 위해 보여준 행동들은 시청자의 시선에는 바보같이 보이지만 견우에게는 그녀를 향한 자신만의 사랑 방식이다. 상대의 '다름'을 인정하고 있는 그대로를 수용하는 모습은 멍청하다기보다는 대단하다는 표현이 더 정확한 것 같다.

영화의 엔딩에서 그녀가 왜 엽기적인 부탁을 할 수밖에 없었는지 이유가 드러난다. 그녀는 그럴 수밖에 없었고 그녀의 행동을 견우는 온전히 받아들였다. 견우는 그런 사람이다. 타인의 '다름'을 거부감 없이 받아들이는 사람. 그래서 영화는 우리에게 더 큰 감동을 주었다. '다름'은 누구에게나 존재하는 특성이다. 우리에게는 '다른 것'이 상대방에게는 '당연한 것'이 될 수 있다. 그것이 '다름'의 진짜 얼굴이다.

사람은 생각도, 선호하는 것도, 세상을 살아가는 방식도 제각각이다. 누군가는 스트레스가 쌓였을 때 땀을 흘리며 운동을 해야 풀리고, 누군가는 친구와 가지는 술자리가 스트레스를 풀어준다. 누군가는 혼자만의 시간을 가져야 하지만 누군가는 사람들을 만나고 이야기하면서 위로를 받는다. 서로 다른 방식으로 스트레스를 해소하고 행복한 순간을 만드는데, "그런 잘못됐어. 틀렸어" 하고 외치는 것은 옳지 않다.

"넌 그렇게 해야 스트레스가 해소되는구나."

"넌 그렇게 할 때 행복하구나."

이 한마디가 서로의 다름을 인정하는 것이다. 다름을 인정해야 서로의 좋은 방법을 경험할 기회를 얻을 수 있다.

우리의 생각, 가치관 그리고 세계관은 서로 다르다. 겹치고 비슷한 부분은 있을 수 있지만 완전하게 일치하지는 않는다. 그 속에서의 '서로 다름'은 존재하기 마련이다. '다름'이라는 것은 단지 '다르다'라는 의미지 '틀렸다'라는 뜻이 될 수는 없다. 사람들이 가지고 있는 다른 생각과 태도, 가치관 등을 받아들였을 때 우리의 세계관이 더욱 커지고 완성되어 갈 수 있다. 받아들인 만큼 커지는 것이다. 다름이 모여서 다양성을 이루듯 각기 다른 사람들이 다양하고 볼만한 세상을 만들어가기 때문에 세상은 아름답게 존재한다.

우리는 논리적으로 다름을 인정해야 한다는 것을 잘 알고 있지만 감정적으로는 도무지 쉬운 일이 아니다. 특히 가족처럼 가까운 사이는 더더욱 그렇다. 다름을 인정하기보다 우리의 생각에 상대방이 맞춰주기를 원할 때가 더 많다. 안타깝게도 부부싸움의 상당수는 상대방의 언행이 마음에 들지 않아 발생한다. 가장 가까운 사이이기 때문에 가장 잘 맞춰주기를 간절히 원하는 것이다.

부부에게 필요한 것은 상대방의 모습을 있는 그대로 존중하고 다름을 받아들이는 것이다. 그렇게 하지 못하고 자신이 정해놓은 틀에 맞춰 넣으려고 한다면 가장 가까운 사이가 곧 가장 먼 사이가 될지도 모른다. 부모와 자녀와의 관계도 마찬가지다. 한 가정에서 자녀가 대화를 거부하고 있다면 아마도 자신의 다름이 받아들여지지 않아서일 가능성이 있다.

"넌 엄마와 아빠가 시키는 대로만 하면 아무 문제가 없어. 다 널 위해서 그러는 거야. 그래야 네가 원하는 성공을 할 수가 있어. 넌 어려서 세상을 몰라. 널 제일 잘 아는 사람은 엄마, 아빠잖니."

부모는 자식을 너무 사랑해서 이런 말들을 무심코 한다. 그리고 부모가 원하는 틀에 자녀의 삶을 끼워 맞추려고 한다. 자녀를 가장 잘 아는 사람이 부모지만, 점점 자녀를 가장 모르는 사람이 되어갈 수도 있다. 자녀는 부모와 다른 자신의 모습이 존중되기를 간절히 원할 것이다.

가족이라서 다름이 거부되어 왔다면 이제는 가족이라서 다름이 더욱 존중되고 받아들여져야 한다. 가족은 그 누구보다 가깝고 소중한 관계이기 때문이다. 가족은 물론 가까운 친구와 연인, 지인과의 관계에서 우리는 그들의 다름을 존중해 줘야 한다.

모처럼 친구들과 모였다. 한 친구의 옷차림새가 패션테러처럼 보인다고 굳이 이렇게 말할 필요는 없다.

"너 옷차림이 왜 그래? 완전 아줌마 같아. 좀 세련되고 예쁘게 입지. 특히 그 모자는 뭐야. 완전 별로야."

이런 말을 들은 친구는 내색하지 않더라도 마음이 많이 상했을 것이다. 친구의 옷차림에도 그만한 이유가 있었을지 모르는 일이다.

연인의 경우 가장 많은 갈등요소 중 하나는 연락을 주고받는 문제일 것이다. 연락을 매일 자주 하기를 원하는 한쪽 연인은, 용건이 있을 때만 연락하기를 원하는 상대방이 자신을 좋아하지 않는다고 생각하기 쉽다. 이것이 잦은 다툼의 원인이 되기도 한다. 좋아하는 마음의 크기를 정확하게 측정할 수는 없을 것이다. 조금 더 성숙한 연애를 위해서 '연락'에 대한 서로 다른 견해의 차이를 인정한다면 좋을 수도 있다.

직장 혹은 기타 모임에서 만나는 사람들과도 '서로 다름'을 인정하는 것은 꽤 중요한 일이다. 팀 미팅 때 부하 직원의 의견이 터무니없는 것으로 치부된다면 그 직원은 앞으로 자신의 의견을 말하기 힘들어진다. 매번 정확한 말을 툭툭 내뱉는 상사가 있다면 그를 괴짜로만 볼 것이 아니라 그의 정확성을 인정할 필요도 있다. 자신의 자랑거리를 말하기 좋아하는 모임 회원이 있다면 '아, 저 사람은 저렇게 해야 행복하네'라고 받아들일 수 있다. 사람은 제각기 다른 성향을 타고났기 때문이다.

우리는 무의식적으로 상대방에게 자기 방식을 강요할 때가 있다. 직장에서 상사와 부하 직원이 서로 다른 입장을 이해하지 못할 때 마찰이 발생하는 경우다. 예를 들어 이런 경우다.

팀장 : 지하 씨, '주상복합건물 경관조명 납품, 출시'건 자료 정리해서 오후 3까지 올려주세요.

부하 직원 : 팀장님, 그건 재준 씨가 하기로 한 겁니다. 제 업무가 아닌데요.

팀장 : 알아요. 하지만 지금 재준 씨가 출장 가고 없잖아요. 공유 폴더에 작업하던 것이 있으니 완성할 수 있을 거예요.

부하 직원 : 팀장님, 저는 다른 직원의 업무에 손대지 않아요. 그럼 문제가 생겼을 때 책임 소재가 불분명해지니까요. 그리고 제 업무도 많이 밀려 있는 상황이라 부담스럽습니다.

팀장 : 지하 씨는 우리 회사 직원 아닙니까? 네 업무, 내 업무가 어디 있어요? 모두 회사를 위한 업무인데 다 같이 노력해야죠. 사람이 왜 그렇게 이기적이고 융통성이 없죠?

부하 직원 : (어쩔 수 없이 대답하며) 네, 제가 하겠습니다.

팀장과 부하 직원은 서로의 입장을 이해하지 않고 자신의 입장만 내세웠다. 결국, 팀장은 부하 직원의 협력을 끌어낸 것이 아니라 억지로 업무를 떠넘길 수밖에 없었다.

직장에서 상사와 부하 직원이 서로의 입장을 이해하면 마찰이 아닌 협력을 끌어낼 수 있다. 위와 같은 상황에서 서로의 입장을 이해하는 대화는 이렇다.

팀장 : 지하 씨, '주상복합건물 경관조명 납품, 출시'건 자료 정리해서 오후 3까지 올려주세요.

부하 직원 : 팀장님, 그건 재준 씨가 하기로 한 겁니다. 제 업무가 아닌데요.

팀장 : 네, 알아요. 자신의 업무가 아닌데 맡기니, 하기 싫고 껄끄러울 거예요. 하지만 내일 계약이 진행되기 위해서는 오후 3시까지 부장님께 보고 올려야 해요. 우리 회사를 위한 중요한 계약 건이라는 거 지하 씨도 잘 알죠?

부하 직원 : 네, 다만 문제가 생기면 책임 소재가 불분명해질 수 있어서요.

팀장 : 맞아요. 책임 소재를 따질 일이 생기면 부담되죠. 걱정하지 말아요. 지금처럼 중요한 순간에 지하 씨가 이렇게 도움을 주는데, 책임보다는 고마운 일이죠.

부하 직원 : 네, 그럼 제가 마무리 지어서 보고드릴게요.

팀장은 부하 직원의 입장을 이해하고 긍정하는 반응을 보여주어서 자연스럽게 부하 직원의 협력을 끌어낼 수 있었다. 부하 직원도 자신의 의견을 줄이고 기분 좋게 받아들였다.

우리는 극히 일부만 알고 그것이 전부라고 생각한다. 그래서 타인의 다름을 받아들이기가 힘들다. 불교 경전인 열반경(涅槃經)에 이런 것을 잘 알려주는 이야기가 있다. 코끼리를 만진 장님들의 이야기다. 장님들이 코끼리를 만지면서 각자 코끼리의 생김새를 설명하는 것이다. 몸통을 만진 사람은 코끼리가 벽처럼 생겼다 하고, 다리를 만진 사람은 기둥처럼 생겼다고 하고, 머리를 만진 사람은 물항아리 같다 하고, 코를 만진 사람은 막대처럼 생겼다 한다. 이렇게 각자 자신이 만진 것이 코끼리라고 믿는다. 자신의 말만을 주장하는 것이다.

누구도 틀리지는 않았다. 다만 각자 다른 부위를 만져봤을 뿐이다. 중요한 것은 다른 부위를 만지고는 그것이 전체라고 굳게 믿는 그들만의 믿음이다. 지금을 살아가는 사람들의 모습도 이렇다. 우리는 겨우 일부분을 알면서 그것이 전부라고 생각한다. 타인의 생각이나 가치관의 다름을 받아들이지 못한다. 다름을 받아들이지 못하면 세상의 다채로움과 다양성을 경험하기 힘들다. 장님들은 서로 다른 장님의 의견을 인정하고 수렴했을 때 전체 코끼리의 모습을 알 수 있게 된다. 마찬가지로 사람의 다름을 인정하고 그들의 생각과 가치관, 삶의 태도를 받아들였을 때 우리의 세계관은 더욱 완성되어 가는 것이다.

팀 어시니(Tim Ursiny)와 바바라 A. 케이(Barbara A. Kay)는 그들의 공동 저서 『하이퍼포머의 변화 대처법』에서 이렇게 말했다.

"운이 좋은 사람은 운이 없는 사람과 다르게 생각하고 행동한다. 운이 좋은 사람은 낙관적이고 마음이 열려 있다. 그래서 다양성을 인정하고 도전을 즐긴다. 하지만 운이 없는 사람은 걱정과 두려움이 많고 시야가 좁다. 그래서 다양성을 인정하지 못한다."

세상에는 우리가 알아갈 것, 우리가 받아들여야 할 것이 많다. 받아들임은 '서로 다름'과 '다양성'을 인정했을 때 가능해진다. 상대방의 다름을 있는 그대로 존중하고 이해했을 때 우리의 관계는 변한다. 갈등과 다툼은 줄어들고 새로운 관심과 사랑이 생겨나는 것이다.

숫자 '0'과 '1'의 차이는 오직 하나다. 숫자 '0'은 어떤 수를 곱해도 0이 되지만, 숫자 '1'은 어떤 수를 곱해도 곱한 '그 숫자'가 된다. 숫자 '0'은 모든 숫자를 자신에게 맞추려 한다면 숫자 '1'은 자신이 다른 모든 숫자에 맞추려 한다. 그들의 모습 그대로 존재할 수 있게 허락해 준다. 그렇기에 숫자 '0'은 영원히 '0'의 모습으로만 존재하고 숫자 '1'은 다양한 모습으로 존재할 수 있다. 세상을 지혜롭게 사는 사람이란 숫자 '1'처럼 다른 사람의 모습이 되는 것을 스스럼없이 할 수 있는 사람이 아닐까? 우리는 그런 사람들을 더 좋아하기 때문이다.

연봉을 올리는 TIP

다름을 인정하는 말	같음을 강요하는 말
• 넌 그렇게 할 때 스트레스가 해소되는 구나.	• 나처럼 해봐. 스트레스가 정말 잘 풀려.
• 넌 그렇게 했을 때 행복하구나.	• 그게 뭐가 행복이냐. 말도 안 돼.
• 네 생각은 그렇구나.	• 이해 안 돼. 도대체 왜 그렇게 생각해?
• 네 말을 듣고 보니 그럴 수 있겠네.	• 지금 뭐라는 거야? 됐어. 내 말대로 해.
• 넌 다양한 방식으로 사고를 하는구나.	• 넌 사고방식이 좀 특이하다. 이상해.
• 네 말도 일리가 있어.	• 네 말은 틀렸어. 네가 잘 몰라서 그래.

30
집중, 상대에 집중하지 않으면
함께 있어도 외롭다

"지금 눈앞에 있는 상대방에게 집중하세요.
집중이란 우리의 정신과 몸이 이 순간 바로 여기 함께 있는 것입니다.
몸은 여기에 있으면서 정신이 다른 곳을 헤맨다면 우리와 대화를 나누는 상대는
외로워집니다. 사람과 함께 있는 이 순간이 너무도 소중합니다.
그러니 소중한 그 사람을 외롭게 하지 마세요. 그 사람에게 집중하세요."

2009년 전 세계를 떠들썩하게 했던 영화가 있다. 제임스 카메론 감독의 「아바타」라는 영화다. 주인공 제이크 설리는 하반신 마비의 전직 해병이다. 일란성 쌍둥이 형 토니가 갑자기 살해당하면서 제이크는 형을 대신해서 '아바타 프로그램'에 참여한다. 행성 판도라에서 지구에 필요한 거대암석을 채취하는 프로그램이다.

판도라에는 나비족이라는 종족이 있고, 나비족을 닮은 아바타 육체

를 만들어서 인간이 조종한다. 나비족과 소통하기 위해서다. 제이크 역시 자신의 아바타가 있었다. 형 토니의 DNA로 만들어진 아바타와 처음으로 연결되자 제이크의 모든 정신은 온전히 아바타로 옮겨간다. 그렇게 제이크는 멋진 나비족의 모습으로 탄생했다.

제이크는 나비족의 모습에 점점 익숙해지고 나비족과 더 많은 소통과 공감을 나눈다. 그리고 제이크는 진심으로 나비족을 좋아하게 된다. 영화 후반부에서 인간과 나비족이 전쟁을 벌이게 되는데, 제이크는 나비족이 되어 인간에 맞선다. 하지만 제이크의 정신과 아바타의 연결이 끊어지자 제이크의 정신은 다시 인간의 육체로 돌아왔다. 그렇게 육체만 남겨진 아바타는 쓰러지고 만다. 나비족의 여인 네이트리, 제이크가 사랑했던 그녀는 그렇게 홀로 남겨졌다. 영화의 마지막 장면에서 나비족의 의식에 의해 제이크의 영혼은 완전히 아바타로 옮겨진다. 제이크의 인간 육체는 사라지고 완전한 나비족이 되어 그들과 함께 판도라에 남는다.

영화 「아바타」에서 반복적으로 등장하는 장면은 육체와 정신의 연결이다. 아바타의 육체는 정신과 연결되었을 때, 즉 육체와 영혼이 함께 있을 때 비로소 완전한 존재가 되었다. 하지만 이런 모습은 현재를 살아가는 우리에게도 해당하는 이야기다. 우리 역시 지금 이 순간 우리의 정신과 몸이 함께 있을 때 더욱 완전해진다. 완전한 존재로서 우리는 서로 공감대를 형성할 수 있다. 대화를 나누기 위해 마주 앉았는데, 어느 한 사람의 정신이 다른 곳에 가 있다면 남겨진 사람은 어떻게 될까? 남겨진 사람은 눈빛과 표정으로 상대를 향해 말을 전할지도 모른다.

'나 외로워. 그러니 이젠 나한테 신경 써줄래?'

우리가 소통하고 싶은 이유는 단 한 가지다. 외롭지 않기 위해서다. 요즘 시대에는, 소통하면 할수록 점점 더 외로워진다. 이유는 간단하다. 진정한 소통이 되지 않기 때문이다. 우리는 대화하기 위해서 마주 앉았다. 하지만 우리의 정신은 여기가 아닌 다른 곳을 헤매고 있다. 끊임없이 SNS를 확인하거나 다른 생각에 사로잡혀 있다. 눈빛은 상대를 바라보고 그의 이야기를 듣지만, 영혼은 다른 곳에 가 있는 것이다. 그래서 소중한 이 시간을 온전히 즐기지 못한다. 우리에게 절대적으로 필요한 것은 서로를 향한 '집중'이다.

서로에게 집중할 수 없을 때 우리는 점점 더 외로워진다. '집중'한다는 것은 눈앞에 있는 당신의 눈빛을 바라보면서 당신과 생각을 나눈다는 의미다. 하지만 생각을 나누어야 할 지금 서로의 정신이 여기 없고 다른 곳을 헤맨다면? 정신은 사라지고 몸만 여기 있다면 우리의 소통은 마치 정신의 연결이 끊어진 아바타끼리의 소통이 될 것이다. 그래서 소통을 위해 마주 앉은 우리는 언제나 외롭다.

외롭지 않은 소통, 서로가 행복한 소통을 하기 위해서는 영화 「아바타」의 엔딩처럼, 우리의 몸과 정신을 합치는 '나비족의 의식'이 필요하다. 우리가 앞에 있는 소중한 사람과 대화를 나눌 때 해야 할 의식이란 다음 2가지다.

첫째는 상대방에게만 온전히 집중하겠다는 마음의 다짐이다.
둘째는 다짐을 실현하기 위한 행동들이다.

'스마트폰은 잠시 안녕' '눈빛 교환' '서로 질문' '서로 경청' '미소' 등

제법 간단한 행동들이다. 이 간단한 의식만으로 대화의 질은 예전보다 높아지고, 우리의 유대감은 그 어느 순간보다 더욱 돈독해질 수 있다.

미국의 방송인이자 작가인 셀레스트 헤들리는 자신의 저서 『말센스』에서 '스마트폰이 대화의 질에 미치는 영향'에 관한 연구를 소개했다. 영국에서 진행된 연구다. 낯선 사람 여러 쌍에게 각각 대화를 나눌 수 있는 공간을 마련해 주고, 스마트폰을 곁에 두고 대화를 나누는 경우와 스마트폰 없이 대화를 나누는 경우 둘로 나누어 조사를 진행한 다음, 서로의 호감도와 대화의 질을 평가하게 했다.

그 결과, 스마트폰이 곁에 있었던 참가자들은 서로에 대한 호감도와 대화의 질을 훨씬 낮게 평가했다. 심지어 그들은 상대방이 자신에게 공감하지 않는 것 같다고 말했다. 이 결과는 당연하다. 사람들은 낯선 사람과 대화를 나눌 때 서로에게 집중하기가 힘들다. 서로에 대한 공통분모가 없고 어색하기 때문이다. 그런 와중에 스마트폰이 옆에 있다면 사람들은 어떤 행동을 할까? 어색할 때마다 시선은 무의식적으로 스마트폰을 향한다. 상대에 대한 집중을 덜할지도 모른다. 그런 분위기를 한 공간에 있는 사람은 당연히 느낀다.

'스마트폰이 대화의 질에 미치는 영향'은 낯선 사람과의 대화에만 해당하는 내용이 아니다. 요즘은 친한 친구와 대화를 나눌 때도 각자 스마트폰에 집중하는 것을 심심치 않게 보게 된다.

우리가 가장 많이 하는 착각 중 하나는 한 번에 여러 가지 일을 할 수 있다고 믿는 것이다. 즉, 멀티가 가능하다는 착각에 빠져 있다. 심지어 현실 대화를 하면서도 동시에 SNS에서 수십 명과 소통을 시도한다. 엄밀히 말하면 이것은 멀티가 아니라 그저 이리저리 빠르게 왔다 갔다 하느라 바쁜 시간을 보낼 뿐이다. 사람의 뇌는 한 번에 한 가지 일만 할 수 있기 때문이다.

업무 때문에 항상 바쁘다고 말하는 누군가는 이런 행동을 한다. 카페에서 사람과 대화를 나누면서 업무처리를 핑계 삼아 스마트폰을 들여다보는 것이다. 바쁜 와중에 대인관계와 업무를 한 번에 끝내야 효율적이라고 생각하는 이 사람. 그는 사실 둘 중 어느 것에도 제대로 집중하지 못했다. 대화를 위해서 카페에 앉아 있던 상대방은 그의 무례함에 오히려 마음이 상했을지 모른다. 그리고 속으로 이렇게 말할 수 있다.

'저렇게 바쁘면 도대체 왜 만나자고 했지? 일이나 할 것이지. 나도 바쁜 사람인데.'

대화하고 마음을 나누는 것이 어떤 의미인지 곰곰이 생각해 볼 문제다. 루엘 엘 하우는 저서 『대화의 기적』에서 다음과 같이 말했다.

"몸에 피가 흘러야 하듯 사랑에는 대화가 흘러야 한다. 흐르던 피가 멈추면 몸이 죽어가듯 대화가 멈추면 사랑이 죽어간다. 이미 죽어버린 몸은 살릴 수 없지만, 다행히도 죽은 관계는 살릴 수 있다. 이것이 바로 대화의 기적이다."

대화는 외롭게 시들어가는 우리의 관계를 다시 회복시켜 주는 사랑의 표현이다. 서로의 생각을 공유하며 마음을 나누는 대화는 우리를 더욱 사람답게 만든다. 서로에게 집중하는 대화를 한다면, 우리는 더 이상 외롭지 않다. 집중의 대화는 외로움의 처세술이다.

과학의 발달은 우리에게 많은 편리함을 제공했지만 동시에 많은 중요한 것을 잃게 했다. 사람과 만나서 나누는 소통은 점점 의미 없는 시간 낭비로 여긴다. 자신만의 편한 공간에서 SNS라는 가상세계를 만들어 사람들과 소통한다. 눈빛을 바라보고 표정을 읽으며 상대의 기분을 느끼는 감정적인 정성을 들일 필요 없이 자신이 하고 싶은 말들만 여기 저기 던져두면 된다. 마치 낚시를 하듯 '말의 미끼'를 던져넣고는 사람들의 반응을 기다리고 대꾸하는 것이 요즘의 소통방식이다. 기계라는 틀에 갇혀서 마음을 나누는 소통은 점점 옛말이 되어가는 것 같다.

가장 중요한 순간은 지금 이 순간이고 가장 중요한 사람은 지금 나와 함께 있는 사람이다. 지금 가장 집중해야 할 일이란 지금 하는 일이다. 지금 이 순간 소중한 그 사람과 대화 중이라면 오직 그에게만 정신을 집중해 보면 어떨까? 상대를 향해 부드러운 미소를 짓고, 상대의 눈을 부드럽게 바라보는 것이다. 상대가 말을 할 때는 귀 기울여 듣고, 상대가 관심을 가지는 부분에 대해서 질문을 던지는 것이다. 그리고 마음속으로 상대와 이 순간을 함께할 수 있음에 감사하는 것이다.

한 공간에 있는 사람은 서로의 마음과 서로의 생각을 분명히 느낄 수 있다. 서로를 향한 관심이 진심인지 거짓인지, 이 순간 여기에 집중하고 있는지 아닌지 금세 눈치챈다. 모든 정보를 종합해서 우리가 상대방에게 진심으로 소중한 존재인지 아닌지 알 수 있다. 눈앞에 있는 사람이 소중하다면 그가 오해하지 않도록 매 순간 주의를 기울일 필요가 있다. '내가 저 사람에게 소중하기는 한 걸까?' '나보다 스마트폰이 더 중요한가?' '바쁘면 도대체 왜 만나자는 거야?' 적어도 이런 오해는 하지 않게 하는 것이 우리의 관계를 지키는 길이다.

외로움에서 벗어나 행복한 관계를 만들기 위한 집중의 대화법 2가지

1. 대화를 나눌 때는 상대방에게만 온전히 집중하겠다는 마음의 다짐부터
하자.
집중하지 않는 대화는 관계를 외롭게 한다.

2. 대화에 집중하겠다는 다짐을 행동으로 옮기자.
'스마트폰은 잠시 안녕' '눈빛 교환' '서로 질문' '서로 경청' '미소' 등의 간
단한 의식만으로 대화의 질은 예전보다 좋아진다.